［二〇一七年度大会シンポジウム］特集　日本思想史学会創立五〇周年記念シンポジウム第一回：対立と調和

対立と調和

高橋文博

日本思想史学会は、一九六八年に創立され、二〇一八年に創立五〇年を迎えた。すなわち、日本思想史学会は半世紀に及ぶ歴史をもつことになった。

大会委員会は、この大きな節目にあたり、日本思想史学の意義を改めて問い直す意図のもとに、二〇一七年度と二〇一八年度の二大会をセットとして、創立五〇周年記念シンポジウムを企画した。基本的な考え方は、日本思想史学が、国際的視点のもとに、現代社会へのメッセージ性をもたなくてはならないということである思想は、人間が生きていく上で、さまざまな課題に応答しつつ、何らかの解決をしようとする営みにおいて生起する。

人間は、生存を遂げるためにも、生存を危うくするものの克服という課題を抱えている。生は、死との緊張矛盾、対立とともに展開しているのである。また、人間的生は、人と人との関わりの中で展開し、人と人との関わりは、争いと調和という課題を伴っている。

さらに、人間的生は、生の意味を問いつつ営まれている。生の意味を問う営みが、人びとの生のあり方の差異、葛藤、対立を生み、そのことが、時に人々の生存を危うくする事態にもなる。

人間的生は、さまざまな次元における課題に応答しながら、さまざまな矛盾、葛藤、対立を止揚、統合するべく営まれているのである。思想を、人間的生における矛盾、葛藤、対立を止揚、統合する中で生起する営みと捉えた上で、日本思想史における「対立と調和」という総合テーマを立てた次第である。

「対立と調和」という総合テーマのもと、「宗教と社会」、「アジアと日本」、「日本思想とジェンダー」の三つのサブテーマを立てた。これらが、総合テーマの内容を網羅しているわけではないにしても、現在の日本思想史研究の中で、ホットな関心の集まりつつあるものであることは確かであろう。

こうした企図のもとで実施されたシンポジウムは、比較的若い方々による意欲的な報告と、それにもとづく活発な討論が展開されたのであり、日本思想史学の新たな未来を拓く貴重な意義をもったと考える。

（就実大学教授）

［二〇一七年度大会シンポジウム］特集　日本思想史学会創立五〇周年記念シンポジウム第一回：対立と調和

第一セッション　宗教と社会：民衆宗教、あるいは帝国のマイノリティ

永岡　崇

はじめに

民衆宗教研究は、戦後の日本思想史研究のなかでも重要な位置を占める一分野を形成してきた。しかし、一九八〇年代ごろから、民衆宗教をめぐる研究者の語り口やポジショナリティの問題が問いなおされ、理論的にも社会的にも従来の〝権力に抵抗・対抗する民衆〟像が説得力を失っていく。こうした状況に積極的に応答してきたのが桂島宣弘である。桂島は変革主体としての民衆宗教という問題設定への批判を受け入れたうえで、「「他者」としての徳川日本の「民衆」の「社会的意識諸形態」の様相を明らかにし、十八～十九世紀の政治文化をめぐるヘゲモニー関係を記述することに今後の「民衆」思想史研究の一つの可能性はあるのではないか[1]」と、新たな民衆宗教研究の課題を提起する。すなわち、「国民」ならざるという意味での「他者」としての民衆を参照点に、近代以降の「自己」像の歴史性を浮き彫りにすることをめざすべきだとするのである。

これは国民国家論や宗教概念論を基礎とした立論で、幕末維新期の民衆宗教研究の課題として傾聴に値するものだが、ここでは逆に、桂島の議論によって見えにくくなってしまう問題をとりあげてみたい。一言でいうなら、近代化する社会のなかの「民衆」をどのように理解するのか、という論点である。桂島は、明治二〇年代以降、教派神道化

して「国民」へと統合され、もっぱら「内面」の世界を扱う近代的な「宗教」へと変容した天理教や金光教に、「近代宗教」への包摂を拒絶して活動し、大正・昭和期に国家の弾圧を受けた大本を対置している[2]。しかし、両者をこのように区分してしまうと、天理教や金光教が「近代宗教」になる／であることの困難さ、また大本の経験との連続性と断絶のニュアンスがとらえられなくなってしまうのではないだろうか。

たとえば一九三〇年代後半における「宗教類似教団」についての司法省の内部資料をみると、そのような単純な区別は不適当であることがわかる。そこでは、天理教は〝公認宗教〟として教派神道に位置づけられながらも、皇道大本、天理研究会、ひとのみち教団、天津教、神政龍神会、生長の家とともに〝邪教〟のカテゴリーに分類されてもいたのである[3]。そうであれば、これらの民衆宗教が経験した近代を横断的にとらえなおす視点が必要になるのではないだろうか。

天理教や金光教のような宗教運動が〝近代宗教〟と〝淫祠邪教〟のはざまで引き裂かれながら歩んだプロセスのなかにこそ、近代を構成する諸力が出会う焦点としての民衆宗教の存在様態がある。本稿では、それをとらえるための方法的仕掛けとして、民衆宗教を帝国日本の宗教的マイノリティとしてとらえなおそうとする。それによって、民衆宗教研究の可能性の幅を広げていくことができるのではないだろうか。

一　宗教的マイノリティとしての民衆宗教

まずはなぜ、どのような根拠でマイノリティという概念を持ちだそうとするのか、帝国日本のエスニック・マイノリティとしての被植民者の近代経験を参照しながら簡単に説明してみよう。植民者と被植民者が近代という時間的地平を共有しているにもかかわらず、後者の近代性には発展途上かつ後進的という評価を割り当て、両者の「共時間性」[4]を否認してきたのが植民地主義の言説である。そこにおいて、被植民者は、支配的な価値評価システムに照らして〝遅れた〟ものとして自己を認識し、〝追いつく〟ことへの欲望を作動させる機制が働く。さらには〝内鮮一体〟〝一視同仁〟といった国家の論理への、マイノリティの過剰同調も生じていくことになる。他方で宗主国の人びとは、ときには同化の対象、ときには差異化の対象として被植民者を欲望し、両者の関係は矛盾し錯綜する力学によって形成されていったのである[5]。

ここで近代日本の民衆宗教に眼を向けてみよう。彼らは一方で〝迷信〟の名のもとに国家やマスコミ、知識人による抑圧と蔑視にさらされていた。他方、彼らは組織化の過程で〝宗教〟のカテゴリーへと接近し、思想面でも実践面でも近代的なるものへと自己変革を試みる。しかし、政府は国民統合のために民衆宗教を活用しながらも、〝迷信〟というレッテルを手放すことはなく、抑圧的な介入も辞さなかった。民衆宗教やその信者たちにつきまとう〝遅れ〟の感覚もしくは「共時間性」の否認は、ある程度まで被植民者のそれに重なり合っていると考えられるのだ。

もちろんまったく異なるところもある。近代における宗教の信仰は、少なくとも理念的には個人の自由意思によって選びとられるものだったし、民衆宗教には、帝国の尖兵として、被植民者を抑圧するという側面もあった。被植民者との差異に注意を払いつつ検討を進めることで、近代における民衆宗教の歴史的な位置づけを理解するための手がかりを得ることができるのではないだろうか。本稿では、参照項として同時代の大本の展開を意識しながら、二〇世紀前半における天理教のナショナリズム思想の変容をたどり、宗教的マイノリティの近代経験の一端を明らかにしたいと思う。

二　天理教の近代思想――屈折点から

一九三八年一二月、天理教管長・中山正善は教内に向けて「諭達第八号」を発した。「革新」と呼ばれる天理教の戦時体制を開始したものとして知られる文書である。この「革新」の内容は多岐にわたるものだったが、思想面での重要な点として、「教義儀式及行事は総て教典に依拠し、泥海古記に関連ある一切の教説は之を行はず(6)」とし、教内で重要な位置を占めてきた「おふでさき」「おさしづ」の回収・「みかぐらうた」の一部削除を含む教義改革を断行した。「教典」とあるのは、一派独立運動のなかで制定された、国家主義的色彩の濃厚な「天理教教典」(通称「明治教典」)のことで、独立達成以降は棚上げにされていたものだが、「革新」においてその使用の徹底がいわれている。そして「泥海古記の教説に流れて動もすれば国民的信念を謬らしむるの誹を招き(7)」とあるように、当時「泥海古記」と呼ばれる創世神話がとくに「国民的信念を謬らしむる」ものとして問題視され、禁止措置がとられたのである。

「革新」は、直接的には、文部省の要請への対応としてなされた改革だといえるのだが、〝外圧〟による被害の経験というだけでは理解することはできない。やはりここにいたるまでの、天理教の思想的展開のなかに位置づける必要があるのだ。

天理教は一九〇八年に教派神道の一派として独立をはたし、三教会同政策への参加、天理外国語学校の開校、教祖・中山みきによる原典「おふでさき」の公刊と、着実に〝近代宗教〟としての国策協力、組織整備、教義形成、量的拡大を遂げていった。教義面で大きな貢献をした廣池千九郎は、「おふでさき」の文言を活用しながら「愛国者」としての教祖像を前面に押し出していった[8]。それ以前、一派独立運動のなかで制定された「天理教教典」(一九〇三年)でも「愛国者」としての教祖は語られていたものの、それは典拠不明の記述にとどまっていた。その意味で、教祖による原典と国体論とを明確に接合したところに、廣池の重要な貢献があるといえるだろう。

同じ時期、大本の出口王仁三郎もまた、出口なおの教えに皇典・国家神道を並列・接合して皇道主義・日本主義を主張していた[9]。このように、正統的国体論と教祖の著作・教えを接合させた〈民衆宗教ナショナリズム〉が、各民衆宗教教団のなかで形成されていったのである。

三　差異化の力学1――共時間性の否認

〈民衆宗教ナショナリズム〉を掲げて国民教化路線をひた走る天理教を、同時代の知識人はいかに眼差していたのか、何人かの例をあげて検討してみよう。和辻哲郎は、『古寺巡礼』の旅(一九一八年)の途上で、天理教本部のある丹波市を汽車で通過して印象を記している。和辻は「狂熱的なおみき婆さん」を「古代の伝説に著しい女の狂信者の伝統」に位置づける一方で、天理教の現状については「現在の日本文化の主潮と殆ど没交渉」だとし、それは「世界的な思潮に没入して行かないから」だとのべている[10]。彼にとっての同時代の天理教は、日本文化のなかの局地的・周縁的存在でしかなかったのである。

東京郊外の千歳村に暮らしていた徳冨蘆花は、近所の天理教教会の祭りに参加して感想を書きつけている。「仮令大和の本教会は立派な建築を興し、中学などを建て、小むづかしい天理教聖書を作り、已に組織病に罹つたとしても、婆さん(中山みき―引用者注)から流れ出た活ける力はまだ〳〵盛に本当の信徒の間に働いて居る」[11]とし、「組織病に罹つた」教団と、教祖の遺志を継ぐ「本当の信徒」の二項対立的構図を描いている。蘆花の場合、「土の人」[12]の信仰への積極的評価がなされているのが特徴だといえる。

また志賀直哉は天理教の機関誌に寄稿を求められたとき、「或時旅先の宿屋で天理教の教師をしてゐる人に会ひ、天理教の話を訊いてみたことがあるが、その教師の話は徹頭徹尾、教を信じた為めに病気がなほつたといふ実例をならべただけで、教そのもののありがたさは少しも分らなかった[13]」と批判している。天理教＝病気治し＝「低級[14]」という、明治期以来のステレオタイプが、一九三〇年代になっても再生産されつづけていたのだ。

超歴史的な巫俗の実例（和辻）、病気治し一辺倒の「如何にも低級」な印象（志賀）、「土」と結びついた素朴な人びとの信仰（蘆花）と、当時の知識人は当時の天理教が打ち出していた〈民衆宗教ナショナリズム〉の思想的内実にはまったく無関心だった。変転する同時代の社会から切り離された民衆宗教の表象が行われていたのである。

四　民衆宗教の活力と現代性

他方、民衆宗教の側では、既成宗教への批判を通じて、現代的宗教としての存在意義を強調していた。たとえば出口王仁三郎は、死滅した殿堂としての既成宗教／現代人の要求に適合する「活宗教」としての大本、という対立構図を描いている。天理教の場合は、「ひのきしん」という教義・実践が現代性を担っていた。これは神恩感謝の奉仕行為といった意味の言葉で、一派独立以降の天理教でクローズアップされ、のちの総力戦体制のなかでも大いに強調されることになる。さきにふれた廣池千九郎は、「ひのきしん」について、「天理教徒は常に自己を捨てゝ、同胞社会の為に労働する事を吝まないのであります[15]」と、その犠牲的精神を強調している。

この「ひのきしん」の画期となったのが、一九三二年にはじめて開催された全国一斉ひのきしんデーである。植民地を含む帝国日本の各地で天理教徒による清掃、道路修繕などを実施したもので、各種新聞で広く報道され、おおいに好評を博した。天理教青年会ではすべての新聞報道を集めた冊子を作成し、「今回の社会の反響は立教以来熱烈なる信仰を持するため返つて誤解せられ勝であつた我が天理教が漸く正しく理解認識せられ始めたことを物語つてゐると云ふべきではなからうか[16]」と、大きな手応えを感じ取っている。

さらに注目したいのが、朝鮮での「ひのきしんデー」に関する記述である。

我朝鮮に於いては精神的にも大いなる影響を与へたではあらうが更に永き朝鮮の過去の歴史の中に識らず識

らずを遊惰な国民と化せられ、金銭はなくとも悠よう迫らざる者の如く公園に、或は路傍に虚栄の一日を遊び暮らす朝鮮遊民に対して相当の反省を与へたことと思ふ[17]。

ここに如実に表れているように、「ひのきしん」は公園・路傍での労働倫理・規律のデモンストレーションとなり、それは「遊惰な朝鮮の人々」に対置され、彼らを教導する植民者としての自己意識・表象につながる。「誤解せられ勝」な状況で、多数の信者を動員した勤労奉仕による有用性を呈示し、街頭を舞台とする大衆的・身体的なパフォーマンスを通じた社会的な認知に成功している。天理教徒は、労働問題を精神主義的に解消し、資本主義・植民地主義を推進する臣民＝主体として自己形成していくのである。

五　差異化の力学2――日本主義をめぐる相克

昭和初期、「宗教復興」と呼ばれる仏教ブームや新興宗教の群生が起こり、国体明徴運動のなかで「宗教のファショ的国粋主義化[18]」といえる動きも活発化していく。それは日本主義・日本精神主義の一翼をなし、神・仏・基・〝類似宗教〟こぞっての趨勢だった。天理教や大本も〈民衆宗教ナショナリズム〉を高唱するのだが、むしろその異端性を問われることになる。大本が一九三五年に大弾圧を受けたことは周知のとおりだが、ここではひきつづき天理教についてみていこう。

さきほども引用した司法省の資料では、「天理教を邪教なりと認むる点」として、まず祭神の神名を捏造し、国史を紛更するという疑いをあげ、記紀神話と天理教の神名の間の齟齬を指摘している。また皇室の尊厳を軽視する傾向として、「主神たる天理王命は全人類の親神であると称し、同教布教上教祖をして常に伊邪那美命の化身なるが如く思はしむる言辞を用ひ」ていることを問題視するのである[19]。

〈民衆宗教ナショナリズム〉に対するこうした疑念に対処すべく、天理教側も弁明を試みていた。幹部の上田嘉成が著した『日本精神と天理教』は、「いざなぎといざなみいとが一の神　これ　天照皇の大神宮なり」という「おふでさき」の歌をあげ、「おふでさきに於ては、（中略）皇大神宮の御神名を申し上げるのは申すも畏きにより、御父母神の御神名を称へて遥かに　皇大神宮を尊崇し奉るの意を明かにせられて居るので御座います」と、記紀神話とのずれについて苦しい説明を余儀なくされている[20]。しかし、天理教の神が「人間世界の元」を創造したとする「泥海古記[21]」とのすり合わせは困難であり、結局「革新」での禁止措置にいたることになる。

ここにおいて〈民衆宗教ナショナリズム〉はナショナリズムとしての真正性を明確に否定されたのであり、民衆宗教は日本をコスモロジカルに意味づける権利を否認された。大本の〈民衆宗教ナショナリズム〉は完全に叩き潰されたが、天理教ではその再編が課題となっていく。

六 〈民衆宗教ナショナリズム〉のゆくえ

「革新」開始以降も、内務省警保局は天理教の動向に眼を光らせ、改革に反発する布教師たちの言葉を記録していた。彼らは創世神話の泥海古記をはじめ、布教活動のなかで説いてきた用語の禁止と、国体論的思想を直接に表現した明治教典への反発をそれぞれに語っている。

泥海古記を廃止する旨通知があつたが之を実行することは薬屋が薬の能書を換へたり、政党が看板を塗り換へる様に簡単に参らぬのであつて、本部が考へて居るやうにさう一朝一夕に行くものではない。[22]

泥海古記や御筆先の話も説かれないことになり凡べて新しい教典に依ることになつたが、教典は固苦しく判りにくい為（中略）誰も仲々六ツヶしくて判らなかつた。[23]

今度の講習で泥海古記、御筆先などを説いてはいけないと云はれたが、信者から問はれた場合は少し位言はせて貰ひ度い、私の教会の信者は無学者が多く上品な言葉では判らないので御助けに行つた場合などいんねんを説かぬと承知が行かない。[24]

教祖の原典と国体論が結びついた〈民衆宗教ナショナリズム〉の否定は、それがもっていた意味を浮かび上がらせることになる。まずそれが天理教の信仰生活と不可分に結びついて機能するものであったこと、そして「無学者」がアクセスしやすい平明さをもつもので、階級的性格をもつナショナリズムでもあったこと。それは「修身の教科書も同じ[25]」だという教典の堅苦しさに対置されている。

「革新」以降の天理教では、「ひのきしん」の教え・実践がさらに中心的な位置を占めていくことになり、勤労報国運動の範例にもなっていく。「ひのきしん」もまた「みかぐらうた」を典拠とする、〈民衆宗教ナショナリズム〉の一角を占めるものだったのだが、それが残されたことにはどのような意味があるのだろうか。そこにおいて〈民衆宗教ナショナリズム〉は、コスモロジカルな世界観を放棄した臣民＝主体のナショナリズムへと切り縮められ、「滅私奉公の権化ともいふべき我が天理教[26]」と自称するところにまでいたったのだ。

おわりに――非-国民主義と臣民的ナショナリズム

そもそも〈民衆宗教ナショナリズム〉は教祖による原典と国体論ナショナリズムの結合によって成り立つが、両者の間の矛盾を突きつめず、最大公約数的な共通項、たとえばエスノセントリズムや〝神〟への信仰によって共存させられていた。同時に、コスモロジーや救済論を包摂しつつ、国家的課題と担い手としての教団・信者を繋ぐ論理ともなっていたのである。昭和期の国体明徴運動のなかで両者の異質性が厳格に摘発され、殲滅・変形が起こっていくのだが、こうした帰結は民衆宗教研究が論じてきた、民衆宗教と天皇制国家との原理的・本質的対立の顕れだと理解すべきなのだろうか。

おそらくそれは論理の転倒であり、この厳格な二項対立は、それが問い質されることではじめて生起する経験と考えるべきだろう。そこにおいて、民衆宗教の当事者たちがみずからそれを生きてきた〈民衆宗教ナショナリズム〉がまがいもののナショナリズム、いわば非-国民主義として他者化されていく。しかし、少なくとも天理教の場合、この非-国民主義は反国民主義には向かわず、分裂するアイデンティティを縫合するものとしての「ひのきしん」＝臣民的ナショナリズムによって補償されることになった。〈民衆宗教ナショナリズム〉は屈折しながらも総力戦を支える民衆宗教の活力を生み出しつづけていったのだ。そこに、帝国日本の宗教的マイノリティのひとつの帰結をみることができるだろう。

注

（1）桂島宣弘「「他者」としての民衆へ――岐路に立つ「民衆」思想史」（『江戸の思想』一〇号、一九九九年）一五九頁。
（2）桂島宣弘「迷信・淫祠・邪教」（『シリーズ日本人と宗教6』春秋社、二〇一五年）参照。
（3）三木晴信「宗教類似教団に随伴する犯罪形態の考察」（『司法研究』第二八輯八、一九三七年）一八頁。
（4）Fabian, Johannes, *Time and the Other: How Anthropology Makes Its Object*, Columbia University Press, 1983 参照。
（5）Kwon, Nayoung Aimee, *Intimate Empire: Collaboration and Colonial Modernity in Korea and Japan*, Duke University Press, 2015 参照。
（6）天理教教義及史料集成部編『管長様御訓話集』（天理教教義及史料集成部、一九四二年）二頁。

(7) 同右。
(8) 李元範『日本の近代化と民衆宗教』(東京大学博士学位論文、一九九五年)参照。
(9) 安丸良夫『出口なお』(朝日新聞社、一九七七年)、川村邦光『出口なお・王仁三郎』(ミネルヴァ書房、二〇一七年)参照。
(10) 和辻哲郎『古寺巡礼』(岩波書店、一九一九年)二八五—二八六頁。
(11) 徳冨蘆花『みみずのたはこと』(岩波書店、一九三三年)六五三頁。
(12) 同右、六五五頁。
(13) 志賀直哉「天理教に対する私の質問」(『みちのとも』一九三七年六月一日号)四九頁。
(14) 同右。
(15) 道友社編集部編『三教会同と天理教』四五頁。
(16) 天理教青年会本部編『第十四回総会記念 教団の力』(天理教青年会本部、一九三二年)一一六頁。
(17) 同右、九三—九四頁。
(18) 秋沢修二・永田広志『現代宗教批判講話』(白揚社、一九三五年)二四一頁。
(19) 三木「宗教類似教団に随伴する犯罪形態の考察」二一五—二一六頁。
(20) 上田嘉成『日本精神と天理教』(天理教道友社、一九三七年)一五—一六頁。
(21) 同右、二三頁。
(22) 内務省警保局『社会運動の状況11 昭和一四年』(三一書房、一九七二年)一一二二頁。
(23) 内務省警保局『社会運動の状況12 昭和一五年』(三一書房、一九七二年)三九六頁。
(24) 同右。
(25) 内務省警保局『社会運動の状況11 昭和一四年』一一二二頁。
(26) 天理教教庁総務部総務課編『天理教教庁集会議事録』(天理教教庁総務部総務課、一九四二年)五八頁。

(大阪大学招へい研究員)

第一セッション　宗教と社会：近世後期の仏教と自他認識の転回

オリオン・クラウタウ

一、はじめに

特に一九九〇年代以降、近世日本における仏教の社会的・思想的な役割をめぐる研究は大きく展開した。高埜利彦の『近世日本の国家権力と宗教』（東京大学出版会、一九八九年）で示されたような新見解を踏まえ、二〇〇〇年代には澤博勝、引野亨輔、朴澤直秀など、「近世の宗教と社会」研究会参加者の成果も発表され、それまで近世日本の仏教を語る上での主なパラダイムであった「近世仏教堕落論」がますます力を失っていった。そのコンテキストで、よりオーソドックスな思想史研究の立場から、近世仏教の思想界の再考を促した西村玲の業績も、注目に値する。

そして二一世紀において、近代日本仏教の分野も、その「隆盛期」を迎えた。例えば、大谷栄一による在家仏教運動とナショナリズムの研究（『近代日本の日蓮主義運動』法藏館、二〇〇一年）や、小川原正道による明治初期の宗教行政をめぐる成果（『大教院の研究』慶應義塾大学出版会、二〇〇三年）、ジェームス・ケテラーの廃仏毀釈研究の日本語訳（『邪教／殉教の明治』岡田正彦訳、ぺりかん社、二〇〇六年［原著一九九〇年］）、谷川穣の教育史研究（『明治前期の教育・教化・仏教』思文閣出版、二〇〇八年）など、いずれも独自の視点から、学術上の諸分野を止揚させた研究である。

以上の日本仏教史にまつわる研究蓄積に加え、近年のもうひとつの大きな動向として、近代日本の宗教概念をめぐる業績も挙げなければならない。「宗教」は欧州の諸言語にみられる religion という言葉の訳語として、明治期に定着していったことは以前から学界の一部にとって周知のことであったが、例えば、山口輝臣『明治国家と宗教』（東京大学出版会、一九九九年）、磯前順一『近代日本の宗教言説とその系譜』（岩波書店、二〇〇三年）、星野靖二『近代日本の宗教概念』（有志舎、二〇一二年）という成果が、その定着プロセスにまつわる我々の理解を大きく深化させた。

　以上、二一世紀になってから近世および近代の仏教研究はそれぞれ大きく展開したが、おのおのの時代区分の枠組において語られることに留まっており、これらの時代の成果を総合的・連続的に、かつ近年の宗教概念論をめぐる成果との関係において捉えるような研究は現時点でいまだ少ない。そこで本稿では、近世および近代の仏教思想の連続性について検討してみたい。具体的には、幕末期において極めて重要なキーワードとなった「護法」をそれまでとは異なる形式で示した二人の僧侶――真宗西派の「海防僧」月性（一八一七―一八五八）および同宗東派の学僧・龍温（一八〇〇―一八八八）――を通して、「仏法」を担う人々の自他認識が如何に転回したのかを明らかにすることで、日本における宗教言説の形成過程をめぐる数多くの研究成果に、貢献することを目指すものである。

二、月性の場合

　最初に取り上げる月性は、「海防」が日本の知識人の間で共有されたキーワードとなっていく一八二〇年代以降の世界で活躍している。一八一七年に周防国大島郡遠崎村（現・山口県柳井市）に生まれ、[1]広瀬淡窓（一七八二―一八五六）の咸宜園（現・大分県日田市）などで漢学を学び、一八三一年に、後に「火技之中興洋兵之開基」とも呼ばれることとなる高島秋帆（一七九八―一八六六）の直弟子・恒遠醒窓（一八〇三―一八六三）が営んだ豊前の蔵春園に入り、中国の典籍を学ぶ。一八三六年に肥前に移り、善定寺の不及（一七八五―一八四六）の下で教学の理解を深める。この肥前遊学時代に初めて、長崎でオランダ船を目の当たりにし、その経験は彼の海防思想を大きく展開させたといわれる。

　さらに、広島では坂井虎山（一七九八―一八五〇）、大坂では篠崎小竹（一七八一―一八五一）の梅花社でも学び、儒者の梅田雲浜（一八一五―一八五九）や頼三樹三郎（一八二五―一八五九）との生涯にわたる交流が始まった。その後は遠崎に戻り、生家の妙円寺の境内で、私塾・時習館を開き、大洲鉄然（一八三一―一九〇二）など、明治初期における西本願寺の中心人物を教育する。幕末志士として知られる吉田松陰（一八三〇―一八五九）との親交を深めたのも、この時期のことである。

一八五三年の「黒船来航」を契機として、月性は『内海杞憂』と題する建白書を長州藩主の毛利敬親（一八一九―一八七一）に呈し、海防を整えるべく、ボナパルト以後の三兵戦術論の影響もみられる次の五点を指摘した――すなわち「一、大儀を宣べて士気を振興する／二、兵制を変えて以て民に戦を教う／三、団練を結んで農に兵を寓す／四、大砲を鋳て奢侈をとどむ／五、火薬を製して軍用に供す」である。(2) この建白の数箇月後、彼は、『藩政改革意見封事』を著し、幕府が海外からの脅迫に対抗できない場合、長州藩はその責任を全うすべきであると主張し、一種の討幕論も唱えていたことがわかる。

一八五六年に、月性は西派の教学界で著名な僧・超然（一七九八―一八六八）の推挙で法主・広如（一七九八―一八七一）に招聘され、西本願寺の別邸であった翠紅館に居住しつつ多くの志士との交流を深めた。同年秋に「護法意見封事」を完成させ、法主に提出した月性は以下の四点を説いている。①増大する西洋諸国の脅威と流入しつつあるキリスト教に本願寺（浄土真宗）が積極的に対抗すべきこと。②西洋諸国は、まず人々をキリスト教に誘引しその後、軍事力によって他国を侵略する点を理解すべきこと。③仏法による「護国論」、すなわち「教」および「戦」で日本侵略を試みる西洋諸国に対し、「教」を以て「教」を防ぐべきこと。④一種の皆兵論、端的に言えば浄土真宗を中心としていた「仏法」を精神的なバックボーンとして民衆動員をすべきこと――である。(3)

月性は一八五八年に急死するが、西本願寺は意見書を編集し、特に教団改革に関するような部分を削除した上で『仏法護国論』として上梓し、(4) 広く配布した。特に長州において、月性の仏法による「護国論」の影響は大きく、吉田松陰に加え、奇兵隊を創設した高杉晋作（一八三九―一八六七）もそれに感銘を受けていることは周知の通りである。そして大洲鉄然や大楽源太郎（一八三二―一八七一）も月性の門下生であり、彼らは一八六六年の第二次長州征討の際、僧侶と農民を率いて諸隊――例えば「護国団」など――を結成した。

以上、月性の執筆活動自体は決して長く続いたわけではないが、ポストボナパルト的な兵学思想に感化された彼の影響は宗派内外を問わず、広範なものであることが確認できる。月性は仏者を「海防」に尽力すべき存在に変貌させようとしたが、次に同じ近世後期の僧侶におけるもうひとつの自他認識の転回の事例を取り上げたい。

三、龍温の護法活動

香山院龍温（姓・樋口）は、一八〇〇年に、岩代国会津の西光寺（現・福島県喜多方市）に生まれる。[5]十四歳で若松に出て児島宗悦（生没不詳）に儒学を学び、初めて排仏思想に直面する。十九歳には越後国の無為信寺（現・新潟県阿賀野市下条町）に入って香樹院徳龍（一七七二―一八五八）に師事した。越後において宗乗・余乗を修めた後、京都に赴き、華厳に加えて唯識、天台、倶舎、因明、そして国学や天文学まで、幅広い知識を修めている。三九歳の時に京都・圓光寺の住職となり、一八四九年に、学寮の「擬講」に任ぜられた。一八六一年は「嗣講」に昇格し、一八六五年に、東派学寮の最高責任者たる「講師」となった。

一八五八年に、東派前法主の達如（一七八〇―一八六五）にキリスト教研究を命ぜられた龍温は排耶書を著し、さらに一八六二年には「耶蘇防禦掛」を任されている。翌年、薩英戦争も起きたこの年に、彼は『闢邪護法論』および『急策文』を発表し、とくに後者では、開港後の時勢を目の当たりにしても無関心な仏者に対して警鐘を鳴らし、仏教の「四方ノ敵」である「儒者輩・神学者・天文者・耶蘇教徒」からの批判に応える必要性を講じている。[6]そして宗学以外に関心を寄せない僧侶についてもまた批判的であり、仏教的世界観の中心要素たる須弥山を弁護するため、天文や地理をめぐる最新知識の獲得も必要なものとして勧めている。なお龍温は、「四方ノ敵」の中でも、強烈な伝播力を有するとされたキリスト教に特別な注意を払っている。この時期の僧侶の中では、龍温はかなり早い段階でキリスト教の「旧教」と「新教」の相違について指摘しており、それは恐らくプロテスタント系の宣教師自身による漢籍のキリスト教書を踏まえての理解であろう。[7]一八六五年から、龍温はそれまでの研究の成果として『総斥排仏弁』という書物の基礎となる講義を京都、大坂、江戸などで行っている。本書は、儒学者や国学者など、幕末期の当時において「排仏家」と認識された論者全体に対する総合的な護法の書物である。

龍温は、大乗が栄えるのに最も相応しい地である日本の仏教徒、そしてその中で末法の時代に最も相応しい「仏法」であるとした浄土真宗を信じる者こそ、場所と時代を自覚して、排仏家に対抗する必要があると主張し、それに資するものとして本書を著した。『総斥排仏弁』の至るところで龍温が強調するのは、史書や洋学など、仏教以外の課題を構成する「外学」の知識を広く深く修めて、「四方ノ敵」に反論することである。龍温は一八六〇年代を通して外学教育の必要性を訴え続け、本山もやがてその意義を認め、明治元年に「国学」「儒学」「天学」「洋教」の四学科を提供する「護法場」なる機関を、学寮の枠外に設けることにした。そして他でもなく龍温が、この機関の最高責任者の一人を任されたことは、全く驚くことではない。

伝統教育を受けながらも幕末のコンテキストで海外の事情を意欲的に学習しようとした龍温のような僧侶が、その知識の枠組において如何に「仏法」を捉えなおしたのか、ということは、近代日本における宗教言説の定着を理解する上で、重要なポイントとなる。宗教言説史をめぐってはそれなりの研究蓄積があり、外交や翻訳、大学制度、キリスト教、法体系の形成、といった様々な側面からアプローチされているものの、幕末期に関しては、外交以外の問題を取り上げるものが少なく、検討すべき余地は多々ある。就中、一八五〇年代後半からすでに、欧米の宣教師などの手になる漢訳書を読破しており、キリスト教およびイスラム教と並ぶものとしての仏法を構想した龍温のような仏教徒は特に、着目に値しよう。

四、おわりに

桐原健真は、吉田松陰の検討を踏まえ、この時期における日本列島の知識人の「自他認識の転回」をめぐって、次のように述べている。

> それまでたんに「夷狄」あるいは「異人 der Fremde」としか認識されなかったものが、みずからに対峙する具体的な「他者 der Andere」として認識されるに至るとき、そこには対象としての「夷狄」の変化ではなく、むしろそれを認識する主体の意識の変質こそがある(8)。

月性や龍温における思想的変容からは、政治思想のみならず、仏教においてもその自他認識の転回の道が歩まれていたことがわかる。すなわち、全く異なる視点からではあるものの、同時期、そして同じ「夷荻」からの脅迫に対して、それぞれの「護法」の立場を二人の僧侶が以上のように示したのである。両者とも、それまでの伝統的な教育を受けながらも幕末のコンテキストで海外の事情を意欲的に学習しようとし、その新たな知識の枠組において「仏法」を捉え直したと言えよう。

月性は、兵学をめぐる新知識の枠組で、本来の身分を問わず、「護国」に尽力するような仏者像を提供した。無論、月性自身が示したような「意見」は共同体たる長州藩を念頭に置いたものである、という理解も可能であろうが、それが「護国論」という題目の下で、広範囲に流布していたこともまた事実である。すなわち、月性の本来の意図は異なるものであった可能性もあるにせよ、その遺作たる『仏法護国論』で展開された海防論のコンテキストにおける「仏法」の語りが、新たな国民像の形成に貢献したことも否めない。他方、龍温のような仏教徒は「世界宗教」なる言説における自宗の位置づけへの道を開いた。無論、日本列島において、「キリシタン」に並ぶものとしての「仏法」という宗教理解は龍温に始まったわけでないが、その護法活動にみられるようなキリスト教への学究的な態度や、当時最新の世界宗教に関する知識の枠組で仏教を位置づけようとした思考には大きな思想史的意義があろう。

以上は当然ながら、一種の「研究序説」に過ぎず、今後、月性および龍温とその周辺の護法僧を中心に、ある程度の蓄積がすでにみられる排耶論研究を、宗教言説論との関係においてより密接に捉え直すことで、日本思想史における仏教の「近世から近代へ」という展開を、さらに明らかにしていきたい。

注

（1）　月性の伝記的情報をめぐっては、例えば、海原徹『月性——人間到る処青山有り』（ミネルヴァ書房、二〇〇五年）を参照のこと。

（2）　村上磐太郎「月性と秋良敦之助」（三坂圭治監修『維新の先覚——月性の研究』月性顕彰会〈マツノ書店〉、一九七九年、二四一頁）。

（3）　上記数点を表現するものの一部として、月性自身は例えば、下記のように述べている。

〔夷荻は〕既ニ人ノ国ヲ取ニ、教ト戦トノ二ヲ以テスレバ、我ノ彼ヲ防グモ、亦教ト戦トヲ以テセズンバアルベカラザルナリ。而シテ戦ヲ以テ防グハ、其責ニ任ズルモノ、世其人ニ乏シカラズ。其人トハタゾ。曰、征夷将軍ナリ、列国諸侯ナリ、幕府及諸藩ノ士大夫ナリ。コ、ヲモテ近年来、砲台ヲ築キ、軍艦ヲ造リ、大砲ヲ鋳、銃陣ヲ習ヒ、ソノ他槍剣刺激ノ技ニ至ルマデ、凡武備ノ以テ夷秋ヲ防グベキモノ、幕府以下、講習綜練セザルハナシ。此ソノ責ニ任ズルモノソノ職ヲ尽スナリ。然ドモ天下ノ勢ヤムコトヲ得ザル者アリ。幕府遽ニ決戦掃蕩ノ策ニ出ルコトヲ得ズ、姑ク彼ノコフ所ニ従ヒ、通信ヲ許シ、互市ヲ開キ、土地ヲ仮シテ、其吏ヲ置コトヲ聴サントス。不肖切ニ恐クハ、今ノ勢遂ニマサニ沿海ノ愚民、夷秋ト相親ミ、情好日ニ密ニシテ、披ノ厚利ヲ啗ヒ、彼ノ邪教ニ蠱シ、変ジテ犬羊ノ奴トナラントスルヲ。／故ニ今日海防ノ急務ハ、教ヲ以テ教ヲ防グニシクハナキナリ。而ソノ責ニ任ズルモノハタゾ。曰、八宗ノ僧侶ナリ。（月性『仏法護国論』一八五六年、安丸良夫・宮地正人編

『宗教と国家』岩波書店、一九八八年、二一八―二一九頁）

なお、一八五六年は「護法意見封事」が広如に提出された年代で、『仏法護国論』自体に、出版年は記されていない。しかし、吉田松陰関係の史料などから、一八五九年頃に出版されたものと推察される。

（4）「護法意見封事」と『仏法護国論』との相違をめぐっては、岩田真美「幕末期西本願寺と『仏法護国論』をめぐって」（『仏教史学研究』五三―二、二〇一一年）を参照。

（5）龍温に焦点を当てた論考は少ないが、基本的な伝記情報は岡村周薩編『真宗大辞典 第三巻』（真宗大辞典刊行会、一九三七年）をみよ。先行研究としては、例えば川添泰信「近代真宗思想史研究」（『真宗研究会紀要』五、一九七四年）、織田顕信「大谷派講師香山院竜温社中名簿について」（『同朋大学論叢』三四、一九七六年）、山本幸規「邪教をみる眼」（『季刊日本思想史』一五、一九八〇年）などを参照されたい。

（6）龍温『急策文』一八六三年（常磐大定編『明治仏教全集 第八巻・護法篇』春陽堂、一九三五年、三三一頁）。

（7）「サテ次ニハカノ入港ノ外夷挙テ奉ズルトコロノ耶蘇教、コレハ本邦ノ国禁従来御厳重ナル事ニテ、先第一ニ長崎表ニ於テ耶蘇十字架刑ノ絵ヲ銅板ニ刻シテ、年々一人モノコサズコレヲ踏シム。コレヲ絵踏トイフ。コレ日本ノ強国タル一ノ名誉ニテ、海国図誌ニ諸書ヲ引テ歎美セリ。可惜此事モ已ニ廃セラル。猶又恐ルベキコトアリ。此度渡来ノ耶蘇教ハ、古ヘ日本ニワタリテ切支丹ト号セシ天主教トハ別ナリトイフ。コレハタ、日本ノ国禁ヲ避シ為ニ、カレ俄ニイフニハアラズ。ヤハリカノ方ニ在テ二派アリ。仍テカレラ申立ルハ、古ヘ日本ニテ禁ジタマフ天主教ハ、同ジク天主耶蘇ヲ奉ズトイヘドモ、カレハ教ヲ弘ルモノ、私ヲ加フル所ニテ、耶蘇ノ正意ニアラズ。仍テ妖術怪異ノ事モアリ、他国ヲ侵略スル意謀モナキニアラズ、故ニカレハ禁ジタマヒシモ道理ナリ。此度ノ耶蘇教ハ不爾、コレハ耶蘇ノ正義ニシテ、倫常徳行ノ道ヲ教ルコト儒教ヨリモ切ロニ、死後究竟ノ賞罰、地獄天堂ヲ教ルコト仏教ヨリモ明カナリ。故ニ西洋ヨリ亜弗利加、今ハ満清ノ内地ニ至ルマデ盛エヒロマル。コレ諸教ノ中ニヲイテ、最スグレ最正シキユヘニ人ミナ崇信ス。西洋ハコノ教ニヨリテ国家ヨク治リ、ヨク栄エテ乞食貧人モナシ。仏教ノ如キハ益モナキ絵像木像ヲ拝スルユヘニ、コレヲ偶像教ト名ク。日本人コノ耶蘇教ノスグレタルコト、又古ノ天主教ト別ナルコトヲ未ダ弁ゼズ……。箇様ナル甚シキ事モ知ラズ、学バザレバ驚クオモヒモナシ」（同右、三三三―三三四頁）。

（8）桐原健真『吉田松陰の思想と行動――幕末日本における自他認識の転回』（東北大学出版会、二〇〇九年、一一一―一一二頁）。

付記　本報告は科学研究費助成事業の基盤研究(C)「幕末維新期護法論の思想史的研究」（課題番号24520078、二〇一二年―二〇一四年、金城学院大学教授・桐原健真代表）および基盤研究(C)「近代移行期における日本仏教と教化」（課題番号16K02190、二〇一六年―二〇一八年、龍谷大学准教授・岩田真美代表）の成果の一部を紹介したものである。幕末思想史をめぐっていつも親切に指導して下さる桐原氏および岩田氏の両代表者に感謝の意を表したい。

（東北大学准教授）

第二セッション　東アジアと日本：

蘭学の政治思想史・試論——近代東アジアのなかの日本——

大久保　健晴

本報告では、一九世紀日本における西洋兵学論の展開に注目しながら、近世蘭学と開国・明治期の洋学を繋ぐ政治思想史の新しい叙述を試みる。最初に、「東アジアと日本」という共通テーマとの関連で、二つの問題意識を提示する。

第一に、福澤諭吉は明治二三（一八九〇）年、「蘭学事始再版の序」で、杉田玄白らの事績を振り返り、「東洋の一国たる大日本の百数十年前、学者社会には既に西洋文明の胚胎するものあり、今日の進歩偶然に非ず」と記した。むろんこの言説のうちに、福澤固有の西洋観や近代観を見出すことも可能である。近代化＝西洋化ではなく、複数の近代があり、それ以上に儒学や国学の思想世界が今なお豊かな可能性にみちたものであることは言を俟たない。しかしなお、近代東アジアのなかで日本が歴史的に歩んだ道程を顧みるとき、その一源流として蘭学が少なからぬ影響を及ぼしたことは指摘できよう。問題は、従来の近世蘭学研究が専ら自然科学や医学の領域にとどまってきたことである。当時の蘭学者達が自ら「格物窮理」の学と規定するように、近世から近代に至る思想世界は相互に入り組み、重なり、混沌としている。本報告は、「蘭学の政治思想史」を掲げることで、東アジアにおける諸学問の対立と調和を巡る討議に貢献する。

第二は、日本の近代国家形成と東アジア国際秩序の変容について。これは現代東アジアの政治課題にも直結する。周知のように、明治政府は西洋国際法「万国公法」を積極的に受容し、それを外交の場で活用することで、清朝中国を中心とする旧来の東アジア国際秩序を改変しようと試みた。興味深いのは、当時の政治家や学者の万国公法論の裏面に貼りつく兵学的思考である。例えば西周は明治一一―一四（一八七八―八二）年の「兵賦論」で、琉球漁民殺害事件を巡って、台湾生蕃は「化外の民」であるとする清朝中国に対して、明治政府が西洋国際法の先占理論を根拠に台湾出兵を断行したことを高く評価し、次のように説く。「今、万国の公法恃むべしと雖も、其公法をして能く其用を為さしむる者は弾丸の力に非ざるなし」。近代日本のアジア的世界からの離脱と投企を吟味するためにも、明治期の官僚や学者達が徳川末期の修業時代に触れた、兵学をはじめとする蘭学の様態を検討する必要がある。

1　近世蘭学の展開と一九世紀オランダ

一八四〇年のアヘン戦争が徳川日本に衝撃を与え、西洋兵学への高い関心を喚起したことは、「西洋諸国学術を精研し、国力を強盛にし、頻に勢を得候て、周公・孔子の国迄も是が為に打掠められ候」と記した佐久間象山の言説（「ハルマ出版に関する藩主宛上書」）などが示す通りである。しかし蘭学の政治思想史を描く際には、背景にあるオランダの政治史や思想史にも光を当て、徳川日本とオランダ、双方の歴史を両輪としてともに見据えながら世界史の視座からその展開を動態的に把握する必要がある。注目すべきは、一八世紀末から一九世紀前半に至るオランダの政治変動である。一七九五年、フランス革命の余波で、ネーデルラント連邦共和国は崩壊。フランスへの編入を経て、一八一三年にオランダ王国が成立する。この政治的変動は、学問世界にも大きな影響を与えた。だが従来の研究ではその意義が決して十分には顧みられていない。

ベッケルス（D. Beckers, *Het despotisme der Mathesis*, 2003）や吉田忠（「一八世紀オランダにおける科学の大衆化と蘭学」、『東アジアの科学』一九八二年）らが指摘するように、それ以前の一八世紀中葉のネーデルラント共和国では、自然科学や数学の大衆化が進み、簿記官やエンジニア、学校の教師など多くの一般の市民が実践的な観点からそれに高い関心を示した。一八世紀後半から一九世紀初頭の蘭学者の翻訳をみると、天文方の高橋至時らによる『ラランデ暦書』からプリンセン地理書（小関三英訳『新撰地誌』）、青地林宗の『気海観瀾』に至るまで、実にその多くがこうしたオランダの市民社会に根ざした学問潮流に由来する。

ところが、一八一三年以降、オランダ王国の建設とともに、中央集権的な近代国家化を目指した諸改革が急速に推進され、状況は変化する。注目すべきは、デルフト王立アカデミー（Koninklijke Akademie te Delft）や、王立軍事アカデミー（Koninklijke Militaire Acadmie）が設立され、実践的な諸科学の制度化が進められたことである。デルフト・アカデミーは、一八四二年、植民地統治に携わる官僚の養成と、Civil Engineering の発展を目的に設立された。連邦共和国の崩壊と東インド会社の解散によって、オランダ領東インドの権益がイギリスに脅かされるなか、植民地官僚養成が喫緊の課題となったのがその背景である。それと並行してウィレム一世（Willem I）は常備軍を再編し、一八二六年、将来の将校を育てる統一的な教育機関として、ブレダに王立軍事アカデミーを創設。こうしてブレダに Military Engineering を、デルフトに Civil Engineering を基幹とする教育組織が確立された。因みにデルフト・アカデミーの創設を主導した植民地省大臣バウト（J. C. Baud）はまた、植民地政策の一環としてライデン大学に日本学・中国学を含む東洋学の授業を設け、シーボルト（P. F. von Siebold）の助手・ホフマン（J.J. Hoffmann）の就任にも尽力した。周知のように、ホフマンは後に、西周や津田真道のオランダ留学の世話役を務めていく。ここに歴史は円環を描く。

ブレダ王立軍事アカデミーの創設は、国家機構の近代化を進める同時代ヨーロッパの動きと連関する。フランス革命とナポレオン戦争を通じて国民軍が作り出され、それを指揮する将校の脱貴族化が進むなか、高度な訓練を受けた将校の育成が求められたことが要因である。その歴史的淵源はまた、ライデン大学でリプシウス（J. Lipsius）に学び、古代ローマの軍事書とストア哲学に触れた一七世紀初頭のオランダ総督マウリッツ・ファン・ナッサウ（Maurits van Nassau）に遡るものでもあった。

こうしたオランダの政治と学問の転換は、蘭学の展開にも多大な影響を及ぼした。一九世紀前半の日本は、オランダ東インド会社の解体も遠因となり、英国船やロシア船が現れ、国防強化が政治課題として浮上する。例えば長崎町年寄の家に生まれ、長崎の海防に携わり、脇荷貿易を通じて多くの西洋兵学書を購入し、後に西洋兵学の開祖と言われた高島秋帆。アヘン戦争後、江戸の徳丸原で洋式演練を成功させた高島は、王立軍事アカデミーが編纂した書（*Reglement op de exercitien en manoeuvres der infanterie*, Breda, 1861）を『歩操新式』として翻訳出版。その他、徳川後期日本では王立軍事アカデミーの教官達の書物が実に多く翻訳された。高野長英の『三兵答古知幾』や、大村益次郎の『兵家須知戦闘術門』など、皆その産物である。

2　高野長英訳『三兵答古知幾』とオランダ王立軍事アカデミー

それでは、王立軍事アカデミーを起点とする西洋兵学受容はいかなる特質を有したのか。ここでは代表的作品、高野長英訳『三兵答古知幾』を取り上げる。同書は歩兵・騎兵・砲兵、三兵の用兵術を分析した当時のヨーロッパ最先端の軍事研究である。高野が記すように、原典はプロイセンの将軍ブラント（H. von Brandt）がドイツ語で執筆し、ベルリン兵学校で用いられた。オランダ王立軍事アカデミー教官ミュルケン（J. J. van den Mulken）が、それを教科書として蘭訳。高野は蛮社の獄に連座し、脱獄、逃亡生活を送るなか、蘭訳版（*Taktiek der drie wapens, infanterie, kavallerie en artillerie*, Breda, 1837）を重訳した。

"taktiek" とはいかなる学問か。そこでは、次のような定義が披露される。

今世に至ては、答古知幾の言を以て、総定則に従て、然其主要とする所に応して、諸兵を動すの学となす、時の形勢に其主意とする所（alle mogelyke vryheid）、時の形勢に従て、常に一ならされは、其運動も亦従て、変化せさることを得す、故に輓近に至ては、更に其変化する所以の者も、亦併せて以て、答古知幾の学となす。

ブラントによれば、それは第一に、軍隊を動かす根本原理を解明する学である。だが同時に、軍隊の動きは「其主意とする所」・「時の形勢」に応じて変化する。近年は、その変化のあり方も探究の対象となる。ここでの「主意」の原語は "vryheid"（現代の訳語では「自由」）である。高野はここに、「辞義次第に浩く、其含蓄する所、甚た多し」と註釈を加えている。これは近世日本における西洋の自由概念との先駆的な出会いの一つと言える。

この定義は、フランス革命とナポレオン戦争が一九世紀ヨーロッパに与えた衝撃と深く結びついていた。実際ブラントはその画期的意義を、歩兵の「縦隊」と、騎兵「散隊」の導入に見出している。彼によれば、一七世紀以来の「古制」では歩兵は「横隊」が重んじられてきた。しかし「大乱」フランス革命後、むしろ「縦隊」が有する「陣を衝き、隊を破るの勢力」、すなわち防御火力よりも攻撃的衝撃を重んじる深い隊形が再評価されるに至る。もはや今日では、戦況や地理に応じて両隊を複合的に用い、流動的に陣営を変化させる必要がある。加えてナポレオン戦争では騎兵散隊が導入され、分散と集合を繰り返しながら「各自随意」に突撃する「格外の法」が認められた。とはいえ好き勝手に動くのではない。むしろそれ故にこそ、「武芸極て練達し、性質驍勇の士」として、高度な規律と訓練が求められる。ここから、次のような興味深い軍事秩序像が導き出される。

兵家或は諸軍を以て、器械（werktuigen）に比す、是れ其意に従て、進退運動する状、宛も器械の如く、其用内より起らす、悉く外の使令に随へはなり、然とも此説は、唯其接戦活動運転する所以を見て、其活物（bewerktuigde wezens）より製造する所以を見さるなり、軍の体たる、全く之に反し、其内に活器を具へ、神魂を蔵して（een innerlyk leven）、以て運動し、以て思慮し、以て諸物に感動す。

軍隊を、外側からの命令によって一元的に動く「器械」に類比させるのは誤りである。むしろ軍隊は「活物」であり、人間の身体と同様に、臓器を持ち、「神魂」を持ち、独自に運動し、思慮し、また外物との接触に反応を示す。この活物としての軍隊の動きとメカニズムを分析する学問こそ、"taktiek"である。こうした軍隊と人間の身体との類比は、高野が蘭学者として医学に精通していたことに鑑みても意義深い。ここに一人の身体を解剖する医学と、集団としての人間の行動の原理を解析する兵学の社会科学的な思考を繋ぐ思想的鉱脈が浮かび上がる。さらに医学と兵学との類比は、杉田玄白が『形影夜話』で、蘭学を志す際に、荻生徂徠の『鈐録外書』に感銘を受けたと記していたことをも想起させる。

だがそれだけに疑問も残る。例えば荻生徂徠は、『孫子国字解』で「軍兵を自由に使ふは手足のはたらきの如く、計策方便は心の思慮の如く」と唱え、『鈐録』でも「軍法といふは節制の事なり」と定めた。徂徠の兵学論自体一様ではないが、高野が徂徠の兵学に関心を抱いていたことは、勝海舟の『氷川清話』に描かれている。実際、国会図書館には高野が同書を写本し跋文を付した『軍法不審』が残る。果たして高野長英ら蘭学者は、東アジアの兵学と西洋兵学との関係をどう考えたのか。ここで徂徠が用いる「自由」は、指揮官が思いのままに兵隊を使い動かすことを指し、『三兵答古知幾』にある、個々の部隊の自由な活動に任せるという西洋語の"vryheid"とは意味が異なる。しかしなお、両者がこれらの概念を用いる、その磁場となる秩序像には、接合する断面があるようにも思われる。

さて、もう一度『三兵答古知幾』に戻れば、そこでは身体とのアナロジーのもと「神魂」を有する軍隊を支える徳・モラル「義気」（de morele kracht der menschen）の重要性が説かれる。そして『戦争論』を残した同時代の軍事戦略家クラウセヴィッツ（C. von Clausewitz: 加老泄微都）の言葉を引き、軍隊で「義気」モラルを最も体現する存在は、何より兵士を指揮する将校であると定める。この将校を育成する場所こそ、ベルリン士官学校であり、オランダ王立軍事アカデミーであった。

では徳川日本において、王立軍事アカデミーの実態はいかに学ばれたのか。その解明に挑んだ作品こそ、後に明治政府の官僚をつとめ、また西周や福澤諭吉らとともに明六社で活躍した神田孝平が、徳川期に記した翻訳書『和蘭王兵学校掟書』である。

3　『和蘭王兵学校掟書』から『徳川家兵学校掟書』へ

神田孝平は文久元（一八六一）年、オランダ・ブレダの王立軍事アカデミーの構造と根本規範を定めた規則集 *Reglement voor de Koninklijke militaire akademie*（Breda, 1857）を、『和蘭王兵学校掟書』として翻訳出版した。神田は翌年より蕃書調所に出仕しており、徳川政権の意向を受けた翻訳とも推測される。同アカデミーは歩兵・騎兵・砲兵・造営隊に区分され、大きく二つの特徴が見られる。第一に、数学、自然科学、歴史地理から、tactics、strategy、軍律、歩兵運動の調練まで、実践的な学問が教授される。第二は、規律とモラルの詳細な規定である。そこでは「従順之儀は兵家の主務」（de ondergeschiktheid is de ziel van de militaire dinst）とされ、調練と諸科学の講義を通じて「純粋なる武士の魂」（een echt militairen geest）を身に付け、「功名を立て武徳（deugd）を成就し国家乃誉（roem des Vaderlands）を顕す」ことの重要が説かれる。王立軍事アカデミーでは、こうして実践的な学識や技能と、規律・モラルの習得が求められた。それは『三兵答古知幾』で描き出される、ヨーロッパの歴史を通じて形づくられた「活物」としての軍隊の秩序像にも合致する。神田は西洋列強と対峙する時代状況のなか、「武士の魂」という訳語を用い、自らの文脈に引きつけながら、徳川日本における兵学校の設立を思い描いたのであろう。

この『和蘭王兵学校掟書』との関連で重要なのが、沼津兵学校の存在である。同校は、維新を経て駿府へ移封された徳川家が明治二（一八六九）年に開校した兵学校であり、頭取には開成所の神田の同僚でオランダ留学経験を持つ西周が就いた。その西が沼津兵学校の設立に際して根本規則を記したのが、『徳川家兵学校掟書』である。この文書はそのタイトルとともに、数学・窮理から兵法・軍律まで実践的な学問を学び、礼儀・士道之大本を重んじるなど、『和蘭王兵学校掟書』と重なる条項を多数含む。こうして一九世紀の近代国家形成期に創設されたオランダ王立軍事アカデミーの理念は、蘭学を媒介に維新後、徳川家の兵学校の基底へと流れ込んだ。そしてそこで浮かび上がる、規律と自由とモラルを巡る問題群は、その後、明治日本の形成を通じて重大な思想的課題として先鋭化していくのである。

4　江戸と明治を架橋する――むすびにかえて

明治四（一八七一）年に廃藩置県が断行され、翌年、沼津兵学校は短い役割を終えた。だが西周は明治政府に登庸され、その後も近代軍制の整備に尽力した。明治一一（一八七八）年、西は陸軍将校が集まる偕行社で「兵家徳行」を主題に講演。そこで彼は、「或は散して稀疎となり、或は聚りて稠密となり、体の四支を使ひ、四支の手指を使ふ如く、千軍万馬も一心の軍用に出」る、規律と操練による「節制」の思想のうちに、近代軍制の特質を見出している。

西周は青年期から荻生徂徠の書に触れており、先の漢文脈とも関連を持つ（先行研究に、前田勉『近世日本の儒学と兵学』一九九六年や、菅原光『西周の政治思想』二〇〇九年がある）。しかし本報告で検討したように、この言説は第一義的には、高野長英ら近世蘭学の兵学論の蓄積と、自らの留学経験を背景に、西洋兵制の特質を描写したものであり、『徳川家兵学校掟書』の延長線上にある。西洋軍隊の本質を節制・厳正に求める指摘は、既に吉田松陰の「西洋歩兵論」や横井小楠の「陸兵問答書」にも見られる。問題は、明治期に入り徳川家や武士の力が奪われ徴兵制が導入されるなかで、この議論が新たな思想課題を招来したことである。果たして軍事アカデミーや沼津兵学校など、将校の育成を目的とした士官学校及び軍隊内部の規律やモラルが、徴兵制を通じて一般社会へ流れ出る事態をどう考えるか。

この論点に自覚的であった西周は同演説で、「軍人社会」の規律について、それは人々が「自治自由の精神」を持つ「平常社会」とは異なる性格を持つと説明する。しかし西自身がその後、陸軍省で山縣有朋のもと、軍人勅諭起草に携わることに象徴されるように、近代国家化の進展を通じて、この軍人社会と平常社会との区分は次第に溶解していった。

それに対し、むしろ近代の政治構造の一断面を兵学と重ね合わせて捉えたのが福澤諭吉であった（先行研究に、宮村治雄『日本政治思想史』二〇〇五年がある）。福澤は明治一四（一八八一）年の『時事小言』で、近年の西洋兵制の本質を「一個の進退を不自由にして、全体の進退を自由にすればなり」と定める。そしてそれは兵事だけでなく、「政府の事務」行政・官僚機構にもあてはまると指摘する。福澤も蘭学者として徳川期より同時代の西洋兵制に親しんでいた。注意すべきは、ここで福澤が政治を「政体 constitution」

と「政務 administration」に分け、兵学とのアナロジーを専ら「政務」行政官僚機構に限定していることである。西周の国家像も同様の枠組みを前提としており、その意味で彼らが視野に入れていた近代国家の複層的な政治構造を考慮するならば、西と福澤の議論は必ずしも対立するものではない。それだけに興味深いのは、ここで福澤が徳川政治体制を「腕力」に基づく「ミリタリ・ガーウルメント」と捉え、それとの対比で、文明の統治機構は西洋兵制の「兵士の如き調練」に基づき「厳正」を原理とする、と説いていることである。だが本報告で検討してきたように、節制・厳正を求める政治秩序像は、近世の思想世界と必ずしも断絶するものではない。重要なのは、近代日本の歩みを支えた洋学派官僚や学者の政治秩序像が、またそこで論争として浮上する自由・規律・徳行を巡る政治課題が、実は近世蘭学の展開と地続きにあったことである。蘭学の政治思想史研究の重要性を改めて指摘し、本試論を閉じたい。

（慶應義塾大学准教授）

注

小稿の性質と紙幅の都合により、出典の記述を最小限度にとどめ、先行研究の検討や紹介も大幅に省かせていただいたことをご容赦いただきたい。詳細はシンポジウム当日に配布したレジュメ、ならびに学会記念論文集に収載予定の拙論を参照していただきたい。

第二セッション　東アジアと日本：舶載された知の受容と多様な思想展開

田世民

はじめに

周知のように、聖徳太子による「憲法十七条」の第一条に「和を以て貴しとなす」が掲げられている。また、日本語には日常よく使われる言葉として「違和感」というものがある。つまり、調和の状態と程遠いしっくり来ないという意味である。そこから、日本ではどれほど調和を重んずるものかが分かる。ちなみに、「違和」や「違和感」といった言葉は中国語圏ではメディアなどで頻繁に使われるようになってから、もはや一般用語として定着しつつある。

さて、日本では古来、中国大陸や韓半島から人々や漢籍などが渡り、日本の国づくりや文化制度の成立に役立っていた。近世に入って、大陸からの漢籍の輸入がさらにピークを迎えた。その文化東漸の長い歴史の中で、漢籍を読むための訓読が発生し、訓読記号や片仮名の創出など様々な発展とともに定着していった。また、漢字と仮名文字（そしてのちのローマ字）は相俟って日本語を形成してきた。

近世日本の知識人たちは明清以降に出版されてきた漢籍や日本在住の唐人などを通じて、中国大陸や韓半島の文化思想を受容理解していた。特に、日本の知識人たちは舶載本に対してそれぞれのスタンスによって訓点を施して理解し、漢籍の知を肯定的・批判的に受け止め、漢文や和文の著作を書いたりして種々多様な思想を展開させていった。

また、観念的な死生論に止まらず、仏葬に対抗して儒教儀礼の受容実践に力を注いだ。その際、漢文で書かれたテキスト（『文公家礼』等）をいかに自分の言葉に置き換えて理解し、そして実践可能な葬祭儀礼を作っていくのか、そのことは大きな課題となってくる。

以上の背景を踏まえて、ここでは東アジアに共有された漢籍の知が近世日本に伝わって受容された中で、思想をめぐる対立と調和の多様な位相を捉えるとともに、倭訓が人々の思想実践に果たした役割について考えてみたい。

一、明の思想文化をめぐる積極的摂取と批判的対抗

近世日本の知識人、特に前期の思想家たちは、明以降に出版・船載されてきた漢籍を読むことによって多彩な思想を展開させていった。例えば、荻生徂徠（一六六六～一七二八）が李攀龍や王世貞など明の古文辞派の著作に触発されて、古文辞学という学問を展開させていった、ということは広く知られている通りである。日本の儒者たちは、船載された漢籍（『四書大全』『五経大全』『性理大全』という「三大全」がその代表格）に拠って朱子学や陽明学を理解し、さらに自らの思想形成を展開させた。儒者たちの読み方は種々多様であるが、それらの漢籍をどう読むのか、つまり漢文のテキストに対してどのように訓点をつけるか、それも大きな問題となってくる。訓点自体は、ある儒者がそのテキストをどう解釈して（翻訳して）理解したか、そのことを反映するものでもある。そして、林羅山の道春点や山崎闇斎の嘉点、貝原益軒の貝原点、佐藤一斎の一斎点など、儒者たちが訓点を付けたテキストは和刻本として出版され、広く流布していった(1)。

その数々の漢籍加点本の出版がある一方、中村惕斎『四書章句集註鈔説』『四書示蒙句解』や毛利貞斎『四書集註俚諺鈔』の平易な日本語による経典注釈書・和解類があるほか、渓百年の『経典余師』など仮名交じり文のテキストは、漢文を直接には読めない人々に儒学の知を伝えた(2)。それは確実に学問の一般的普及に役立ったのである。

さて、林羅山や中村惕斎らの明代儒学に対する積極的受容が見られる一方、山崎闇斎（一六一八～一六八二）らの崎門派は朱子の説を尊崇するが、明儒による煩雑とされる注釈を意識的に排除する。また、懐徳堂など儒者の大半は、明代儒学を決して排除せず、それを相対化しつつ受容するという姿勢を取っている。例えば、山崎闇斎は朱子の説を絶対化させるとともに、読むべきテキストを「四書」と朱子学に直接関係するものに限定し、さらに門弟に自らの講釈を受けて朱子学を理解することを求めた。その学問の方

法を徂徠らが批判しているばかりでなく、中井竹山なども崎門の「朱子一尊主義」を非難している。

ところで、浅見絅斎は『性理大全』版『家礼』を底本にしつつ、附注を削り朱子の本文・本注のみを残して、それを校訂して朱子『家礼』の和刻本を出版している。吾妻重二氏の『家礼』和刻本に関する研究で明らかになったように、絅斎による和刻本は朱子『家礼』本来のテキストを再現しようとして、五巻本という体裁が取られている[3]。そして、江戸時代を通じて、その『家礼』和刻本は版を重ねて広く流布していた。筆者はかつてそのことを出版メディアという視点から考察したことがある。要するに、絅斎は後儒による煩瑣な附注を排除したうえで、朱子『家礼』の定本を目指して和刻本を出版した。その意味で、それはすぐれて絅斎の「メディア戦略」ではないか、ということである[4]。

また、崎門派の『家礼』受容に関しては、浅見絅斎・若林強斎らは朱子『家礼』に基づいて儀礼書を著述し儒教喪祭礼を実践するが、「深衣」や「幅巾」など中国の服飾を使用せず、むしろそれらの着用をした林家や中村惕斎を批判している[5]。

他方、水戸藩では徳川光圀は父・頼房の儒学尊崇を受け継ぎ、朱舜水らの明遺民を招いて、明の思想文化を積極的に受け入れるとともに、儒教の礼制を意欲的に構築しようとしていた。光圀は藩をあげて儒教喪祭礼を実施するだけでなく、藩士たちに儀礼書『喪祭儀略』を頒布してその励行を求めた。また、深衣に対して関心を寄せているものの、その様式でそのまま製作すると「異形」になるため、代わりに「道服」を製作して着用した。光圀が関白の鷹司房輔に道服を贈呈した際の言葉であるが、次のように述べている。「何れにても古服に拠り宜きにかなひ、製し申候はゞ、深衣は吉凶貴賤通用の正しき服にて候へども、全く深衣を移しては、異形に相見へ申候に付、少し深衣を取直候而新製仕矣」（『古事類苑』服飾部十三「道服」）という。光圀に招かれた朱舜水も、『深衣議』を著述してはいるが、結局深衣を完成させることなく、野服と道服をその代わりとして使用していたという[6]。ちなみに、水戸の徳川ミュージアムには光圀と舜水が着用していた道服が現存している。

文明の体現者として見られる明の知識人たちの力を借りて、中国の礼制や文物を積極的に取り入れようとした水戸藩であるが、その姿勢を考える際に、明清交替後における李氏朝鮮の士人たちの明への態度を併せて見ると面白い。一六四四年に明が滅んでも、朝鮮の士人たちが明の年号を使用し続けるなどの「思明」現象を、「文化心態（cultural mentality）」という視点から捉える研究がある[7]。水戸藩ではさすがに明の年号を使うことはないが、しかしながら明の思想文化を意欲的に取り入れようとした水戸藩のメンタリティにも、注目させるものがある。

二、仏教への対抗と調和

近世日本の儒家知識人たちの多くは仏葬に対抗して儒教喪祭礼を実施するという基本的スタンスを取っている。特に、火葬を仏教による影響と見てそれを激しく非難する。例外として仏葬を容認する熊沢蕃山らがいるが、そんな蕃山でも儒礼を否定せず、学者個人の経済的能力などによって喪祭礼の実施を認めている。

水戸藩では、仏教の儀式を一切排除して完全な儒式墓地・瑞龍山墓所を造営し、水戸徳川家をはじめその連枝の一族と朱舜水の墓を祀っている。儒式葬儀とともに、祖先祭祀に関しては家廟において『家礼』の神主式に基づいて作られた木主（櫝・座・蓋を一式完備）を安置して奉祀し続けている。筆者は二〇一七年八月に徳川ミュージアムの依頼で駒澤大学の高山大毅氏とともに、水戸徳川家の家廟関連調査を行った。そこで得た知見を紹介すると次の通りである。水戸徳川家には正式の家廟のほかに、一三代当主・徳川圀順（一八八六〜一九六九）在世中に住宅の一角に作られた「内廟」が存在する。そこでは、外見が『家礼』神主書式と同様であるが、陥中と粉面を分けない一枚仕立ての位牌が奉祀されている。その製作の動機などについてはさらに調査結果を踏まえて明らかにする必要があるが、家廟とは異なる形でありながら自宅でも祖先祭祀を実施しようとする水戸徳川家の当主の姿勢が見て取れる。

また、『朱舜水記事纂録』「文恭神主図」に朱舜水の神主は、粉面が「大明故徴士朱舜水謚文恭先生之神主」、陥中が「大明故舜水朱之瑜魯璵神主」とあり、そして陥中の両側に右が「生於萬暦二十八年歳次庚子十一月十二日壬子時」、左が「卒於日本天和二年歳次壬戌四月十七日乙未未刻」とある。今回の調査で瑞龍山墓所入口付近の一室に保管されている朱舜水神主を実見できた。実物では「天和弐年」とある以外、神主の形は上記の文恭神主図とほぼ一致している。朱舜水の祠堂に奉祀されていた当時の神主であると推定される。

さて、仏教に対して強い対抗意識を持つ近世前期の思想家たちと比べて、十七世紀後半から十八世紀にかけて仏式葬祭が浸透した下で、いかに仏教と折り合いをつけながら儒教喪祭礼を実施するべきか、その事へと儒者の『家礼』をめぐる論調がシフトする(8)。特に、市井に生きた知識人たちにとって、その事はより切実な課題となってくる。例えば、中井竹山が『喪祭私説』の付注に指摘したことであるが、三宅石庵は新たに祠室をこしらえ神主を作ろうとする「窮郷士庶有志者」のために、紙を割いて神主の「陥中」「主面」を作り、それを世俗の位牌に貼るという妥協策を提示している。また、懐徳堂で教えを受けた山片蟠桃は、祖先祭祀については決意を込めて「鬼神ノ情ニカナフ」（『夢の代』）という儒法を実施しようとしつつも、葬儀に関しては生家の宗旨・浄土真宗の火葬に従っている。

　また、徳島藩十代藩主の蜂須賀重喜（一七三八～一八〇一）は、領内の眉山に蜂須賀家一族の儒式墓（万年山墓所）を造営した。それ以降、蜂須賀家では、従来の菩提寺興源寺にある遺髪の拝み墓とともに、二カ所の墓所を有する両墓制となっている。これも仏教との調和を図った顕著な例である。

　なお、「心喪」（心の中で喪に服する）は日本における『家礼』受容の際に、「服忌」など自国の制度や習俗と調和を図るための重要な手段である。心喪に関しては、早く中江藤樹の和文書簡「答岡村子」に言及がある。「心喪の儀御尤と奉ㇾ存候。今の風俗の中にて御執行ひ可ㇾ被ㇾ成大略あらまし書付進候。養子ニ参候者は本生の父母にハむかはり（引用者注―別本では「養親には三年」）の喪にて御座候。心喪も其間と可ㇾ被二思召一候」（『藤樹先生全集』二）という。中井竹山は、門人の服喪に関する問いに答えた書簡（「答加藤子常」）のなかでわざわざ上記の藤樹の心喪説を取り上げ、それを参照するように薦めている。その他の近世知識人たちも、儒礼に関して必ず心喪に言及しており、そして儒礼実践を志す者にその励行を促している。

三、漢文訓読と倭訓

　訓読は当初、漢訳仏典を読むための方法としてあったものである。そして、漢訳仏典の訓読を通じて、日本語は中国語を間に置いて梵語と対応する言語である（日本語と梵語の類似性）という理解を獲得した。さらに、訓読は漢籍を読むための方法から一文体へと成立し、中国文化を相対化しつつ漢文と対等の地位を主張するに至った[9]。また、片仮名と平仮名の成立はさらに漢文訓読と和文の浸透に大きく貢献した。

　一方、韓半島では朝鮮王朝になってはじめて正式に表音文字のハングル（訓民正音）が定められた。しかし、両班などの知識人たちは知的言語として漢文を使用したが、民衆教化のための諺解を作る以外は、ハングルを積極的に使わなかったという。また、朝鮮における訓読は日本のそれほど発展しなかった。これは、貝原益軒が意欲的に仮名交じりの和文で民衆向けの教訓書を著したことと比較しても面白い。

また、近世琉球に目を向けると、中村春作氏が指摘しているように、泊如竹（一五七〇～一六五五）の渡琉を契機に、薩摩由来の朱子学が伝わり、そして倭訓による日本の儒学は中国帰化人の学問に取って代わった。[10] 近世日本において、むろん荻生徂徠のような訓読廃止論者がいたのだが、先述のように、儒者が加点した漢籍が盛んに出回ったという事実を勘案しても、日本ではもはや訓読なくして儒学の学習ができなくなったのである。

さて、朱子学者で垂加神道の提唱者だった山崎闇斎は、倭訓の方法で朱子学と神道の整合性と同一性の獲得に辿り着いた。彼は晩年に、「それわが神国に伝来せる唯一宗源の道は、土金にあり。しかして土はすなはち敬なり。けだし土と敬とは、倭訓相ひ通ず。しかして天地の位する所以、陰陽の行ふ所以、人道の立つ所以、その妙旨はこの訓に備はる」（『土津霊神碑』）と述べている。そこでは、土と敬は「つつしむ」と「つちしまる」という倭訓によって同一視されたのである。[11] 闇斎は口語や俗語などを活用して朱子学の核心に迫る方法を獲得した。同様に、中国と天地自然の理を同じくするとされる日本の神道についても、日本語（倭訓）でその核心を捉え、朱子学的概念との整合を求めることができる、そのように闇斎が考えたのであろう。

また、『家礼』受容の例でみれば、京都の書肆兼学者の大和田気求（?～一六七二）は、寛文七年（一六六七）に丘濬の『文公家礼儀節』（万治二年〈一六五九〉和刻本）を底本に、仮名交じりの和文で『大和家礼』を刊行した。これは和文による『家礼』の全訳である。[12] そして、日本では、儒教儀礼書は漢文によるものもあったが、多くは和文で書かれていた。とりわけ、実施された喪祭儀式の記録類がより顕著である。なお、儒礼祭祀では普通、訓読調の祭文が読み上げられる。現在でも、水戸徳川家ではそのように行い続けていると聞く。

さらに、神葬祭における和語による漢語の読み替えについて一言すれば、例えば跡部良顕（一六五八～一七二九）の『神道喪祭家礼』には、「棺」を「火尽《ひつぎ》」と、「祝」や「護喪」を「尸者《ものまさ》」と読み替えられている。[13] そこでは、本来中国由来の儀礼を日本で受容し内在化するために、倭訓は重要な手段となる。良顕らの神道家たちは、仏葬に対抗して儒葬の儀礼を取り入れつつ神葬祭を創出しようとしたが、上記のように倭訓をもって漢語タームに対峙して独自性を追求したのである。

柳父章氏の翻訳に関する研究が教えてくれるように、翻訳は文化摂取の重要な方法である。以上見てきたように、大雑把な捉え方ではあるが、日本では倭訓はいわば外来文化を自らの文化体系に転化するための重要な手立てだったのではないか。

おわりに

以上、近世日本における思想をめぐる対立と調和について、かなり我田引水的に自らの問題関心に引き付けて述べてみた。勿論、あくまで私なりの視点からの議論に過ぎず、それと違う他の捉え方はいくらでも可能である。

近世日本において、主として舶載されてきた漢籍によって儒学などの学問を学び、自らの思想を形成していった、という点から見ればどの知識人でも同様である。また、外来思想に対して直接対立する姿勢を取る者は少なく、概ねそれを相対化しつつも調和を図っていくのが趨勢である。仏教に対する態度でもそうである。全面的に排仏を訴えるのは少なく、仏教勢力といかに折り合いをつけつつ、儒式喪祭の実施など所期の目的を達成するのが主な関心事である。

どの国においても、外来文化を受け入れる際に、必ず自文化との間に発生するだろう齟齬や対立を乗り越えなければならない。日本では、そのことと同時に、外来の思想や文化を受容し内在化するために、訓読と倭訓は特に重要なファクターとしてあることが見受けられる。

しかしながら、対立よりも調和を目指していくプロセスの中で、個々の知識人がいかなる思想的活動を行い、そして現実に対していかにその目標を目指して実現していくのか、そのことは我々思想史研究者が丁寧に見ていかねばならない課題となろう。

注

（1）辻本雅史『思想と教育のメディア史』（ぺりかん社、二〇一一年）、特に第七章「素読の教育文化——テキストの身体化」と第八章「日本近世における「四書学」の展開と変容」を参照。

（2）『経典余師』という自学テキストの登場と展開について、鈴木俊幸『江戸の読書熱——自学する読者と書籍流通』（平凡社、二〇〇七年）が詳しい。

（3）吾妻重二「『家礼』の和刻本について」（『東アジア文化交渉研究』九、二〇一六年）。

（4）田世民「従媒体史的観点看近世日本知識人的《朱子家礼》実践」（台北：淡江大学『淡江日本論叢』二七、二〇一三年）。

（5）詳しくは吾妻重二「日本における『家礼』の受容——

林鵞峰『泣血余滴』、『祭奠私儀』を中心に」(『東アジア文化交渉研究』三、二〇一〇年)四〇頁および拙著『近世日本における儒礼受容の研究』(ぺりかん社、二〇一二年)第三章「浅見絅斎の『文公家礼』実践とその礼俗観」一二七頁註(28)を参照されたい。

(6) 吾妻重二「深衣について——近世中国・朝鮮および日本における儒服の問題」(松浦章編『東アジアにおける文化情報の発信と受容』雄松堂、二〇一〇年)参照。

(7) 呉政緯『眷眷明朝——朝鮮士人的中国論述与文化心態(1600-1800)』(台北:国立台湾師範大学歴史学系・秀威資訊科技、二〇一五年)参照。

(8) 松川雅信は「蟹養斎における儒礼論——『家礼』の喪祭儀礼をめぐって」(『日本思想史学』四七、二〇一五年)において、蟹養斎を例に論証している。

(9) 金文京『漢文と東アジア——訓読の文化圏』(岩波書店、二〇一〇年)参照。

(10) 中村春作「琉球における「漢文」読み——思想史的読解の試み」(中村春作ほか編『続「訓読」論——東アジア漢文世界の形成』勉誠出版、二〇一〇年)と、同「近世琉球と朱子学」(市来津由彦ほか編『江戸儒学の中庸注釈』汲古書院、二〇一二年)参照。

(11) 井上厚史「近世思想史における朝鮮と日本——山崎闇斎再考」(『大航海』六七、二〇〇八年)五六頁。

(12) 吾妻重二『家礼文献集成 日本篇2』(関西大学出版部、二〇一三年)所収解説を参照。

(13) 近藤啓吾『儒葬と神葬』(国書刊行会、一九九〇年)一一四頁。

(国立台湾大学副教授)

第三セッション　日本思想とジェンダー：

史学思想史としての「女性史」・序論

長　志珠絵

はじめに

「日本思想とジェンダー」という課題をいただいた。“Gender”は、フェミニズムの蓄積を経て登場した。J・スコットの後の定義は「身体的差異に意味を付与する知」（原著一九九九）であり、近代知の前提であった「公／私」の枠組みや線引きの政治が問われ、「女性という性は〇〇学に適さない」といった「自然」に仮託した神学論争を終わらせてきた。他方で大会当日は、概念をめぐる質問を多く受けた。以下では方法論としての「ジェンダー」を近接する学会動向の参照からたどり、思想〈史〉研究としての作業を考えたい。行論の着地点としては、史学思想史としての「女性史」の再検討にあるが、詳細は『論集』に委ね、主に大会でのコメント的な部分の詳述と討論を念頭におく序論的試みとしたい。

1　近隣他学会の動きから

『岩波講座哲学15　変貌する哲学』（二〇〇九）の和泉ちえ「哲学とジェンダー」は、日本哲学会対象の「男女共同参画に関するアンケート」結果として「女性は元来哲学的思考に不向きである」という回答が、二〇〇五年段階で「顕著に」存在したという。日本の哲学研究が「徒弟制度に基づく男性中心クラブの特徴を依然保持」したことを糸口に論考は「過去の男性思想家集団の言説のなかでの排除の論理をたど」り、「哲学史」上の〈空白〉の構造そのものを問う。[1] ジェンダー射程による脱構築的な試みの典型だろう。

これに対し、二〇〇三年がジェンダー関係の初特集号という日本政治学会は、学会誌そのものが問題領域を開く。特集「「性」と政治」は、趣旨説明として渡辺浩の論考を配す。[2] 近代以降、欧米圏での理論動向に機敏だった政治学者が「ことジェンダー研究に関しては、ひどく反応が鈍い」、特集の二〇〇三年の実現は「遅れ」であり、「ジェンダーへの関心の乏しさ」としつつ、「むしろ奇妙」「特異」さが、「日本における政治学の性質やあり方に、問題を投げかけている」とする。この出遅れ感はしかし、時差ゆえに逆に、ジェンダー研究の深化と切り結んでの政治学の課題を示しえたのではないか。生物学的決定論批判をも目配りする渡辺論文は、政治学会にとっての「性」という視座の重要性を「参加」「交錯」などの項目に分け、政治学・政治史の文脈に即して縦横に開いてみせた。「ジェンダーやセクシュアリティが他の諸観念・諸意識と様々に交錯し、混合し、融合し、そして往々政治化する」「具体的な政治的社会的事象も理論的問題も性と深く関わる」「「性」と政治は、いかなる政治的・思想的立場に居ようとも、極めて知的に興味深い領域である。現状分析・政策論・比較分析・歴史・理論、あらゆる分野で、広大な研究の未開拓地が待っている」と結ぶ。ジェンダー概念を学会特集号に導入することの有効性に説得的なレビューだろう。

ここでは明治以降の政治言説を扱った岩本美砂子「女性をめぐる政治言説」[3]を全体の行論の参照としたい。同論考は、権力の変動や移動がジェンダー的な秩序の変化をもたらすとみるからだ。さらに岩本は二〇〇三年特集の「政治学会」での「問題への認識を一新させる衝撃力」を受けて「ジェンダーと政治過程」を編み、[4] 九本の論考を「ジェンダー化する」という言葉で括る。二〇〇八年米国大統領選挙の政治過程に焦点をあてた大津留論文は「ペイリンという保守派の女性副大統領候補の出現」に対し、「覇権主義的男性性を主体的に担う「女性保守」」を提起する。[5] 覇権的男性性（hegemonic masculinity）は、男性間の権力関係を「複数の男性性」とする社会学のB・コンネルの分析概念である。変数としての「男らしさ」を人種や階級、性的志向にいたる多様な男性性との関係性においてとらえ、周縁化や排除を伴う構造の可視化を狙う。これに対して「女性保守」概念も女性性の多様性を問うが、この点で、理論的根拠の一つとしてよく参照される、J・ハルバーシュタムによる女性の男性性（Female Masculinity）概念は、「女性の主観性（subjectivity）が男性性（masculinity）に自己同一化（identify）する」文脈を探る。この特集もまた、性差に多様性を読み込むこうした新たな論点を含みこむことで、男女の非対称的な権力関係の相対化に踏み出し、従来のフェミニズムとの違いを争点とする。例えば一九世紀フェミニズムが前提とした「女性の社会進出を後押しするリベラルな視点」の限界に加え、家父長的な支配の形態の新しさを問う必要を指摘する。加えて「女性イコール平和主義か」というアジェンダが先送りにされてきた、とも批判する。岩本論考も含め、「政治がジェンダー化し、ジェンダーが政治化する現象」のダイナミズムへの問いは、フェミニズムに起源を持つ「ジェンダー」射程そのものを問う、いわば自己言及的な要素を含む。

2　ジェンダー射程と思想史の課題

先の渡辺論考は、儒学知の持つ理気二元論をジェンダー化された知と捉えた。官僚養成制度としての科挙制度との関係も視野に入るだろう。儒学知と近代との関係について、今日のジェンダー射程はたとえば「（性差と階級差を持つ）国民化」過程の読み直しが可能ではないか。改めて先の岩本論考の仮説を紹介すると、その一つは、「権力が移動するときには女性が政治の争点となって、ジェンダー的な秩序に変化が起こる可能性がある」とある。ここから、維新期や戦後初期の言説空間を思い起こすことは容易だろう。例えば、儒学知に通暁した世代が書き手であり読書空間とした『明六雑誌』誌上での、「性」をめぐる言及の多さはまさに思想史的主題ではないか。同人たちの一夫一婦論や養子批判、のちの福沢の男子論などについて、筆者は近代家族論という研究史の枠組みで捉えてきたが、そこには渡辺の指摘した知の「交錯」としての脱中華的言説が、西洋近代に範をとる「性」の政策化と重なりつつ見え隠れするからだ。

では日本思想史をめぐる方法論的問いかけはジェンダーをどのように扱うのか。ここでも「講座」を用いるならば『方法』（『日本思想史講座5』）は周到に、ジェンダー概念をめぐる議論を配している。川村邦光論考は、[6]「性／性差をめぐる物語と思想」「性／性差をめぐる視点」「ジェンダーという視点」「セックス／ジェンダー観の転回」の四構成をとる。女性学を媒介に、一九九〇年前後を区切って「女性史からジェンダー史へ」の転回点に「ジェンダーの視点」を認識論として位置付ける試みだ。歴史的変数であり認識としての「性」を宗教民俗学の立場から問い直してきた著者はジェンダー射程を身体史領域の登場として評価する。J・バトラーによるセックスとジェンダー二元論への批判（原著一九九〇、邦訳一九九九）を経て、認識によって構築される対象としての身体やその境界線の構築に課題を開く。

しかし二〇一五年での川村論考は上記の「政治学」特集が直面するような新しい研究動向に言及しない。この点と関わって「ジェンダーの視角は、誰の歴史を誰が研究し叙述するのかという、ポジショナリティという位置が問われている現在、欠くことができなくなっていることは確か」との指摘にとどめる。ここで私は不可視化されてきた集合体をマイノリティととらえ、歴史叙述のなかに位置づける――という方法とその蓄積の重要性を看過するものではないことは強調したい。しかし「誰の歴史」なのかを問う視座とは、仮構された集合体を前提とし、歴史叙述としては「トークン化」の方向性を持つのではないか。

先の特集「「性」の政治学」に通底する理論的前提は、一九世紀以降のフェミニズムが可視化した、集団表象としての女性（男性）という枠組みを検証の対象としたことだ。特にLGBT研究の進展はセクシャリティの多様性という観点にとどまらず、従来のジェンダー研究が異性愛主義をブラックボックス化する傾向にあったことや、性差を射程にいれた歴史研究がその蓄積ゆえに女性性に偏っていた点、あるいは近代家族研究の導入による研究領域が、母子親子関係を軸に、生殖パースペクティブアプローチ優先であった点、そもそも異性愛の相対化が弱かった点などを課題視する。実際、社会からの要請という点で、たとえば「子ども」の性的アイデンティティをめぐる承認は、家族や民族集団の「経験」ではなく、外部からの「教育」が重要性を持つ。「性的マイノリティ」という用語に変え、"SOGI-Social Orientation Gender Identity" という、個々の性的アイデンティティの多様性についての認識転換をはかる用語が提起されるなど、ジェンダー・アプローチの理論的前提は大きく動いている[7]。

ここでは改めて、講座『方法』所収の黒住真「日本思想史の方法」論文に注目したい[8]。黒住は「思想史はいかに「立ち現れる」のだろうか」として構築主義的な思想史研究の立場を明確にする一方、学問を言説の制度とする。思想史の対象としての学史や学術潮流史という枠組みは、今日のジェンダー・アプローチのように本質主義的な設定が方法論的陥穽として意識される領域において魅力的だ。川村論考も含め、一九九〇年代以前での「女性史」の蓄積が指摘されて久しい。しかし、「聞き書き」という手法や「地域女性史」の実践などをふまえた歴史叙述をめぐる方法論に即し、一九九〇年以前の「女性史」像をジェンダー・アプローチをふまえて思想史の課題とする試みは、重要な課題だろう。その試みの一端として以下では、戦後民主主義言説のなかの「女性史」という語りについて、「井上女性史」のテキストの一部を検討しておきたい。

3 「女性史」という言説――井上『日本女性史』における「女性史」という語り

川村論文は、先行研究にならって、ジェンダー史の前史としての「女性史」を、井上清『日本女性史』（一九四八、一九五三）に対する村上信彦『日本女性生活史』（一九六八）に対峙させる。批判的対象としての井上女性史は、女性解放の到達度合いを過去の事象に探る意味で運動論的であると同時に「民族解放と祖国独立の闘いの一部」であり、従属的な位置づけであって主役ではない、とする。しかし言説分析としての、さらに言説空間に「女性史」という営みを配する際、井上女性史の歴史的位相は、やや異なってみえる。特に、戦後女性史の出発点は、権力の移行期であると同時に、占領期という、権力の重層性の構図を持つ。岩本がいう「政治がジェンダー化し、ジェンダーが政治化する現象」を言説空間として読み解く試みが必要だろう。

井上は「女性の解放は一つの歴史的必然」とし、その条件や歴史的経緯を明らかにする営みを「女性史」と名付けた。[9] 一方で、「運動論」に従属的とされてきた井上女性史は初版一九四九年以降に版を重ね、一九五三年版は本論で論証を加えたとされる。ここではそのナラティブを「はしがき」により比較してみたい。結論からいうと、その論理構成は大きく異なる。

初版と一九五三年版のそれぞれの「はしがき」で井上は以下のように女性史記述の意義を述べる。

これまでほとんどすべての日本の歴史は、日本人の、その九割以上をしめる日本人民男女の、歴史ではなく、人民を支配する少数男性の歴史であった――また私はこの書を、人民女性の歴史であるとともに、人民大衆のための歴史とするよう、歴史を人民のものとするよう、あらゆる苦心をはらつた。[10]（初版・一九四八年一一月）

……憲法を改悪して、公然と再軍備と徴兵制の復活をやろうとする支配者の陰謀をもっともがんきょうにおさえているのは、女性である。またこの四年半の歴史は、アメリカ占領軍による「女性解放」が、どんなにいいかげんなごまかしにすぎなかったか、ということをもあきらかにした。いまや、女性解放は、全民族の外国支配からの解放、祖国の独立のたたかいの一部分としてのみ、発展できる……[11]（一九五三年版・一九五三年

七月）

初版が描く「女性」は井上がカテゴライズする「人民」を上位概念とする。「人民女性」と「人民大衆」は使い分けられる一方、権力の磁場として一九四八年段階の記述ですでに帝国は忘却されている。ことに過去の歴史が「人民を支配する少数男性の歴史」とされる際、権力関係における「性」は当初から相対化されてしまう。しかし、序章「女性史の意味」の記述で井上の筆致は性をめぐる闘争に警鐘を鳴らす。新憲法にもとづく新民法が保証する女性の地位や新しい家族制度がいかに攻撃されているか、「憲法二十四条」原案への「保守党の代議士はもうれつに反対」の例示が示される。井上は保守派の典型発言として「戸主権を中心とするこれまでの家族主義をこの憲法草案はねこそぎ破壊して夫婦中心の個人主義に改正する」をとりあげ考察をすすめていく。ところでこの文言の引用元を探すと、一九四六年六月衆議院本会議での北村圭太郎の政府質問につきあたる。[12] 引用部分そのものは正確だ。北村発言は文脈からは、憲法草案への政府内部からの抵抗のパフォーマンスだろう。特に井上が引用した北村の発言箇所は、民法改正によって「戸主件並に親権が根底的に動揺致す」、新憲法草案は「餘程御注意なさらないと、子供は親の意に反して妻を迎へ……親の意に反して財産を使ふ、親の意に反して善良なる妻を離婚する……御婦人代議士如何でございます」といち早く選出された女性国会議員たちの保守性に呼びかけてさえ見せる。初版の「はしがき」および「序章」はこのように、同時代で進行する性の政治を強く意識するベクトルの一方、「人民大衆のための歴史」の模索によって、性をめぐる抗争を相対化する要素を併せ持つことが明言されたテキストである。

これに対し、一九五三年版で井上は女性を「わが国の平和陣営のもっとも堅固なとりで」とし、闘う主体の敵を外部におく。一見、「女性」を主体とする主張は逆に、性をめぐる権力関係への感性を後退させる。初版は法＝「紙の上」だけでは不十分で、女性の解放には意識化や戦いが必要だとした。が、一九五三年版は九条に特化される危機意識によって、二十四条の社会化や新民法、労働基準法の持つジェンダーバイヤスを争点にしない。特に初版では可視化されなかった、外部の非対称的な権力としての「占領軍」（この時点では駐留軍）への対抗的な言説が構築され、女性性は平和主義の担い手としてジェンダー化され、いわば井上女性史から役割を与えられる対象となる。井上女性史の運動論的要素はこのように言説空間に占める位置を操作することで成り立っている。こうした特徴は、例えば山川菊栄『日本の民主化と女性』（一九四七）との参照によっても顕著となる。井上初版本に先行する山川のテキストは、すでに戦後民主主義政策のなかに込められたジェンダーバイヤスをかぎとって以下のように「ジェンダー化」の政治を批判するからだ。

平等参政権は性的不平等の原則の撤廃を意味する点で最も重要なものであるが、個々の不平等の事実については女性自身の手でこれと戦わねばならぬ、賃金の不平等といい道徳標準の相違といい、一々マッカーサー司令部がなおしてくれるわけではない。これが女子の伸びる芽をつみ、その隷属ゆえに新日本の建設を阻むことは必然であるから、これを単に女子のみの問題とせず、同時に男子の問題、ひいては全国民の問題として、男女の協力によって、禍の根を断つべきであろう……(13)

通史叙述スタイルを取らない山川のテキストは、今日なお労働法の係争点である「同一労働同一賃金」という課題にすでに一九四七年段階で照準をあてるという見識を示す。何よりも山川は「言論の自由が与えられての総選挙は男子にとってもこれが初めて」として問いの「ジェンダー化」を拒む。占領権力の持つ植民地性をも喝破する。戦前からの反婦選の政治言説の所在を指摘する先の岩村論文は、占領期での反「女性の民主化」言説は封じ込められ、こうした構造によって問題が先送りされた、とみる興味深い指摘を行っている。井上「女性史」の位相はさらに、より緻密な言説空間での位相や他方、通史という叙述形式との関係で分析される必要がある。運動論的とされた古典的なテキストを言説空間のなかで再読する作業はジェンダー・アプローチの有効性を示す素材の一つではないだろうか。

注

(1) 和泉ちえ「哲学とジェンダー」(『岩波講座哲学15 変貌する哲学』二〇〇九年)。
(2) 渡辺浩「なぜ性か、なぜ今か」(『年報政治学』五四〈特集「「性」と政治」〉、二〇〇三年)。
(3) 岩本美砂子「女性をめぐる政治的言説」(同右)。
(4) 岩本美砂子「はじめに」(『年報政治学』六一—二〈特集「ジェンダーと政治過程」〉、二〇一〇年)。
(5) 大津留(北川)恵子「アメリカ政治過程におけるジェンダーの意味の多様化」(同右)。
(6) 川村邦光「性とジェンダー——方法としてのジェンダーの視点」(『日本思想史講座5 方法』ぺりかん社、二〇一五年)。
(7) さしあたり、二〇一七年度の日本学術会議の提言『性的マイノリティの権利保証をめざして——婚姻・教育・

労働を中心に』（http://www.scj.go.jp/ja/info/kohyo/pdf/kohyo-23-t251-4.pdf）参照。なおSOGIは複数の質問を受けた。

（8）黒住真「日本思想史の方法」（『日本思想史講座5 方法』）。

（9）井上清「はしがき」（『日本女性史』初版、三一書房、一九四九年）。

（10）同右。

（11）井上清「はしがき」（『日本女性史』三一書房、一九五三年）。

（12）一九四六年六月二六日、第九〇回帝国議会衆議院本会議。発言者の北浦は立憲民政党から一九三〇年初当選、戦後は一九四六年日本自由党から政界復帰して第一次吉田内閣では司法政務次官を務め、憲法発布に際しては『憲法図解』（一九四七年）を著した。

（13）山川菊栄『日本の民主化と女性』（三興書林、一九四七年）。

（神戸大学教授）

第三セッション　日本思想とジェンダー：神道における女性観の形成——日本思想史の問題として——

小平　美香

1　はじめに

明治初年に始まる大教宣布では、神職や僧侶らが「敬神愛国、天理人道、皇上奉戴・朝旨遵守」の「三条の教則」（三条教憲）に基づいて、神道を中心としたいわゆる国民教化運動を行った。

この様子を描いたものに、明治六年（一八七三）に発行された仮名垣魯文『三則教の捷径《ちかみち》』の口絵[1]がある。神社の神前で直垂を付けた神職と思しき人物が「教導職」として説教をし、老若男女がうち揃いそれを聞いている。この絵で注目したいのが、左上に描かれた竹の棒である。

同六年の教導職の記録[2]には、祭祀儀礼について細かく記されており「教化」といわれるものの実態は、説教はもとより儀礼のもつ比重が、実はかなり大きいものであったことが窺われる。説教講席を設ける手順には、「講席男女ヲ分ツべき事」という一項が記されており、これに則れば図に描かれた竹の棒は、男女の席を分ける対応であったことが了解されよう。こうした男女別という思考や行動様式は、明治時代の国民教化の中にとどまらず、現代の日常生活での自然なふるまいにもみられるところである。

本報告は、「日本思想とジェンダー」というテーマに従い、東アジアの思想の影響を受けながら、律令国家形成と共に神祇祭祀が「神道」として形づくられていく過程にジエンダーの視点を加え、現代社会にもつながる日本思想史の問題として、「神道」における女性観の形成について考える試みである。

仮名垣魯文『三則教の捷径』の口絵（明治六年七月刊。国立国会図書館デジタルコレクション）

2　神道における女性観をめぐって

「神道」における女性観を考えるにあたって、まず挙げられるのが、柳田国男の「妹の力」に代表される「女性の霊力」という概念であろう。祭祀と女性の関係を、女性の霊能や神秘性で説く「女性の霊力」は「文学」をはじめ「民俗学」や「女性史」の分野で説かれ、その後その是非をめぐって「歴史学」や「民俗学」等でさまざまに議論されてきた[3]。

その一方で女性が参加することができない祭祀儀礼の存在や、聖域に女性の立ち入りを禁ずるなど「女性の忌避」という現象もある。この「女性の霊力」という概念と「女性の忌避」という現象は、一見対立するようにみえて、いずれも女性は男性とは異なるもの、あるいは女性の特殊性が前提であり、根底にあるのは「男女の別」であろう。しかし、歴史を遡ると、中国の歴史書には「男女の別無い」三世紀の倭国の様子が記されている。

其俗挙事行来、有所云為、輒灼骨而卜、以占吉凶。先告所卜、其辞如令亀法。視火坼占兆。其会同坐起、父子・男女無別。人性嗜酒。見大人所敬、但搏手以當跪拝[4]。（『三国志』倭人）

右のような三世紀の倭人の「会同」、すなわち公的な会合の場における男女の別や父子の序列のない様子に対し、次のように『礼記』において、男女は峻別されるべきものとして記されている。

3 『礼記』における男女の別

男女有別、然後父子親、父子親然後義生。義生然後礼作、礼作然後万物安。無別無義、禽獣之道也。(「郊特牲」)

敬慎重正。而后親之。礼之大体。而所以成男女之別。而立夫婦之義也。男女有別。而后夫婦有義。夫婦有義。而后父子有親。父子有親而后君臣有正。故曰。昏礼者礼之本也。(「昏儀」)

化不時則不生、男女無弁則乱升。天地之情也。(「楽記」)

礼始於謹夫婦。為宮室、弁外内。男子居外。女子居内、深宮固門、閽寺守之。男不入、女不出。(中略)少事長、賤事貴、咸如之。(「内則」)

男不言内、女不言外。非祭非喪、不相授器。(同右)

これらの記事にみられるように、『礼記』[5]では父子、夫婦における「男女の別」や男女の領域としての「内」「外」とが徹底して別けられている。こうした『礼記』の「男女の弁別」の記述は、単に男女を区別しているのではなく、それが天地や陰陽の別とも対応した儒教の「礼」の思想につながるものとして考えられていることがよみとれよう。

さらに次のような七世紀の遣隋使を通じた国交儀礼を記す『隋書』を読み合わせてみると、「惟新」を果たした「礼儀の国」としての隋に対して、「礼儀」を知らない「夷人」の倭王が対比して記されていることが鮮やかに浮かび上がってくる。

倭王遣小徳阿輩台、従数百人、設儀仗、鳴鼓角来迎。(中略)其王與清相見、大悦、曰、我聞海西有大隋、礼義之国。故遣朝貢。我夷人、僻在海隅、不聞礼義。是以稽留境内、不即相見。今故清道飾館、以待大使、冀聞大国惟新之化。(『隋書』倭国)

こうした「礼」に関わる隋と倭との関係から推測すると、三世紀の倭の会同における「男女無別」の記述は、なによりも「礼」を重視する文明国としての中国から見た「非文明国」としての「倭国」のありかたを示す表現であることが考えられるのである。

4　男女無別から男女有別へ

しかし八世紀末の桓武朝になると、男女の別に関わる「禁制」が太政官符で出されている。[6] これらの禁制には、公私の会集において男女の混沌は俗を破り風を損なうものであり、礼典における「彝倫《いりん》」として「男女有別」を重視した姿勢がみられ、さらに畿内の夜祭における歌舞については、「男女無別」「上下失序」は法に違い、俗を破るものとして厳しく取り締まるべきことが記されている。

近年の古代女性史における女官の研究によれば、古代日本の律令官僚機構は、二官八省、地方官において女性排除を原則としているものの、一方で女官と男官との共労体制が温存されているという。主に天皇の身体守護の神々「八神」を祀る律令祭祀とその祭祀を専ら担う、「御巫《みかんなぎ》」という官の女性神職たちが存在していたものの、「御巫」は官人として「職員令」に位置づけられていない。こうした「御巫」の例もこれに該当しよう。このような体制を女性の「包摂」とみなし、「排除」と「包摂」という対立する理念が一つの制度に存在することは日本の律令官僚制、女官制度の特徴として指摘されている。[7]

実際「女官」という職名も令制以後のもので、令制以前は男女ともに「宮人」と称されていたのが、八世紀後半になると女性の宮人は男性と区別がなされ「女官」と称されたことがわかっており、次第に男女の区別が徹底されていくことが了解される。また五位以上の位階を勅授する「叙位」の儀式は、男女同日に行われていたものが、男女別日となり「女叙位」と称する女性だけの儀式が創設される。こうした変化はいずれも八世紀を画期としていることから、律令制の浸透と共に、儒教における「男女有別」の礼の思想が祭祀儀礼にも定着していくことが考えられよう。[8]

また『日本書紀』景行天皇の条では、日本武尊による東征を次のように記している。

> 其の東の夷は、識性暴び強し。凌犯を宗と為す。村に長無く、邑に首勿し。（中略）其の東の夷の中に、蝦夷は是尤だ強し。男女交り居りて、父子別無し。冬は穴に宿ね、夏は樔に住む。毛を衣き血を飲み、昆弟相疑ふ。[9]（『日本書紀』巻第七、景行天皇）

このように『日本書紀』には、「東夷」について、前述の『三国志』での倭人に対する表現さながら、蛮族の習俗として「男女・父子」の無別を記している。こうした律令導入による「男女の弁別」はまた、当時の日本の文明開化を意味するものと考えられよう。『日本書紀』冒頭、混沌から天と地が別かれることによってこの世の始まりを説き、国生み神生みを行うイザナキ・イザナミを陰陽の象徴にあてはめ「陽神」「陰神」と表記したように、神道の女性観は「男女有別」を原則とする「礼」の思想に基づいた儒教におけるジェンダーの受容が確認できる[10]。

統一国家形成にあたり、文明として「儒教」をはじめ「律令」あるいは「漢字」が、導入される中で、『礼記』にみられるような男女を別ける原理・原則の影響をうけ、さらに仏教の女性観の影響を受けながら「神道」の女性観も次第に形成されていったと考えられよう。

5　前近代における祭祀儀礼

一方で、八世紀から十世紀の古代日本の共同体祭祀において、男女が集い祭祀を行い、直会をし、あるいは男女が共に祭祀に参列する姿が、神祇令や『風土記』などを始め古代の様々な資料に散見することは、歴史学や女性史の研究で指摘されるところである。伊勢の神宮における古記録、九世紀の『皇太神宮儀式帳』によると、式年遷宮の「遷御」と称される神体を新宮に遷す際の「人垣」の列は、禰宜、物忌らのほか、男女同数の各三十人の人々で構成されている[11]。この祭儀に関わった女性たちは、装束の内訳によると「物忌」といわれる童女の神職と共に、禰宜、内人ら在地神職の妻たちである。伊勢の神宮という国家的な律令祭祀の場で、最も神体に近づく「遷御」という重要な祭祀儀礼への妻たちの関与は、令制以前の古代の共同体祭祀の原初的形態を映し出すものであろう[12]。

中世になると神宮では、神職の妻らによる祭祀儀礼への関わりはみられなくなる。しかし奈良の春日社で、「神楽男」と「神子」が夫婦で祈禱神楽を担っていた例があるように、中世以降も、古代の神宮にみられた令制以前の男女、すなわち夫婦や親子による祭祀儀礼への関与の事例は、諸社の史料にもみられるところである[13]。

律令や儒教の受容によって、男女別の礼の思想が浸透し祭祀儀礼が変質するなかにあって、一方ではこのように歴史的に男女が共に関わる祭祀儀礼が併存しており、そのこともまた、神道の女性観を考えるうえで重要な側面として指摘できよう。

6　まとめ――近代以降の男女有別

明治五年（一八七二）に公布された「学制」では男女皆学をうたい、近代的な学校が設立される。こうした状況のなかで、文部省は同年、官立の「女学校」を設立、近代的な女子教育が始まる。一方、当時文部省と合併していた教部省でも、国民教化の拠点として「学校」同様、学区制をもとに、大、中、小の「教院」を設け、さらに「女学校」さながら、明治六年（一八七三）、女性教導職の拠点として「女教院」を別に設立、女性が教導職の養成に関わり、教化活動としての説教、祭祀儀礼を行っている。[14]

女性教導職による国民教化の実践は、近代的な女子教育の推進とも連動した「開化」の流れの一端とみえるが、この直後、古代の律令官制度さながら、女性は国家官吏たる神官となることが認められない結論が下されている。[15]また学校教育でも明治十二年以降、「男女別学」が基本となり、双方とも戦後までその状況が続く。このようにみてくると、近代における教化・教育にも「男女別」という儒教思想の原則が貫かれていることが窺えよう。

明治十二年（一八七九）、明治天皇によって示された教学の根本方針である「教学聖旨」では、西欧文化に対して、儒教の徳目は「国典」「訓典」に組み込まれ「祖宗・祖訓」の伝統とみなされている。古代において「文明」であった儒教思想は、明治の文明開化にあたり再び重視されるなかで、国の伝統として位置付けられていた。

昭和初期の男女別学の状況のもと「男女共学」を主張した小泉郁子は「「あらゆる社会の不調和は両性間の不調和だ」といふ事は必ずしも過言ではない」と述べている。[16]「男女共同参画社会」が謳われる現代で、なお両性の調和を模索するとすれば、日常生活のふるまいに至るまで私たちを規定している「慣例」、あるいは「伝統」と称されるものの成り立ちをふまえ、古代からそうであったように国際的視野をもって新しい秩序を考える視点が求められるだろう。それには歴史学のみならず歴史の思想背景を明らかにしてきた日本思想史という学問の蓄積が生かされるのではないか。一方、日本思想史にとってのジェンダー視点は、現代の社会問題と切り結ぶ領域をさらに大きく広げるものと考える。

7　報告に対して

以上の報告に対して、当日の討論では、女性の教育と教化の連続性についてのコメント、また古代の神宮をはじめとする女性に限られた祭祀上の役割や祭祀者の実態から、改めて「女性の霊力」をどうとらえるかなど、今後の研究に重要なご指摘や問題提起をいただいた。またフロアからは、水戸藩における女性不在の釈奠について貴重なご教示があった。

近年、日本思想史研究の課題や論点として、女性の活動を加えた視点やジェンダー史との接続が指摘されている。[17]

こうした動向も踏まえつつ、前近代における儒教の礼制受容と儀礼の日本化をはじめ、近代教育と教化の観点から、神道の女性観の形成とその展開を日本思想史の問題として考えていきたい。

注

（1）仮名垣魯文『三則教の捷径』（明治六年、国立国会図書館デジタルコレクション）。
（2）戸田忠友「教導職神官在職中之記一」（『戸田家文書』二〇七、宇都宮大学学術情報リポジトリ）による。
（3）「妹の力」に関する研究史は、佐伯順子「「妹の力」と日本型「女性性」――その歴史性と汎文化性」（『岩波講座日本の思想六』岩波書店、二〇一三年）参照。
（4）『三国志』『隋書』原文は藤堂明保他訳注『倭国伝――中国正史に描かれた日本』（講談社学術文庫、二〇一〇年）によった。
（5）竹内照夫『新釈漢文大系 礼記』中・下巻（明治書院、一九七七年、一九七九年）。
（6）太政官符「禁断会集之時男女混雑事」延暦十六年（七九七）七月十一日、「禁制両京畿内夜祭歌舞事」延暦十七年（七九八）十月四日（『類聚三代格』巻十九、禁制事）。
（7）女官の研究については、伊集院葉子「女性の「排除」と「包摂」――古代の権力システムのなかの女官」（総合女性史学会編『女性官僚の歴史――古代女官から現代キャリアまで』吉川弘文館、二〇一三年）、『日本古代女官の研究』（吉川弘文館、二〇一六年）参照。
（8）古代日本の礼と儒教思想の継受については、西本昌弘『日本古代儀礼成立史の研究』（塙書房、一九九七年）、大隅清陽『律令官制と礼秩序の研究』（吉川弘文館、二〇一一年）、大津透「律令と天皇」（『日本思想史講座1』ぺりかん社、二〇一二年）等を参照。
（9）坂本太郎他校注『日本書紀 上』（岩波書店、一九六七年）三〇一頁。
（10）儒教の女性観について論じた近年の研究には、任夢渓「『礼記』における女性観――儒教的女子教育の起点」（『文化交渉：東アジア文化研究科院生論集』四号、関西大学大学院東アジア文化研究科、二〇一五年）等がある。
（11）「新宮遷奉御装束用物事」（『皇太神宮儀式帳』、『神道大系 神宮編一』神道大系編纂会、一九七九年）五二頁。
（12）『延暦儀式帳』から国家的祭祀に変容する以前の神宮における女性と祭祀の関わりの原型について検討した主な研究として、義江明子『古代の日本女性と祭祀』（吉川弘文館、一九九六年）が挙げられる。
（13）紙幅の関係からこうした具体例の史料を列挙しなかったが、詳細は拙著『女性神職の近代――神祇儀礼・行政における祭祀者の研究』（ぺりかん社、二〇〇九年）、「神社・神道をめぐる女性たちの諸相――祭祀儀礼と国民教化を中心に」(『立教大学ジェンダーフォーラム年報』十八号、立教大学ジェンダーフォーラム、二〇一七年)を参照いただきたい。

(14) 「女教院」については拙稿「国民教化政策と女教院――復古と開化をめぐって」(『人文』十号、学習院大学人文科学研究所、二〇一一年)、『昭憲皇太后からたどる近代』(ぺりかん社、二〇一四年)、「神社・神道をめぐる女性たちの諸相」(前掲)で論じた。

(15) 前掲『女性神職の近代』。

(16) 小泉郁子「明日の女性教育」(五味百合子監修『近代婦人問題名著選集 社会問題編二』日本図書センター、一九八三年)一〇〇頁。男女共学論史については、小稲絵梨奈「日本における男女共学論の歴史と背景――小泉郁子の思想」(『武庫川女子大学大学院教育学研究論集』七、二〇一二年)参照。

(17) 吉田一彦「女性と仏教」(『日本思想史講座1』ぺりかん社、二〇一二年)、川村邦光「性とジェンダー――方法としてのジェンダーの視点」(『日本思想史講座5』ぺりかん社)、永岡崇「民衆宗教研究の現在――ナラティブの解体に向き合う」(『日本思想史学』四九号、日本思想史学会、二〇一七年)など、近年の日本思想史研究の中で、こうした指摘がなされている。

(学習院大学非常勤講師)

［二〇一七年度大会パネルセッション］

カミとホトケの幕末維新――交錯する宗教世界――

桐原健真　青野誠
上野大輔　林淳

趣旨説明

（桐原健真）

本パネルセッションは、先行研究自体の言説史的把握をふまえ、幕末維新期の思想状況を宗教面から再検討するものである。これまでの当該期に関する歴史学的な成果は、もっぱら政治史が主であり、また文化史の側面でも進歩史観的な「文明開化」論が中心であった。しかしながら、近年、明治期の思想状況は実際には漢洋並進であり、漢学の社会的重要性が近世以上に向上していたことが指摘される。こうした事実は、単なる「文明開化＝西洋化」或いは「近代化＝善」という図式の見直しを促すものでもあろう。この点で、今日、明治の宗教者がみずからを近代化させていったという「物語」についても、再考が求められていると言ってよい。

もとより宗教社会史では、近世の「民衆宗教」に関する分厚い研究蓄積が存在し、また近年でも「近代仏教」という新たな視座からの議論が現れている。しかしながらこの両者のあいだは必ずしも学問的な連携を実現し得ていないのが実際である。それは、政治史を基調とした近世―近代という語りに由来する一つの弊害でもあっただろう。

本パネルセッションは、ときに政治史に従属するかたちで叙述されてきた幕末維新期の宗教世界を近世と近代とを架橋する時代として描き出し、当該期に生きた宗教者や思想家たちがいかに認識し、行動したのかを検討するものである。と、同時に、これまで当然のように使われてきた概念――「尊王攘夷」「民衆」「神仏分離」などなど――について、その始原や言説論的展開を明らかにしていくことで、当該期の思想史・宗教史の枠組みを改めて問い直していくことをもその主たる目的としている。

なお本パネルは、明治一五〇年に併せて刊行予定の同名編著における成果の一つでもある。この試みにより、これからの幕末維新期における思想・宗教・文化研究に新たな地平が拓かれることを願う次第である。

すべては「排耶」から――幕末維新の宗教空間における水戸学の位相

（桐原健真）

しばしば後期水戸学の神道論や国体論が明治国家に大きな影響を与えたと言われる。だが水戸学の諸要素が明治国家に再利用されたことは確かだが、水戸学が天皇制イデオロギーを導いたわけではない。こうした論理の逆転は、水戸学に対する語りが明治国家との連関で展開されてきたことに起因する。本報告は、幕末期に存在した水戸学の思想構造を問うことを通して、その明治国家に対する射程をも再検討するものである。

水戸学を実践的に主導した藩主徳川斉昭の言動をみるかぎり、排仏や神儒一致などの主張が本当にその目的であったかには疑問符を付けざるを得ない。それは、水戸学が結局は幕藩体制護持のイデオロギーでしかなかったと言われる所以でもある。しかし水戸学における「排耶」言説は、決して単なるレトリックに留まらず、その世界観や体制認識を支える基礎でもあった。本報告は「耶蘇」との対峙こそが後期水戸学における主要な課題であったことを指摘し、その意味を明らかにすることを目指すものである。

「民衆宗教」概念の形成と変容

（青野誠）

本報告は、「民衆宗教」という概念がいかに形成され、その後どのように変遷していったのか。そしてこうした概念が生み出された時代背景について考察したものである。具体的には村上重良・安丸良夫・小沢浩・神田秀雄・桂島宣弘の各研究者がどのように「民衆宗教」について論じてきたかについて比較検討を試みた。

村上は「民衆宗教」がいかに国家神道の圧力を受け、統制の下に屈服してきたかという点に主眼を当てた。これは「民衆」が超越者と結びつくことで救済を求めながらも、そうした救済願望が国家神道・天皇制イデオロギーに回収されていく経緯を描いたものである。その背景には靖国神社国営化・政教分離違憲訴訟という現代の政治と宗教に関する危機感があり、その問題性の自覚を広く社会に訴えていこうとする目的があった。

安丸は「民衆」が革命主体とはなりえず、最終的に天皇制イデオロギーに迎合していくという幕末維新期における思想的限界を認めつつも、彼らが国家権力の統制に対抗し主体形成をしていく可能性を描き出した。これは教祖という一人の「民衆」の思想形成に着目することで国家権力への抵抗を見出し、そこに希望を見出したものだったといえる。この背景には六〇年代後半から七〇年代にかけての近代化論の流行と国家主義の台頭があり、それに抵抗する社会運動への関心があった。

このように村上と安丸は、国家と「民衆」の対立という構図は共有されていたが、そこに込められた問題意識と「民衆」への視点は相違したものであった。村上は国家神道により弾圧される教団に着目したのであり、「民衆」は集団として捉えられた。対して安丸は、教祖という個人の思想形成に着目することで「民衆」を個として描いたのである。両者ともに当初の「民衆宗教」概念は曖昧なものであったが、七〇年代の社会変容を背景として今日までの原型が形づくられた。

近年の研究においては、「民衆」概念が希薄化して中心的課題でなくなった影響もあり、国家権力への対抗が念頭に置かれつつ、より多角的な視点からの検討が進められている。

小沢は「生き神」という神の性格に着目することによって、幕末維新期の「民衆」における自己解放思想のひとつの到達点だと論じた。そしてこうした「生き神」と「現人神」が対極的な存在であるとして、「民衆宗教」がもっとも先鋭的に天皇制イデオロギーに対抗する理論を有していたものだとみなした。

神田は、「民衆宗教」とは教祖の教説のみで成り立っているのではなく、信者の意識や活動を反映させながら存在していることを重視し、信者たちの思想へ注目した。また、「民衆宗教」が成立した幕末維新期という時代の特有性を重視すべきだとして、国民国家形成期における宗教的共同体の存在意義を論じた。

桂島は、信者のみならず、「民衆宗教」に反対していた人びとにまで視点を広げることで、幕末維新期の社会のなかで「民衆宗教」をどこに位置づけるかを模索した。その上で従来の「民衆宗教」研究が重視してきた、一神教的な最高神という主神の性格が近代化論に規定されているのではないかという問題を提起したのであった。

こうした、教祖と信者の、教団内と教団外の相互関係という多角的な視点によって、幕末維新という時代において の「民衆宗教」の意義づけをより明確にしようという取り組みが進められている。オウム真理教などの新興宗教の勃興や、スピリチュアルブームといった人びとの精神世界への関心がこれらの研究動向に影響を及ぼしたことは間違いないだろう。さらには宗教学の立場からの「新宗教」研究との応答も影響していよう。

こうした「民衆宗教」概念の変容からは、どの時代においても国家による宗教統制への対抗軸として「民衆宗教」が語られていることがわかる。「民衆宗教」がなされてきたのは、その時々の現代社会において、国家と宗教と人びとの関係性を考えなければならない問題が存在していたためだと考えられる。固有のイデオロギーに基づく歴史観を唯一のものにしないために「民衆」という視点は絶えず再生産されたのである。「民衆宗教」概念の形成と変容の歴史は、現代社会における歴史観の画一化に抵抗し、相対化する視点を持つことの重要性を私たちに語りかけているのである。

（上野大輔）

神仏分離研究の視角をめぐって

本報告では、「神に関する事物と仏に関する事物を分けて離す」という意味で神仏分離を解し、研究史と関連史料を踏まえて今後の研究の視角を提起すると共に、近代化過程における神仏分離の位置づけにも論及した。

明治維新期の神仏分離については、まず仏教史と関わる調査・研究蓄積が注目される。一九二〇年代後半には『明治維新神仏分離史料』が刊行された。仏教史と関わる議論では、「廃仏毀釈」と繋げた把握がなされ、神仏習合も視野に収められていることが確認できる。この議論は、後の諸研究に影響を及ぼしていった。

一九七〇年代後半の安丸良夫の研究により、近代天皇制国家の支配体制と民衆との葛藤が宗教の側面から照射されたが、それを一つの契機として一九八〇年代以降、近代史や神道史の立場からの取り組みが大きく進展した。神道史の立場から、神仏習合の転換や「廃仏毀釈」といった事柄自体が再検討されたことは、重要な成果と思われる。

神仏分離を「廃仏毀釈」や「仏教抑圧」と繋げた議論は、それが依拠する神社関係法令の文面と必ずしも合致していない。神社から仏教的要素を除く法令が注目され、寺院から神道的要素を除くことなどを命じた寺院関係法令は取り上げられない場合がある。その意味では、偏った議論となっている。こうした点を踏まえると、仏教にとっての法難史観的な議論の相対化（否定ではない）が、神仏分離研究には求められよう。

また、明治維新（神仏判然令）から神仏分離で、それ以前は神仏習合という過度な単純化がしばしばなされ、これに対し、それ以前も分離していたことや、多様な分離があったことが主張される場合もある。ところが、これらの議論は、次に挙げる分析事項を必ずしも踏まえておらず、更なる検討の余地を残している。

分析事項の第一は、神仏分離をめぐる諸主体である。すなわち、それぞれ一枚岩でなく、相互に関係し合う政府・寺社・住民の内の、どの主体の動向なのかを区別して、分析を進める必要がある。

第二は、分離の対象である。施設（寺社）・人（宗教者）・モノ（神仏像・典籍など）は法令上でも区別されており、何の分離が問題となっているかを踏まえて検討する必要がある。

第三は、分離のレベルである。制度上の分離なのか、空間的な分離なのか、特定の言葉の禁止など用語上の問題なのか、或いは思想（信仰）の中身に踏み込んだ問題なのか、といった様々なレベルに注意する必要があろう。

加えて第四に、神仏分離の時期差・時代差の問題もある。慶応四年（一八六八）以降の時期的段階差は勿論だが、その前提となる近世の状況も重要となるに違いない。

関連して一九九〇年代以降、近世史研究では宗教論が盛り上がりを見せ、神仏分離をめぐる知見も提起された。ここでの国家論・社会論と積極的に関連づけた把握は、明治維新期の神仏分離の研究にとっても有効であると思われる。身分的分離や宗派的分離などの独自の性格を伴いつつ、近世にも神仏分離は確認できる。しかし、分離していない局面も確実にあるため、一概に分離していたとは言い切れない。地域差・宗派差にも注意を要する。それがひいては、明治維新期の神仏分離政策への反応の差ともなったことが想定される。こうした近世と近代の様々な交錯の在りようを把握することが求められる。

明治維新期の神仏分離を理解する上では、近代化（国民国家化・資本主義化・市民社会化）の一環をなす国民国家化が重要な意味を持つだろう。日本では「神道」を結集軸とする国民国家化（国民統合）が進行した。ここでの「神道」は、神祇信仰というよりもナショナリズムの表現である。「神道」の組織的基盤となる皇室・神社・神職などを仏教と分離する必要が生じ、政策が遂行された。「神道」は様々な試行錯誤を経て、近代日本のナショナリズムとして定着してゆく。また、仏教もナショナリズムの構成要素となった。これは宗教史の問題であると共に、宗教史を超えた問題である。

神仏分離と「廃仏毀釈」によって日本人の精神構造が大きく転換し、過剰同調的特質が付与されたという安丸良夫の主張は一見奇異だが、「神道」を結集軸とする国民国家化という脈絡で捉えると、それなりに頷けるのではないか。このように近代化ないし近代史の問題として捉えることで、明治維新期の神仏分離は私たちにとって、より身近な存在となるだろう。

（林淳）

コメント

三人の個性豊かな発表を聞くことができたが、三つの発表を統合して議論を進展させることは無理だと感じた。各発表者は、自らの関心にそって固有の課題を掘り起こしており、それぞれに貴重な仕事になっているが、相互の関係性はほぼないといってよい。発表者が他の発表を気にしている素振りは、私には見えなかった。したがって私はコメンテーターとして、三人の発表者の固有の課題を尊重し、それぞれに角度をかえながら質問していくことにしたい。

桐原氏の発表では、水戸学とはイデオロギー先行の政治集団であり、排耶論は自己主張をする回路であったという二点が強調されていた。どちらも幕末思想史を考える上で重要な論点だと思われる。桐原氏には、三つの質問がある。第一に、イデオロギー先行の水戸学と、排耶論の回路は、どのような関係なのであろうか。この回路はどのように形成されたのか。第二に、排耶論は、廃仏毀釈にはどのようにつながったのか、つながらなかったのか。これは、桐原氏の直接の関心ではないかもしれないが、見通しを聞かせてほしい。第三に、近世前期のキリシタン禁制の時に、キリスト教は邪教だという反キリスト教の言論が出てきたが、その時の議論と幕末の排耶論との違いは、どこにあるのか。

上野氏の発表のよさは、近世宗教社会史研究と近代宗教史を関連づけることをめざし、近代の神仏分離・廃仏毀釈研究、国家神道研究で問題になった点（問題にされずに見過ごされた点）を再検討しようとしている点である。発表のなかで印象的であったのは、二点ある。第一に、近世宗教社会史のなかでは、近世に分離があったことが示唆されている。確かに高埜利彦は、一七世紀後期の会津藩、水戸藩などで「プレ神仏分離」があったと述べ、引野亨輔は、本山、本所支配のなかで宗教者の職分の分離があったことを指摘した。第二に、神仏分離について、①諸主体、②分離の対象、③分離のレベル、④時期差・時代差と腑分けして分析を進めるべきだと提言した。つぎに私は、二つの質問を用意した。第一に、法令上は、「神仏判然」であって「神仏分離」ではない。とすると「分離」のイメージを先行させることは危険ではないか。神仏判然令の起草者は、神社空間の「混淆」→「判然」を求めたのであって、何かと何かを「分離」しようとしたわけではなかった。用語の成立史の問題をどう考えているのか。第二に、羽賀祥二をひきながら、神道による国民統合が図られたとあったが、本当であろうか。神道による国民統合は、一部の国学者を除き、現実の政治を動かしていた人は誰も期待していなかった。だからこそ明治憲法、教育勅語では、神道ではなく、皇室・天皇が、国民統合のために持ち出されたのではないか。

　青野氏の発表を聞いて、そこに神田秀雄、桂島宣弘の名前が出てきたことに新鮮な驚きを感じ、個々の研究者が属する世代を考えさせられた。私は、神田、桂島と同世代の人間なので、かれらを同時代の研究者として関心をもつ。かれらの行なってきた業績よりも、かれらがつぎに何に挑戦するのかに関心はある。しかし青野氏の世代であれば、神田、桂島が過去の研究史上の人に見えても、何らおかしくはない。その人が、どういう世代に属するかで、同じ風景を見ていても、そこで何を感じとり、何を学びとるものが違うということなのであろう。二つの質問をしたい。第一に、今回の発表レジュメでは、図が出てきている。図を使うことは、何ら問題ではないが、最後の結論部が図で説明されることには違和感をもつ。図は、類型化するには有用だが、細部をつめるには適切なものではなく、図で大事なことを見えなくしてしまうことはある。たとえば「国家」といっても村上重良と安丸良夫では違う。また安丸と小沢浩を同じカテゴリーに入れているが、小沢は、むしろ村上に近いグループではないか。とまれ図で結論をしめすことは、やめた方がよい。結論は文章で書かれるべきだ。第二に、「民衆宗教」じたいが、研究者が対象を選択し、それを「民衆宗教」と呼ぶというものである。選択的に対象を定めていることが悪いとは考えないが、個々の研究者をこえる共通概念として「民衆宗教」を使うことはできるのか。

フロアから

＊青野発表は、民衆宗教研究を言説史的に論じたものであり、現在活躍中の研究者もその対象としていた。当日の会場にも桂島宣弘・神田秀雄両氏が参加しており、司会から、同発表へのコメントを求めたところ、以下のようなご回答を得ることができた。これは長く民衆宗教研究に携わってきた研究者による発言であり、記録に残すべきであると考え、ここに掲げる次第である。急な求めにもかかわらず、これに応じて下さった両氏には

心より御礼申し上げたい（桐原）。

桂島氏からは、「民衆宗教」とはあくまで「方法」であり、それを通して何を見るのか、その語句を選んだことによって何を明らかにするのかということであるというコメントが挙がった。その上で、自身は徳川時代のキーワードとして「神がかり」と「病気なおし」に着目し、現代では失われたそうした行為が実際に可能であったことの時代的な意義について考えたいと述べられた。

神田氏は、「民衆宗教」がサバルタンという概念に影響を受けたものであり、安丸の「民衆」研究は、「無告の民」のすがたを明らかにしようとしたものだったと論じた。さらに、如来教などでは、同一教団においても江戸時代までと近代以降では性格が大きく異なることを指摘し、その時々の「民衆宗教」が意味するところの差異を、近代仏教の展開なども踏まえた上で考えていく必要性があると述べられた。

（桐原健真・金城学院大学教授）
（青野誠・一橋大学大学院）
（上野大輔・慶應義塾大学准教授）
（林淳・愛知学院大学教授）

研究史

近世社会の思惟構造と明治維新——研究史の状況と展望によせて——

奈良勝司

はじめに

二〇一八年は、明治維新一五〇年とされる年にあたる。もちろんそれは、この一連の大変革の総体をとりわけ一八六八年に焦点化するという、ある種の限定を条件に成り立つあくまで一つの解釈だし、また一世紀や半世紀などの機械的な区切りで歴史を振り返ることとの根本的な妥当性、という問題もあろう。ただし、そこには意識の集積が生み出す後天的な意義がすでに実体化しており（再帰的に発動する anniversary の力）、また詳しくは行論で論じるように、ポスト高度経済成長社会として「失われた二〇年」とも三〇年とも言われる時を過ごしている現在の我々の射程から、この近代の始点（近世の帰結）を検討することは十分に意味をもつ。

しかし、この節目を機に明治維新を再検討しようとする試みは、現時点でそれほど盛り上がっているようにはみえない。無論、NHKの大河ドラマは脇においても、関連書籍の刊行は少なくないし、各地の自治体や地域の博物館・史料館等において、ゆかりの人物や事象についての講演会や企画展などが活発に開催されているのは、明治一〇〇年の際にはそれほど目立たなかった新たなアプローチといえよう。だが、国家や社会レベルでの維新の位置づけや内容をめぐる議論・せめぎ合いの動き、またそれとも相即して専門研究者が明治維新そのものに正面から向き合い再定置しようとする動きは、もちろん皆無ではないにせよ、活発な傾向にあるとはいえない。かつて「明治一〇〇年祭」が官民を巻き込んだ社会問題になったのとは、対照的な事態といえる。(1)

その原因はさまざまに考えられようが、筆者がとりわけ注目したいのが、この五〇年のあいだに歴史を線によって連続的に捉えることの困難が生じたようにみえることである。以下本論では、大枠の戦後史学史、時代史ごとの事情、思想史の側面から、現在存在するように思われる問題状況を素描し、明治維新論を再構築するための若干の展望を描きたい。ただし、このうち一点目、また二点目のうちの幕末史や近代史の状況については別稿で少しく触れたことがあるので、(2)最初に概要を示し、その後に近世史の状況と思想史の成果がこの問題に対して持った意味を考え、筆者の仮説を提示したい。

一　行き詰った発展段階論と時系列の把握

戦後の歴史学は、アカデミズムの範疇ではマルクス主義歴史学を中心に展開したが、その骨格の一つは発展段階論であった。日本の歴史は他の国家と同じくいくつかの段階に分かれ、遅れた状態から進んだ状態へと段階的に発展していくとされた。そしてこの時系列の発展の原則自体は、他の歴史理論にも共通した。たとえば、一九六〇年代ごろから日本の高度経済成長とそのもとでの社会実感を背景に、マルクス主義に対抗する立場をなした近代化理論である。これは、冷戦状況下で西側陣営に属するアジア国家の経済発展を称揚する意味をもったが、イデオロギーは逆ながら、日本の近代を右肩上がりの線として評価する大前提は同じであった。これらは一つの筋道に沿って進行する歴史を描くもので、特に前者の歴史像は「グランドセオリー」と呼ばれ、教条主義に陥る面もあったが、その体系性ゆえ過去と現在だけでなく、未来を描く射程をも含み持っていた。人々は発展段階論に依拠することで、過去を連続的に現在と結びつけ、その先に未来を考えることができたのである。

しかし一九九〇年代に入ると、冷戦終結とバブル崩壊によりこれらの歴史理論は瓦解を余儀なくされる。ソ連の崩壊は、現実との整合性に苦しみながらもなお強い影響力を誇っていたマルクス主義歴史学に致命傷を負わせた。他方で、国内的には世界第二位の経済大国としての地位と自信も大きく揺らいだことで、資本主義版の発展段階論といえる近代化理論も説得力を減じてしまった。冷戦下で東西両陣営を代弁した二つの発展段階論は、同時に歴史観としての機能を失ったのである。

九〇年代以降、明治維新研究は多様化したが、その傾向を二つに大別すれば、個別実証の進展と国民国家批判論の隆盛とみることができる。このうち前者は、歴史学の基本技能でもあり、以前からも存在していた流れであったが、特に幕末政治史分野では、原口清氏が一つの手法を形づくった。[3]これは、「国是」や「国家意思」に向けた秩序形成の模索を軸に、諸勢力の角逐を時期ごとに再現するもので、朝廷研究や対外関係史などの関連分野にも波及し、一つの方法論として定着した。

一方、国民国家批判論の特徴[4]は、維新変革を経て近代に確立する権力の本質が、絶対主義や天皇制といった具体的な政体ではなく、より普遍的な「近代」に見出されたことである。人々を管理・抑圧する力として、露骨な国家権力に加えて、言語や文化・美的感覚などの、日々接するため普段は意識されないが、それゆえ無意識の次元で人々の行動を規定して「国民」の枠に当てはめる、ソフトパワーとしての暴力が見出された。これは、西洋文明そのものを外部からの強大な来襲者とみて、人々のエネルギーをそのもとに回収し、序列化していく怪物的な永続運動と位置づけるものであった。

二つの潮流は、以前とは比べ物にならない水準で、変革の具体像やそこで躍動した個人・組織の実態を明らかにした。また、身分制の解体などの制度的な自由と、精神面を含むより巧妙な抑圧が両立する構造を、「国民国家」化の宿痾として提示することに成功した。

他方で、これらはひとつながりの線で明治維新と現在を意味づけ、未来を展望することを困難にもした。原口氏が、恐らくはより適当な明治維新論への還元を念頭に、戦略的に洗練させた個別実証は、世代を経ることでむしろ細分化と分野化（カテゴリー化）の傾向を強め、自己目的化しつつある。つまり、①近代を知るには明治維新の理解が必須、②そのためには実態分析の精度を挙げねばならない、という当初の二段階戦略が、前提（①）を欠いたことで奇妙な自立を遂げたのである。

また、国民国家批判論は、西洋近代やその象徴としての国民国家化の問題を指摘した一方で、その力をあまりに普遍的で絶対的と見たために、論者の意思とは裏腹に、この強大な抑圧システムの無敵性を強調してしまった側面が否めない。[5]無論、諦観や服従を説くわけではなく、巧妙な支配装置のからくりとそれへの対峙に力点が置かれるのだが、不都合な真実の暴露と解決への衝動が必ずしも直結しない一般真理[6]（たとえば我々は輸入品の生産現場の過酷な現実を知っても、全ての消費をすぐにフェアトレードに切り替えはしない）をも、消化した議論にはなっていない。また、近代化の荒波を被った非西洋地域が、それぞれに豊潤で成熟した伝統社会を持ちながら西洋化に呑み込まれたのに、その西洋近代にどっぷりとつかった現代の我々がいかにしてこの隘路を脱するかの道筋は、個人レベルの倫理の維持と呼びかけといった以上の具体的・体系的な展望が示されているわけではない。旧来の発展段階論が右肩上がりの近代を描いてきたとすれば、国民国家の力学に組み込まれていく近代は、その程度がまだ不徹底な段階からより行き渡った段階へと展開せざるを得ないという意味で、むしろ行き止まりの終末観にも似通った構造となっている。

乱暴にまとめれば、個別実証は、幕末維新のある種のブランド化（時代のもつ意義への本源的問いからの切り離し）を生み、前後の時代との繋がりを不明瞭化してしまった。国民国家批判論は、逆に日本の近代化を逃れ得ぬ否定的完成形態＝ディストピアへの階梯とみることで、明治維新から現代にいたる折々の過程を、その時代に生きる人々の主体的な営為に即したかたちで、前向きに（建設的に）位置づける回路を失ってしまった。

かかる事態は、本源的には近代日本を一五〇年のスパンで考える際に直面する、特有の困難に起因するように思われる。発展段階論は、課題（マルクス主義）をみるか達成（近代化理論）をみるかの差はあれ、一定の成長線のもとに近代の歴史を捉えた。しかるに、九〇年代以降の現実は、これまでは西洋の catch up に寄与した日本社会の特質が、いまや逆に社会の停滞要因となっていることを示唆する。しかし旧来の理論では、一つの同じ特性が時期によって異なるベクトルへ向かう要因が、うまく説明できないのである。軍事的な発展（膨張）としての戦前、経済的なリベンジの戦後高度経済成長の二つはともかく、その後の長期停滞と閉塞感（しかし比較史的、数値的にはいまでも世界屈指の経済規模と生活水準をともなってもいる）をも含めた一五〇年の歩みを、近代の始まり方（明治維新）がもった構造の展開として理解する試みは、大きな壁に直面したといえる。

二　近世史の「自立」とその構造的問題

以上、社会背景をふまえた史学史の素描から、明治維新論の置かれた状況を概観した。では、個別実証が時期区分としての幕末維新史の自立を、国民国家批判論が普遍的近代化の立場から明治維新を外在的に説明したのだとすれば、近世史研究のこの間の動向は、明治維新論やその問題構造とどのように関わるのだろうか。

まず、戦前には皇国史観が、明治維新を王政復古とみなす立場から、江戸時代を武士による権力簒奪の逸脱期と捉えた。また、マルクス主義歴史学でも、歴史の発展段階を社会矛盾の蓄積とその解消という構図で捉えたため、近世は一貫して未発達でいびつな克服対象とされ続けた。とりわけマルクス主義においては、未来の革命を担う変革主体の動向に焦点が置かれ、権力が農民など被支配者への収奪をくり返したことが、矛盾を蓄積させて変革のエネルギーを準備したと展望された。

こうした近世の暗黒視は、一九八〇年代ごろから大きく変化し始める。その要因の一端は、六〇年代ごろに隆盛を極めた近代化理論の影響にあり、高度経済成長が定着するなかで、それまでは世界の発展に後れを取った足枷の主要因とされてきた鎖国が肯定的に再評価されるなど、近世=停滞イメージの見直しが進むようになった。近世はもともと西ヨーロッパの歴史理解には存在しなかった独自の時代区分で、それゆえ premodern などとして近代に従属する前史とみなされる傾向が強かったのだが、むしろこれを early modern として積極的に位置づけ直す機運が強くなったのである。(7)

一方で、一九八〇年代ごろにはマルクス主義歴史学の内部からも、近世の統治や社会の再評価が本格化する。それまで、あくまで領主層による収奪の強化と抵抗の激化による矛盾の蓄積という文脈で理解されてきた、農民やその居住地域たる村落の実態に関して、権力と被支配者層の関係を一方的な抑圧ではなく、一定の合意と協調という観点から捉え直し、村落統治をそれなりに合理的ゆえに定着した、一つのシステムとして積極的に評価する動きが有力化するのである。村落は、人口と面積の両面で近世社会の基盤をなしており、その実態は社会構造を象徴的に浮き彫りにするものであったが、当時は佐々木潤之介氏が提唱した、いわゆる豪農—半プロ理解にもとづく「世直し状況」論が大きな影響力を有していた。(8)その議論の核を本稿との関係で簡単にまとめれば、近世前期に自立し村落を構成する基本単位となった小農が、近世後期になると経済格差により豪農と半プロレタリアートに階層分解を起こし、後者の不満が変革のエネルギーとなって一九世紀に幕藩体制を揺るがす打ちこわしの続発に繋がっていくというものであった。

これは、近代化理論による上からの変革の準備とスムーズな近代化という維新前夜の理解に対抗して、マルクス主義の王道に沿うかたちで、あくまで搾取される被支配階級の側に社会変革のエネルギーを見出し、維新に繋げようとしたものであった。しかし、当初は佐々木説を受け継ぐ立場にあった深谷克己氏らは、後述の朝尾氏の国家論などを受けとめるなかで、次第に収奪の強化と矛盾の拡大よりは、ある程度の自治権をゆだねて統治を代行させる権力側との協調を前提に、「百姓成立」の語に象徴される、家や村落共同体の持続的維持のメカニズムを描き出すことに力点を移していった[9]。

こうした動きは、高度成長やそれに付随する環境破壊の弊害が前景化して農村的要素が保存対象として再発見されるなかで、生活史や民俗学の成果とも響き合い定着していく。江戸時代は、壮大な矛盾の蓄積過程から、支配者と被支配者のあいだの一定の協働・相互依存にもとづき、高度に発達した生存システムが相対的な安定を形づくった「天下泰平」の世へと、大きく位置づけが転回した。当該期がみなバラ色に塗り替えられたわけではなく、厳然たる権力関係も引き続き注視はされたが、それでも総体としては、旧来の暗黒視からむしろ高評価の対象へと、大胆な再定義が進んだといえる[10]。

しかし、ここで注意しておかねばならないのは、こうした近世像の転換は、明治維新論とのつながりを断つなかで進んだということである。近世社会を「公儀」の独自のあり方にもとづく合意と協調の体制と捉え直したのは朝尾直弘氏だが、後に諸方面でこのテーゼに沿った実態分析が進む前提として、朝尾氏が「近世史の自立」を訴えていたことは重要な意味をもつ[11]。つまり、近代の前座というお決まりの大前提をいったん離れ、近世をそれ自体独立した一己の世界として把握し直す段階を経てこそ、史料に即した具体的な史実から当該期の実態と独自の世界観、社会構造を再現しつつ、近代化論にも回収されない独自の近世像は描き得たのである。

こうした事情は、近世史研究が獲得した大きな成果を、明治維新論の刷新になかなか繋げられないという問題を生み出した。お互いどこまで自覚的であったかは別にして、このような近世史で進んだ統治↕生存システムの観点からの社会の再評価と、西洋人が桃源郷とみた伝統社会[12]が外から到来した獰猛な西洋近代によって暴力的に解体、作り変えられていくという、外在的な国民国家批判論の明治維新理解は、近代批判を持続させつつ近世を【前近代↓独立した成熟世界】へと読み替えた点で響き合う。そして上記の戦略によって、近世社会が一つの持続可能な世界であったという大前提のもとに、各領域・分野ごとに実態分析が進展したことは、ある意味で幕末維新史における原口氏の方法論の浸透がもたらしたのと同じ、時代の自足化を生んだ。実態分析の進展ゆえに、近世史と幕末史のあいだには、論旨展開上の溝もまた生じたのである。近世社会の「構造」と幕末変革の「状況」は、お互いいかなるかたちで内在的に繋がったのか。幕末史と近世史は、自立し成熟したがゆえに、一周回った課題をも我々に突きつけることになった。

三　思想史における主体把握とその意味

では、社会論や村落論との関連で、近世思想史は近代への展望をいかに描いてきたのか。その系譜を網羅的に紹介することは筆者の手に余るが、ここでは自前の問題意識に即し、丸山眞男氏と安丸良夫氏の研究から、大まかな理解のスケッチを提示することとしたい。

マルクス主義歴史学（唯物史観）が重視しなかった人々の思考の型に、近代を担う市民的主体の可能性を見出したのが丸山眞男氏であった。丸山氏は「思惟様式」という概念を用いて、抑圧的な封建体制下で自由な自我をもたなかった人々が、やがて政治社会を操作対象と置き直し、また欲望を肯定することで自立した個人に成長していく回路を、荻生徂徠から本居宣長の国学への展開として描いてみせた(13)。これは、もともと近世の体制教学であった朱子学が徐々に機能不全に陥るなか、その殻を内側から破り自由で独立した（西洋型市民に対応する）主体が立ち上がってくるという構図であった。

この丸山テーゼは、古典化したがゆえに広範な反応を引き起こしたが、民衆の生活倫理の分析から課題にアプローチしたのが安丸良夫氏である。安丸氏は、頂点思想家を中心とする既存の思想史では無視されるか、封建遺制の象徴で克服対象とされた民衆の生活倫理を、村落指導者層が生み出した通俗道徳として再定義し、一八世紀末以降を、この通俗道徳が村落に広く普及していく時期と位置づけた(14)。通俗道徳は、勤勉・倹約・正直・孝行などの徳目を内面化したものである。理念的には幕藩体制の外に出る想像力をもたず、維新変革の際も後期水戸学や国学が用意した公定ナショナリズムの下に序列化されたが、他方では日本の近代化を基底から支えたエネルギーの淵源でもあったとして、民衆が自ら自身を定める自立性に変革の可能性が見出された。発想の目新しさやスマートさではなく、現実に社会を支えた規範の力を重視し、また変革にも保守にも機能する両義性を見出す姿勢は、リアリズムに満ちたものであった。

筆者の問題関心との絡みで通俗道徳論が興味深いのは、それが一部の頂点思想家の思考を繋ぎ合わせる手法とは異なり、社会思想史的に、現実に各地で機能した村落秩序への関わりを想定し得る広がりをもつ点であるが、さらにいえば、空間論として、一定の範囲内に作用した強力な力学の構図もが見通せることである。勤勉・倹約・正直・孝行の内面化は、それが不在の状態よりも農村での絶対的労働量を底上げするという意味において、過酷な経済状況に対して労働集約的なかたちで対処する志向といえるが、それは変容する経済的・社会的状況下で、村落共同体の単位をあくまで守り抜くという発想の被拘束性を大前提に、初めて成り立つものであった点は重要である。つまり、村落という共同体の範囲を不動の条件に、その一員であるという点を事実上のアイデンティティにもつ人々が、自我の前提を守るために個人単位で課した義務だったのでもあり、各々の内面から立ち上がった価値との対話ではなく、現に生活する環境やそのもとでの人々の関係性の力学が、いわば逆流入するかたちで個人の内側に結晶化したものであった[15]。

そして、通俗道徳をこうした立体的な関係性の秩序とみれば、それは何も村落のみに限られるものではなく、空間（領域）や階層（身分）によって無数に分節化された全ての共同体において、つまり社会のあらゆる面で機能する力学であった[16]。また、共同体は重層的なものでもあり、大名領国は城下町と無数の村落という共同体に、村落は無数の家という共同体の集積から成り立つ、入れ子状の構造をなしていた。このように、領域（ヨコ）と身分（タテ）の相関のもと立体的に（ルービックキューブのように）隣り合う無数の共同体が、入れ子構造による重層性にも規定されるかたちで濃密な相互関係を織りなすなか、人々は「領民」意識や「職分」「持分」意識によって大まかな自己規定を、その内部の自らが直接帰属する小共同体への寄与のあり方によって、具体的な自己規定をなしていたと考えられる。その意味で、通俗道徳は普遍的な近世の維持概念であった。

四　明治維新の構造と影響をどう考えるか

それでは、かかる構造をなした世界は、ウェスタン・インパクトにいかなる反応をみせたのか。国民国家批判論の成果をふまえつつも、明治維新を世界各地で進行した国民国家化の一例として過度に一般化してしまうことなく、その普遍と特殊の相関の位相を体系的に摑むためには、前述の近世史研究の成果を受けとめるかたちで、この問いに向き合うことが不可欠となる。換言すれば、国民国家化の普遍的な圧力を前に、近世社会の構造とそこでの人々の意識の有り様は、いかなる運動に転化し、その後の展開のなかで、社会と人々にどのような作用をもたらしたのか、を考えねばならない。最後にこの点から、明治維新の位置づけをスケッチしたい。

日本では、ウェスタン・インパクトを武人政権が受けとめた点に特徴があった。それは、戦国時代が凍結されて戒厳令が日常化したような「兵営国家」であり[17]、剥き出しの暴力は安定秩序のもとで儀礼としての「武威」となった[18]。「武威」は支配の正当性の核に残り、幕末に「外圧」を被った際、人々の受け止め方を大きく規定した。ただし、これを単に二世紀半ぶりに武が解凍されたとみるのは、本質論による単純化が過ぎる。そこで以下では、武や「武威」の一般イメージを踏み出して、それが統治に関わる空間秩序としていかなる構造に転移したのかという、派生の仕方に視野を広げよう。

その際注目すべきが、徳川吉宗の治世がもった意味である[19]。彼は徳川綱吉や新井白石の儒教政治を否定し、鷹狩りを復活させるなど武人政権の原点に拘った[20]。三者が活躍した一七世紀後半から一八世紀前半は、戦国時代の余韻が薄らぎ、大幅な人口増加や新田開発による生産力増大、「小農」自立と「走り」の抑止、そのもとでの村請制の施行という、一七世紀に進んだ大規模な変動が、落ち着き安定した時期にあたる。吉宗はこの「泰平」の社会を、儒教でも仏教でもなく、改めて武人の論理で律したわけだが、そのことは列島に成立した共同体の輪郭を強化して、その内部を強靭なバランス調整の力学で覆うこととなった。なぜなら、儒教や仏教などの人間を個人単位で内面から規定する理念を否定し、頼もしくも空虚な「武威」を淵源に、正当性を内在的には問われない「法」による支配を拡充したことは、ともかく社会を安定的に廻すというプラクティカルな結果主義を全面化させたからである。そしてそこでは、統治の具体的単位となる各共同体の持続と、それを担保する内部の調和の力学が、最優先されざるを得ないからである。

武家諸法度では「法」を「理」に優先させていたが、その法も絶対ではなかった。吉宗の年貢増徴策（これは商品経済が発展するなかで、あくまで村落の共同体単位を基盤に赤字を解消しようとした結果である）によって激増した百姓一揆が、禁止されながらもしばしば首謀者の命と引き換えに要求を実現させ、質地の受け戻し慣行が、法令による制限がありながら根強く持続したのも[21]、共同体の維持が否定し得ない正当性をもった証左である。「武威」の原則は結果的に法度の支配を整備したが、共同体の維持運営とそこでのバランス調整は、さらに根幹的な優先原理であり続けたのである。

共同体の連鎖とその持続を基軸におく統治は、しかし大前提として、「天下」の外縁を「武威」が保っていることを必要とした。バランス調整が貫徹する共同体の連鎖という近世社会の構造は、限定された大枠の空間の内部において、その諸所を細分化するという形態においてこそ初めて安定し得たからである。ならば、「武威」は各地方や階層レベルの共同体維持に関してはその本来の姿を随分変えていたが、それらをマクロな範囲で保全する大本の外縁を形づくる機能においては、やはりその本来の性質に貫かれていたというべきだろう。

そして重要なことは、ウェスタン・インパクトはこの外縁における「武威」の働きへの根本的な挑戦であり、それゆえ間接的には、あらゆる共同体やその構成員の自我や存続を、危機に陥れたということである。張力を基礎とするバランス調整の連鎖は、大枠たる「天下」の強制的な固定を前提に成り立つものであり[22]（範囲や外殻が不分明では、調整の基準が策定しえない）、それゆえ後者の動揺は、近世社会の根幹を揺るがさざるを得なかった。幕末の攘夷論が単なる外国船打ち払い政策として切り捨てられない、極めて根深い願望であり続けたのは、ナショナリズムの力という一般的説明に加えて、かかる関係性によっていたとみなければならない。

ならば、幕末に活躍した「志士」は、一般の人々のそれよりも拡大させた想像力を武器に、「天下」の外殻を守る武を直接支える貢献主体へと自我を置き換え、そのために既存の共同体の秩序を相対化し脱した者といえる[23]。その一方で、大多数の共同体にとどまった人々にとって本当に深刻だったのは、幕末の政治変動ではなく、維新期に地域を呑み込んだ行政区画の激変や身分解体、徴兵制などの社会変動であった。これは維新官僚となったかつての「志士」が、「武威」の毀損を防げなかったことに対する強烈な屈辱感と挽回願望[24]から、急激な国力の集約と底上げを目指し、徹底した国土の中央集権化と均質化を推し進めた顕れであった。この過程で生じた既存の共同体の劇的な解体は、その構成員にとっては、領域や階層の解体のみならずアイデンティティの土台の破壊も意味し、それゆえ彼らを自我の危機に陥れた。

突然自立した個人にはなれない人々は、なんらかのかたちでかつての共同体の代替物を見出し、流動化した自我を支える必要があろう。私見では、民権運動期にできた無数の結社[25]、民衆宗教、家父長制にもとづく近代的家制度、後には会社も、みなこの要請と無縁ではない。それは、学制の整備や御真影などを通した上からのナショナリズム、また通俗道徳の強化や立身出世といった下からの対応ではカバーし切れない、中間共同体の機能をあらたな形で補塡・獲得するものであった。

ならば、結社や会社の運営方針や構成員の機能性・流動性は、みな〈紐付き〉になってしまう。自我を人質にとられた人々は、共同体への過剰な奉仕を内面化し、共同体は硬直化と状況適応を行き来しつつ、理念以上に存続を自己目的化する。[26]少なくとも、個人の自我にもとづき、共同体や環境を選択可能と割り切れる主体は多くなかろう。そしてこれらは、旧共同体の代替である以上、根本的には一番の外縁にある「日本」に従属し、その一部分として存在するという関係に沿わざるを得ない。近代の民衆宗教が中期以降にその世界観や組織としての独立性を国家に回収されがちだったのは、恐らく本質的には以上に述べた問題構造による。そして、再編された共同体の連鎖は、最強神話を核にもつ「武威」奪還の国家目標のもと、西洋に半世紀先駆けた総力戦の回路として機能し、最初は軍事面で、次に経済面で相当な「達成」を得たのではないか。他方で、それらに敗れたポスト総力戦の時代に、あらたな哲学や方法論＝最強神話以外の国家観を見出せずに混迷を極めている原因も、一つの構造とそのもとでの運動（力学）がもたらした帰結として整合的に理解できるのではないか。しかしこれらの仮説の妥当性は、今後の検証課題である。[27]

注

（1）　個別事象ではなく全体像を論じたものでは、青山忠正『明治維新を読みなおす』（清文堂出版、二〇一七年）、三谷博『維新史再考』（NHK出版、二〇一七年）、苅部直『「維新革命」への道』（新潮社、二〇一七年）など。

（2）　拙稿「明治維新論の現状と課題」（『歴史評論』第八一二号、二〇一七年）。同「明治維新論の再構築に向けて」（『現代思想』二〇一八年度六月臨時増刊号）。

（3）　原口氏の研究については、原口清著作集編集委員会編『原口清著作集』一～五（岩田書院、二〇〇七～二〇〇九年）にまとめられている。

（4）　西川長夫『国民国家論の射程』（柏書房、一九九八年）ほか。

（5）　この点については、宮地正人氏による指摘（『通史の方法』名著刊行会、二〇一〇年、一〇八～一〇九、二七五頁など）もあわせて参照されたい。

（6）　これは見方を変えれば、作為や欺瞞が少なからぬ人々にそうと知れながら、生まれ浸透していく契機と力をどう考えるかという、命題にも絡んでくる。

（7）　最近のものでは、中公新書編集部編『日本史の論点』（中公新書、二〇一八年）の近世の時代の記述（大石学氏執筆）が、この観点に立っている。

（8）佐々木潤之介『幕末社会論』（塙書房、一九六九年）、同『世直し』（岩波新書、一九七九年）など。
（9）深谷克己『百姓一揆の歴史的構造』（校倉書房、一九七九年）、同『百姓成立』（塙書房、一九九三年）など。
（10）村落分析を核とするこうした構造的理解について、わかりやすくまとまったものとして、大藤修『近世村人のライフサイクル』（山川出版社、二〇〇三年）、水本邦彦『徳川社会論の視座』（敬文舎、二〇一三年）、渡辺尚志『百姓の力』（柏書房、二〇〇八年）、同『近世百姓の底力』（敬文舎、二〇一三年）などを参照。
（11）朝尾直弘「日本近世史の自立」（『日本史研究』第八一号、一九六五年）。
（12）渡辺京二『逝きし世の面影』（平凡社、二〇〇五年。初出は葦書房、一九九八年）。
（13）丸山眞男『日本政治思想史研究』（東京大学出版会、一九五二年）。
（14）安丸良夫『日本の近代化と民衆思想』（青木書店、一九七四年）。
（15）この点につき、白川部達夫氏は、「人びとの主体的な営み」が「つきつめられることはまれで、人びとはあいまいな認識のまま、周囲の関係に配慮してことをおさめ」「たいていは主体をつらぬいて生きるよりは、関係を生きる」と象徴的な表現で指摘している（『近世の百姓世界』吉川弘文館、一九九九年）。
（16）笠谷和比古氏が提唱する「持分」意識（『近世武家社会の政治構造』吉川弘文館、一九九三年）も、この側面に関わる概念であろう。また、藤田覚『泰平のしくみ』（岩波書店、二〇一二年）も参照。
（17）前田勉『近世日本の儒学と兵学』（ぺりかん社、一九九六年）など。
（18）池内敏『大君外交と「武威」』（名古屋大学出版会、二〇〇六年）など。
（19）吉宗政権の全般的な施策については、古典的な研究テーマだが、さしあたり大石学『徳川吉宗』（山川出版社、二〇一二年）が読みやすくまとまっている。
（20）この間の諸施策の特質と移り変わりを鋭く指摘したものとして、渡辺浩「「礼」「御武威」「雅び」――徳川政権の儀礼と儒学」（笠谷和比古編『国際シンポジウム第22集　公家と武家――その比較文明史的研究』国際日本文化研究センター、二〇〇四年）。また対照的な将軍を検討したまとまった著作として、深井雅海『綱吉と吉宗』（吉川弘文館、二〇一二年）を参照。
（21）白川部前掲書。
（22）この点に関する視座から海保青陵の経世論を読み直したものとして、拙稿「海保青陵と近世後期の世界

観」（『「2018第三届台湾与東亜近代史青年学者学術研討会」会議論文』国立政治大学台湾史研究所、二〇一八年）を参照。
(23) この点に関し、丹波国馬路村の「郷士」集団や新選組を事例に具体的に検討したものとして、拙稿「人見・中川両苗と新選組――幕末における二つの「郷士」集団」（立命館史資料センター編・発行『立命館創立者生誕一五〇年記念 中川小十郎研究論文・図録集』二〇一七年）、同「人見・中川両苗と近世～幕末社会」（『立命館史資料センター紀要』創刊号、二〇一八年）を参照。
(24) この心性が生じる世界観の理念的説明については、前掲拙稿「明治維新論の再構築に向けて」を参照。
(25) 民権結社が近世に人々が属していた共同体＝〈袋〉の代替機能を果たした点については、松沢裕作『自由民権運動』（岩波新書、二〇一六年）が示唆的である。
(26) 山本七平『「空気」の研究』（文芸春秋、一九七七年）。
(27) 本稿ではその性格と紙幅の関係上、具体的な分析や史料の紹介は行わなかったが、以上の点に関する筆者の現時点での見解と具体的な考察は、拙著『明治維新をとらえ直す』（有志舎、二〇一八年）で展開した。

付記 本稿は、日本学術振興会の科学研究費助成事業（基盤研究(C)）における「幕末維新期における「公議」の研究」）の成果の一部である。
また、本稿における研究史の把握の一部については、二〇一八年度立命館大学大学院の今西一ゼミでの議論に多くを学んだ。ただし、その整理や評価の仕方の責任は、もちろんすべて筆者にある。

（立命館大学助教）

動向

近刊の丸山眞男著作三冊

山辺春彦

一

本稿では、昨年から今年にかけて新たに編集・刊行された丸山眞男の三冊の著作、『丸山眞男講義録』別冊一（平石直昭・山辺春彦編、東京大学出版会、二〇一七年）、同別冊二（宮村治雄・山辺春彦編、東京大学出版会、二〇一七年）、『丸山眞男集 別集 第四巻 正統と異端一』（中田喜万・黒沢文貴編、岩波書店、二〇一八年）を紹介するとともに、この三冊の刊行によって明らかになったことや相互の関係の一端について述べたい(1)。本論に入る前に、刊行にいたる経緯に触れておく。

丸山眞男の著作は、その最晩年から刊行が開始された植手通有・松沢弘陽編『丸山眞男集』全十六巻・別巻（岩波書店、一九九五—九七年）に既刊のものが集成され(2)、その後、飯田泰三・平石直昭・宮村治雄・渡辺浩編『丸山眞男講義録』全七冊（東京大学出版会、一九九八—二〇〇〇年）など、膨大な未刊行著作が出版された(3)。このような資料状況の変化が丸山研究の活性化を促したことは間違いない。

こうした動向と重なりながら、新たな研究の基盤となる可能性を秘めた資料の公開が本格化する。東京女子大学丸山眞男記念比較思想研究センターの丸山眞男文庫に収蔵されている丸山旧蔵資料がそれであり、東京女子大学と丸山文庫協力の会（丸山に直接間接に学んだ研究者たちからなる）の長年にわたる尽力により、二〇〇五年以降、図書、雑誌、草稿類資料、楽譜類の整理と公開が進められた[4]。その後、丸山文庫所蔵資料へのアクセス向上を一つの目的に掲げた同センターの研究プロジェクト「20世紀日本における知識人と教養――丸山眞男文庫デジタルアーカイブの構築と活用」が文部科学省平成二四年度私立大学戦略的研究基盤形成支援事業に採択され、二〇一二年度より二〇一六年度にかけて実施された[5]。

この研究プロジェクトの成果のうち、丸山文庫所蔵資料の公開に関連するものとして重要なのは、まず、丸山文庫のバーチャル書庫（http://maruyamabunko.twcu.ac.jp/shoko）と草稿類デジタルアーカイブ（http://maruyamabunko.twcu.ac.jp/archives）の構築である。前者は、丸山の蔵書が丸山家に所蔵されていた最後の時期の配列状況をウェブ上に再現したものであり、後者は草稿類資料のメタデータと画像（主に丸山の著作物）をウェブ上で閲覧できるシステムである。特に草稿類デジタルアーカイブは、丸山文庫所蔵資料閲覧の利便性を高めることで、同資料を利用した丸山研究が行われる環境の整備に大きく貢献したということができる。

ただし現在のところ、丸山文庫所蔵資料がもっとも活用されているのは、丸山研究においてよりも丸山著作の校訂や編集においてである。前記『丸山眞男集』の第四刷刊行（二〇一四―一五年）に際して行われた本文校訂、同集別巻の新訂増補版（二〇一五年）、松本礼二編注『政治の世界 他十篇』（岩波文庫、二〇一四年）、古矢旬編『超国家主義の論理と心理 他八篇』（岩波文庫、二〇一五年）、松沢弘陽・植手通有・平石直昭編『定本丸山眞男回顧談』上・下（岩波現代文庫、二〇一六年）の編集や注釈には、丸山文庫所蔵の丸山旧蔵書や関連資料の博捜によって得られた新たな知見が活かされている。

これに対し、丸山研究における丸山文庫所蔵資料の利用は、一部の研究者によって積極的に行われているものの、全体としては未だしという状況である。その一つの理由は、各資料のメタデータの確定や既刊著作との関連づけなどにおける困難さがあると思われるが、これは思想史研究における一次資料の利用方法とその意義というより大きな問題につながるものであり、ここでは立ち入らない。別の理由としては、より単純に、利用が容易な公刊資料に研究対象が偏ってしまう傾向が作用していると思われる。

こうした事情をふまえ、丸山文庫所蔵資料の利用を促進し丸山研究の発展に資することを目的として、東京女子大学丸山眞男記念比較思想研究センターは二〇〇九年度より、丸山文庫所蔵資料に含まれる未刊行の丸山著作や関連資料を翻刻し、同センター『報告』誌上に掲載している。この事業は、前記「20世紀日本における知識人と教養」研究プロジェクトの柱の一つとして引きつがれ、『報告』誌上での翻刻に加えて、プロジェクト実施期間中に『丸山眞男集 別集』第一―三巻（平石直昭・黒沢文貴編、岩波書店、二〇一四―一五年）が刊行された。これは、内容的にまとまりのある未刊行丸山著作と、『丸山眞男集』『丸山眞男座談』から漏れた丸山著作を翻刻し、年代順に収録したものである。

本稿が取り上げる三冊もまた、このプロジェクトによって行われた丸山眞男文庫所蔵資料調査・翻刻事業の成果の一部である。編集にあたっては、『丸山眞男講義録』別冊一・別冊二では丸山が一九五〇年代後半に東京大学法学部で行った東洋政治思想史講義の正確な復元を、『丸山眞男集 別集 第四巻 正統と異端一』では『正統と異端』丸山自筆原稿の翻刻と「正統と異端」研究会記録（音声）の忠実な再現を目ざした。その際に大きな手がかりとなったのは、丸山文庫に収蔵されている丸山の自筆原稿と丸山旧蔵書であった(6)。つまりこの三冊は、これまで積み重ねられてきた丸山文庫所蔵資料の整理作業の上に成り立っており、同資料の利用例の一つと見ることもできる。

二

『丸山眞男講義録』別冊一は、丸山眞男が一九五六年度に行った東洋政治思想史講義の全体を復元したものである。加えて、五六年度講義と重複する部分が多い五九年度講義から、新たな展開が見られる箇所を抄録している。五六年度講義は全六章から成るが、後半の三章はほぼ四八年度講義原稿（『丸山眞男講義録』第一冊で翻刻）をもとに語られており、この年度における新たな展開として注目すべきは前半の三章である。第一章では「神国思想の端初的形態」、第二章では「鎮護国家と末法思想」、第三章では「武士階級の意思（観念）形態」が取り上げられており、丸山が講義の対象年代を古代まで遡らせた画期としての意味をもっている。

丸山が古代から講義を開始した意図は、講義で語られたことばを追うかぎり、一九五〇年代後半の講義を通じて徐々に明確化されていった。五六年度講義第一章では「思考様式」の類型化が試みられ、政治思想・文化形態・生活様式に一定の刻印を押すパターンとしてキリスト教、中国、日本の型をそれぞれ抽象した上で、日本のそれは「原始神道」あるいは「古神道的伝統」と呼ばれている。そこには「究極の規範原理」「究極的絶対者」「組織や制度の原理」が存在しておらず、その代わりに「血縁的間柄」（の擬制）や「美意識」による統一がなされているとされ、それは場の倫理・状況の倫理、「和の精神」として位置づけられている。

　こうした議論がなされている五六年度講義原稿の「古神道的伝統」ということばが、後に「原型的伝統」と書き直されている（別冊一、五四―五五頁編者注参照）ことからも明らかなように、第一章でなされたこの「思考様式」論は、一九六〇年代の東洋政治思想史講義（『丸山眞男講義録』第四、六、七冊）に現れる「原型」論の元になっている。ただし一九五六年度講義では、「原型」論のような思想の成層的把握は、明示的には行われていない(7)。一九五七・五八年度講義で「精神構造」およびその社会構造との関連についての議論を展開した後、丸山は一九五九年度講義の「まえおき」において、観念の「下部構造の連続性」を明らかにすることが「日本の現代の思想を理解するため」にも必要と述べている（別冊一、二三頁）。ここには、丸山が一九五六年度以降、講義を古代から開始し、日本の「思考様式」を抽象しようと試みた意図が現れていると考えられる。それは第一に、「時代の底に潜んでいる連続性」（同前）のあり方を明らかにするという形で日本政治思想史の通史を構想することであり、第二に現代（戦後）の思想状況を理解する手がかりを求めたものであったといえよう。

三

『丸山眞男講義録』別冊二は、一九五七年度の東洋政治思想史講義の全体と、五八年度講義で重要な展開がなされた箇所を抄録したものである。両年度の講義の構成は異なるものの、おおむねキリシタンから明治初期の文明開化までが扱われている。

　一九五七・五八年度講義が先行年度の講義と異なる点は、まず、「開かれた社会」〈open society〉と「閉じた社会」〈closed society〉という対概念が分析に用いられていることである。これらがベルクソンの『道徳と宗教の二源泉』とポパーの『開かれた社会とその敵』に由来することは、後に執筆された論文「開国」（一九六〇年）で明らかにされるが、一九五七・五八年度講義にかぎっていえば、「閉じた社会」が一九五六・五九年度講義で抽象された「原始神道」的な思考様式のあり方と結びつけられている点が注目される。すなわち、この思考様式は「閉じた社会」という型の社会的結合（凝集性）を支えるものとして位置づけられ、それが現代まで持ち来たらされた理由が「閉じた社会」の持続に求められているのである。

日本において「閉じた社会」が持続したことを説明する際に丸山が着目するのは、社会構造のあり方である。丸山によれば、日本では外国文化の影響が社会の上層を通じて下層に及ぶというパターンが成立していたため、社会の下層における閉鎖性とそれを支える思考様式が破壊されるにはいたらなかったという。このように丸山は、「精神構造」(ないし観念形態の構造)と社会構造とを、それぞれ層をなしているものと捉え、両者を重ね合わせることで「原始神道」的な思考様式の連続性を説明しようとしたのである。

そして、この「閉じた社会」の閉鎖性を破って「開かれた社会」へ移行させる可能性をもつ出来事として位置づけられたのが、「開国」という歴史的経験であった。なぜなら「開国」は、社会の上層によって統制された摂取のパターンをとらず、社会の下層に直接外国文化の影響が及ぶことを意味したからである。一九五七・五八年度講義で丸山が目ざしたことは、この「開国」という経験がどのような思想的展開をもたらしたか、そして「開かれた社会」へ向かう方向性に対する反動が生じてふたたび「閉じた社会」へ回帰する様相を明らかにすることであった。

このことが、一九五七年度講義における江戸時代思想史像の変化をもたらすことになる。五七年度講義で江戸時代は、室町末期から戦国時代にかけての「第一」の「開国」に対する反動から人為的に作り上げられた「閉じた社会」として捉えられている。その第二章「徳川幕藩制の機構と精神」では、「閉じた社会」の形成に成功した幕府当局者の統治技術と、それが社会全体に浸透してゆくありさまが、第二節「〈closed society〉としての徳川体制の統治技術」と第三節「社会的精神的気候としての普遍化」において、新たに作成された原稿をもとに講じられた。

こうして五七年度講義では、徳川体制の構造分析が占める比重が増大するとともに、先行年度(たとえば五六年度講義の第四章「徳川封建体制と儒教思想」)と異なり、それが儒教思想と切り離されて論じられるという変化が起きている。それは、江戸時代の儒教ないし朱子学を「体制イデオロギー」とする見方から離れ、「世の中をみる概念装置」(丸山眞男「日本における儒教の変遷」一九七四年、『丸山眞男集 別集』第三巻、一七五頁)として捉え直してゆく過程と関連していたといえる。[8]

四

『丸山眞男集　別集　第四巻　正統と異端一』は、先に触れた『丸山眞男集　別集』第一―三巻の続巻に当たるが、内容はそれまでの三巻と大きく異なっている。本書は、今後刊行される予定の第五巻『正統と異端二』とともに、丸山が編者をつとめ、筑摩書房より出版される計画だった『近代日本思想史講座』の第二巻『正統と異端』に関連する資料を収録するものである。よく知られているように、この第二巻『正統と異端』は刊行にいたらず、丸山が遺した多数の関連資料は現在、丸山文庫に収蔵されている。

本書と第五巻『正統と異端二』は、丸山が『正統と異端』の完成形態として考えたもの、あるいはその前段階の再現を目ざしたものではない。両巻の編者たちが丸山文庫に収められている『正統と異端』関連資料を調査した結果、恣意的な憶測を加えることなく丸山の意図に沿った形で編集を行うことは不可能と判断された。そこで、『正統と異端』編集のために丸山たちが行っていた営為を伝える資料を集成するものとして、本書と第五巻『正統と異端二』を編集する方針がとられたのである。収録対象とされたのは、『正統と異端』のために丸山が書きためていた原稿と関連資料、そして同書編集のために開催されていた研究会（「正統と異端」研究会）の音声記録の文字起こしである。「正統と異端」研究会は一九五七年頃から始まったとされているが[9]、その後も石田雄や藤田省三らを交えて断続的に開催された。ただし、一九七〇年代までの同研究会に関する資料で現在遺されているのは、研究報告を聞きながら丸山がとったメモなどにとどまり、研究会での議論を十分に伝えるものではない。そこで、音声記録が残されている一九八〇年代の研究会のなかから重要な回を編者が選び、文字起こしを収録した。

本書第Ⅰ章には、「正統と異端」研究の「内容目次」を示した丸山自筆メモと、それをめぐる議論がなされた一九八八年五月の研究会の音声記録を文字に起こしたものが抄録され、続く第Ⅱ章では、丸山が書きためていた原稿三点が翻刻されている。第Ⅲ章以下は、一九八〇年代に開催された「正統と異端」研究会の各回の音声記録を文字に起こしたものであり、第Ⅲ章「当初の基本的視点／思考パターンの発生条件」にはそのタイトル通り、「正統と異端」研究会での議論を回顧し、その成果を確認する内容が含まれている。第Ⅳ章から第Ⅶ章までは、前近代の日本を対象とする研究会の記録が収められている。このうち、第Ⅶ章「国学における正統と異端」以外の章では、他の機会に丸山が行った報告や講演と重なるテーマがとりあげられている。[10]ここでは各章の内容には踏み込まず、これまで述べてきた『丸山眞男講義録』別冊一・別冊二との関連について触れておきたい。

前述した一九五六年度講義における「原始神道」的思考様式の捉え方を受け、一九五七年度講義の「まえがき 日本の思想史のとらえにくさ」で丸山は、「ヨーロッパにおけるキリスト教、イスラム圏における回教、中国に於ける儒教」のような「歴史の中にあって歴史を越えたもの、即ち絶対者であり、形相 eidos」を意味する「原理的実体」は日本には存在しないと述べている（別冊二、九頁）。これに対し、同時期に開始された丸山の「正統と異端」研究は、キリスト教、イスラム教、儒教に見られるような orthodoxy（O正統）に共通する特徴を定式化することを課題の一つとしていた。そして、一九五〇年代後半講義において行われた、O正統が形成されないという日本の「伝統」（いいかえればO正統を軸とする社会とは別の形で集団的凝集性が確保されていること）の対象化をふまえ、日本においてもO正統にもとづく社会的結合を目ざすという狙いが「正統と異端」研究に込められていたと考えられる。

このことを示すのが、一九八九年五月一日の「正統と異端」研究会（『丸山眞男集 別集 第四巻 正統と異端一』第Ⅲ章収録）において、章のタイトルにも採用された「当初の基本的視点」について丸山が述べている箇所である（四八―五六頁）。ここで丸山は、「何十年前」にもなる「昔、この研究会で「正統と異端」をやった」、その「結論」を「書いてあるの」を参照しているが、これは一九六〇年代に作成されたと推定される「「文明の精神」を今日的に読みかえて、それをわれわれの Orthodoxy にすること。」と題するメモを指している。[11]その題名から明らかなように、このメモで語られる「われわれの Orthodoxy」は、一九五八年度講義では「第二」の「開国」（別冊二、七五頁）と位置づけられる維新期に活躍した福澤諭吉らの「文明の精神」をふまえたものである。たとえば、「開いた、また開く精神であること」がその具体的な内容とされ、それが「受肉」されて Legitimacy（L正統）となったものが日本国憲法の「精神」であるとされている。五八年度講義で戦後「第三」の「開国」とされていたことをふまえれば、戦後社会が「開かれた社会」であるための「われわれの Orthodoxy」を定位すること、つまり「開かれた社会」にふさわしいO正統を探求するという課題によって、当初の「正統と異端」研究と一九五〇年代後半講義とは関連づけられていたのである。

これまで述べてきたところからも明らかなように、丸山眞男による思想史研究の捉え方は、研究者自身の価値判断を排除するものではない。このことは丸山自身が折に触れて強調した点であった。思想史研究を含め、歴史的過去に直接現代の観念を投影することは批判されるものの、他方で研究者の現代的な問題意識に積極的に裏打ちされてはじめて、「骨董趣味」に陥らない過去の再現が可能になるというのである[12]。

こうした丸山の考え方に対し、現在においては、研究内容にバイアスをかける結果をもたらすとして忌避する向きもある。そのため、日本政治思想史に関する丸山の業績をめぐる関心のあり方は、丸山に共鳴する者の熱心な研究対象となる一方で、そうでない日本（政治）思想史研究者には顧みられることが比較的少ないという二極分化の様相を呈しているようにも思われる。しかし、研究の成果はその研究に込められた意図から相対的に独立したものとして取り扱うことができ、また、価値判断や現代的関心によって負荷がかけられた視点を通じてはじめて見えてくるものもあるのではないだろうか。日本政治思想史の研究に向けられた丸山の問題意識やその成果を明らかにする上で重要な位置を占める三冊の著作の刊行（さらにもう一冊加わる予定であるが）を機に、丸山の研究を日本思想史学・日本政治思想史学上の先行研究の一つとして位置づけ、そこでなされている具体的な思想や概念の分析、提示されている論点などについて、現在の研究水準から個別にその妥当性を吟味する作業が活発に行われることを期待したい[13]。

注

（1） 本稿は、『丸山眞男講義録』別冊一・別冊二と『丸山眞男集 別集 第四巻 正統と異端一』の編者「解説」、および以下の文献・報告に大きく依拠しており、内容に重複があることをあらかじめお断りしておきたい。平石直昭・宮村治雄・山辺春彦「一九五〇年代の丸山眞男」（『週刊読書人』第三二一〇号、二〇一七年）、東京大学校友会・卒業生室『学び続ける』シリーズ第八回「丸山眞男の講義」（二〇一八年六月九日）での『丸山眞男講義録』別冊一・別冊二の編者による報告、東京女子大学丸山眞男記念比較思想研究センター第七回公開研究会（二〇一八年七月七日）での『丸山眞男講義録』別冊一・別冊二の編者による報告。

（2）その後、『丸山眞男座談』全九巻（岩波書店、一九九八年）が刊行されたが、丸山が参加した座談のすべてを収録したものではない。
（3）ほかに、『自己内対話』（みすず書房、一九九八年）、『丸山眞男書簡集』全五巻（みすず書房、二〇〇三―〇四年）、『丸山眞男回顧談』上・下（岩波書店、二〇〇六年）、『丸山眞男話文集』全四巻（みすず書房、二〇〇八―〇九年）、『丸山眞男話文集 続』全四巻（みすず書房、二〇一四―一五年）など。
（4）詳しくは、平石直昭「草稿資料の整理・保存・供用をめぐる諸問題――東京女子大学丸山文庫の経験から」（『丸山眞男記念比較思想研究センター報告』第八号、二〇一三年）を参照。
（5）この研究プロジェクト全体の成果は、『20世紀日本における知識人と教養――丸山眞男文庫デジタルアーカイブの構築と活用』（東京女子大学丸山眞男記念比較思想研究センター、二〇一七年）にまとめられている。なお、丸山研究の動向と関連づけてこれまでの丸山文庫の活動を紹介した業績として、川口雄一「丸山眞男文庫の意義と展望――丸山研究史のなかの位置」（『平成二九年度 札幌大学創立五〇周年記念公開講座講演集（第三八回）個人文庫をもつ大学――その意義と可能性』札幌大学インターコミュニケーションセンター、二〇一八年）がある。
（6）この三冊では、本文に対応する丸山自筆原稿の資料番号と引用文の出典を編者の注記の形で記し、読者の便宜をはかっている。また、『丸山眞男集 別集 第四巻 正統と異端一』に関しては、「正統と異端」研究会での報告に際して丸山が参照したと思われる自筆原稿を、「「正統と異端」研究会報告原稿」（『丸山眞男記念比較思想研究センター報告』第十一号、二〇一六年）で翻刻した。
（7）もっとも、五六年度講義の当時、すでに丸山は精神構造や行動様式において執拗に持続する「層」があるという捉え方をしており、その分析の重要性について同時代の論者と意見を同じくしていた。平石直昭「一九五〇年代後半の丸山眞男講義録について」（『UP』第四七巻第三号、二〇一八年三月）および別冊一の編者「解説」を参照。
（8）これをうけて翌一九五八年度講義の「まえおき 思想史についての考え方」では、「全体的な精神構造の変動を叙述する歴史」を目ざす旨が述べられている（別冊二、一九頁）。ここで「精神構造」は「社会構造における dynamism を精神という次元で裁断したもの」（同前、二〇頁）とされており、前述した「精神構造」と社会構造を関連づける捉え方が明示されている。

（9）開始当初の同研究会に参加されていた松沢弘陽氏による。『丸山眞男講義録』別冊二に収録された一九五七年度講義で第三章として「正統と異端（Orthodoxy and Heterodoxy）」が設けられたことは、『正統と異端』編集作業との関連が推測される。

（10）しかし、本書の編者である中田喜万氏が「解説」で述べるように、丸山の報告の後に長時間にわたって行われた石田雄との議論を通じて豊かな含意が引き出されており、同テーマの既刊論文・文字起こしにはない重要性をもっている。

（11）丸山文庫所蔵草稿類資料 677-2。前掲「「正統と異端」研究会報告原稿」で翻刻されている。

（12）たとえば、マイネッケの『歴史的感覚と歴史的意味』などに触れながら、「現在的関心を通じてはじめて歴史的意味を把握しうる」と説く一九四八年度講義「開講の辞」（『丸山眞男講義録』第一冊、三―一七頁）や、ウェーバーの『職業としての学問』における「価値判断排除」の主張に関し、それが「政治的無関心もしくは人生観上の相対主義の隠れみのとなることをなにより〔ウェーバーは〕にくんだ」と述べる一九四六年度講義「序論」（同前、二七四―二七五頁）を参照。なお、一九五〇年代後半の講義で「開国」という契機を重視し、「日本思想史の方法論についてのこれまでの考え方を大きく変え」たことについて、後に丸山は、「戦争中の思想的な鎖国が解かれた直後の状況と、たまたま戦争中に読んでいた維新の精神状況とがダブって私の目に映った、という学問以前の、あるいは学問を超えた生活経験が背景にあった」と述べている（「原型・古層・執拗低音」一九八四年、『丸山眞男集』第十二巻、一二〇―一二一頁）。

（13）注（1）で触れた東京女子大学丸山眞男記念比較思想研究センター第七回公開研究会で前田勉氏が行った報告「丸山眞男の江戸思想史像」は、「職分」思想、町人道徳、公議輿論などに関する丸山の捉え方を批判的に検討したものであり、丸山の研究に対して本文で述べたようなアプローチをとられたものと考える。

（成蹊大学非常勤講師）

山鹿素行の「主静」批判

石橋賢太

はじめに——問題の所在

山鹿素行（一六二二～一六八五）を「古学派」としてはじめて紹介したのは井上哲次郎である[1]。これを受けて、以降の研究は素行を反朱子学の儒者とし、特に朱子学の実践性の欠落を批判したとする[2]。その中で注目されたのが、素行による朱子学の人性論とそれにともなう修養論への批判である。これは、朱子学が人に善性が本来的に内在していると考え、その善性を引出すために自己の内面に沈潜する方法論を取ることに対して、素行が批判をしたとするものである。たとえば丸山眞男は、素行が朱子学人性論の「規範性」と「自然性」との連続性を断切ったとし[3]、尾藤正英は素行の思想において「道徳の根源」は「人の心性とは無関係」に論じられているとする[4]。周知のように近代的主体性確立の契機を古学に見るか、朱子学に見るかで対立のある丸山と尾藤だが、素行が朱子学の性善説に基づく人性論を批判したとする点では共通している。この見方はその後の研究にも受継がれ[5]、もはや定説となっているといって良い[6]。

しかし、先行研究を詳しく見ていくと、未だ不明確な部分があることに気づく。先行研究は素行が朱子学を批判したとするが、その具体的内容について曖昧さが残るのである。たとえば、中山広司は素行の朱子学批判の背景に「実学」の思想があるとしながら、「たゞし、いはゆる古学の唱道は、朱子学の完全否定ではなく、その後も時に朱説を用ゐてゐる。その意味に於いて、素行は実学としての朱子学を、決して否定し去つたわけではない[7]」ともいっている。さらにこれと異なる見方として、田原嗣郎は素行が朱子学を批判したのは、素行の朱子学に対する「誤解」によるとする[8]。つまり、どの研究も「素行が朱子学を批判した」という大まかな方向では一致しているが、その矛先がどこに向かっていたかとなると、それぞれの研究で見解が分かれるのである。

　これに対し、本稿では先行研究において十分に検討されていない問題があると考える。それは、素行の次のような考え方である。

　愚謂へらく、六経四書の註解、古今に乏しからず。唯だ朱子は学を以て日用を論じ、下学して上達するの工夫あり。是れ其の意志の聖学に功ある所以なり。惜しい哉、先儒の餘流を汲むに因つて、猶ほ本然の善を尋ねて、天命の性に復らんと欲し、持敬存心の弊あり[9]。

（『山鹿語類』聖学二、雑子、儒家者流、「朱子」）

先行研究は素行が朱子学の実践性のなさを批判したとするが、実際には素行は朱子の実践志向を高く評価している。そのうえで、朱子が人の本来的に有している善性（「本然の善」）を論じ、それに帰ることを説くのは、「先儒の餘流」すなわち朱子以前からの儒者の影響だとしている。したがって、「本然の善」を想定する着想は朱子以前に現れたものであり、これを朱子その人に帰することはできないことになる。この点は先行研究で触れられることがほとんどなく、言及されるとしても結局は「本然の善」を求めた朱子の思想を素行が批判したとして、素行と朱子との比較に展開していくことが多い[10]。だがこの言葉を見れば、素行が朱子と朱子以前の宋儒とを区別していることは明らかであり[11]、先行研究の姿勢には疑問の余地が残る。素行の「朱子学批判」の内実について再検討することが必要であろう。

　そこで、本稿ではこれまでと異なった角度からの考察を試みたい。実は、素行の言葉を詳しく見てみると朱子よりも周濂渓を強く批判している。周濂渓は、素行が批判していた朱子に先行する儒者の一人であり、周濂渓批判の検討を通して、素行の思想形成についてより詳細な検討を加えたい。素行はいう。

　宋に及びて周・程・張・邵の大儒相続いて起る。易に因つて太極を談じ、其の淵源を尽さんと欲するも、竟に高過の弊ありて日用と交渉せず。聖人の学、此に至りて大いに変じ、学者は工夫を立てて静坐を専らとし、天常人紀を軽易し、未発已発の中、寂然不動の話を挙げ、無極・太極・性善・養気の句に参して、黙識心通を欲す。故に学者、覚えずして釈氏異端の見に陥り、顔の楽、点に与するの意を味ひ来る。道統の伝、宋に至りて悉く泯没す。周・程・張・邵の儒を以て世に鳴るありて、其の間、数々講筵に侍するありと雖も、宋に漢唐の治なく、又恢復の謀なし。唯だ朱元晦の学先儒を圧す、然れども餘流を超出するを得ず。若し元晦をして周子の地に生れ、餘流の染なからしめば、必ずや不伝の統を承くべし。[12]（『山鹿語類』聖学三、雑子、儒家者流、「論道統説」）

素行は儒学が決定的に誤った方向に陥ったのは、宋代になってからだとしている。その誤りの中身である「未発已発の中」や「性善」の重視など、善性にかかわる概念は朱子以前にすでに用意されていたという。そして、宋代儒学の発端にいるのが周濂渓なのである。だからこそ引用末尾において、素行は周濂渓と朱子とが入れ替っていればと惜しんでいるのである。

しかし、先行研究では周濂渓への批判に注目することがほとんどない。たとえば前田勉も「主静」の批判に注目するが、李侗から朱子への直截の影響を見るなど、素行が朱子と朱子以前の先学とを区別していることが考慮されていない。[13]

このような観点に立ち、本稿では素行が独自の思想を明確化した『山鹿語類』における「主静」批判を検討する。「主静」とは、周濂渓の『太極図説』に由来する。[14]「主静」を取上げるのには、二つの理由がある。一つは、素行が「主静」について「塊然として物に交はらざるを以て本然の性と為し」[15]（『山鹿語類』聖学一、致知、「弁或問格物致知説」）といっているように、事物とかかわらない状態を本来のものとするからである。これは先行研究で問題とされてきた、人の本来性の考え方に「主静」が深く関連していることを意味する。

もう一つの理由は、「主静」において素行が周濂渓と朱子との齟齬を見ている点にある。素行は「主静の説は周子之れを始めて程・張・羅・李、皆静を好む。朱子、少しく静を必とするの失を論ず、而も猶ほ先儒の説に随ふ」[16]（『山鹿語類』聖学一、致知、「弁或問格物致知説」）と述べている。素行によると「主静」が受継がれ、その後の儒学の方向性を決定づけた。最終的には「主静」の説に飲み込まれてしまったが、それでも朱子はその流れに抗い「主静」が誤りであることを指摘しようとしたという。

これらを見ると、素行の「主静」に対する議論を見ることで、周濂渓への批判内容、及び周濂渓と朱子との関係に対する認識が見えてくると考えられる。また、それにより素行と朱子学との関係を考える手がかりも得られるだろう。

なお本稿では、素行の考え方をより明確に知るため、崎門派の儒者、佐藤直方（一六五〇～一七一九）との比較も最後に行う。[17]

一、素行による「主静」批判の内容

まずは、素行が「主静」をどのように批判しているのかを見ていくこととする。

静寂にして思ふことなく為すことなきを求むるに非ず。天下の故来らざれば、感ずべきなし、故に寂然として動かず。天下の故来るときは感ぜずといふことなし。若し静寂にして思為なきを提携する底は、是れ寂然不動に非ず、甚だ思慮作為するなり。無思なり無為なりと謂ふべからず。[18]（『山鹿語類』聖学十一、大原、「弁或問主静説」）

素行が「主静」を批判する理由の一つは、作為性にある。聖人が「寂然」としているのはただ思慮の対象となる事物が身辺に至っていないだけであって、殊更「寂然」とすることを求めているわけではない。だから、「寂然不動」を求めることは作為でしかないことになる。

これは、ただしい儒教の教えとは本来の世界のあり方に従って作られたものだという素行の考え方が背景にあるからである。素行は「聖人の教」について、「只だ日用事物の間に在りて、其の造作して力を用ふることを容さず、天地自然の誠に因つて」[19]（『山鹿語類』聖学一、致知、「論異端」）と述べている。素行にとって聖人の教えとは、彼らの創作によって生み出されたものではない。聖人たちは、あくまで「天地」の本来のあり方に沿って教えをなした。したがって、周濂渓個人の作為に過ぎない「主静」は聖人の教えと背反する。

しかしそれでは、「主静」はどのように本来のあり方から外れているのか。すなわち、素行の考える本当の「静」のあり方とはどのようなものなのか。

一般に素行の世界観は動態的であるといわれることが多い。[20]だが、「動には動の工夫あり、静には静の工夫あり」[21]（『山鹿語類』聖学一、致知、「弁或問格物致知説」）ともいっており、決して「静」を捨てて「動」のみを取ることを主張しているのではない。

聖人の静寂を説くは、動感に対するのみ。静寂は動感の用なり。静と動と、互に交易して支離せず、陰陽相因るが如し。専ら静寂を主とするときは、恬淡を甘んじ虚無を主とするなり。[22]（『山鹿語類』聖学十一、大原、「論周子太極図説主静説」）

素行が強調しているのは、「動」と「静」とは一致の関係にあるということにある。その世界観が動態的と見えるのもあくまで「静」に偏っていることへの批判からきているのであって、主眼が置かれているのは「動」「静」一致の関係であることを見落としてはならない。

しかし、『太極図説』の中に「動」と「静」とを明確に分けている言説はない。果たして素行は、どのように「動」「静」の分離がなされていると見ているのだろうか。

> 周子、太極の説を論じて動静を以て先後を定むるは、大原を論じて其の説を失ふなり。易に曰く、「日月、運行して、一たびは寒く一たびは暑し」と。一陰一陽、各々両儀を生ずるを以て之れを論ず。未だ嘗て其の先後を論ぜざるなり。[23]（『山鹿語類』聖学十一、大原、「弁或問理気妙合而人物生説」）

周濂渓は、「動」「静」に前後関係をつけているという。これは恐らく、『太極図説』中の「太極動きて陽を生じ、動極まりて静なり。静にして陰を生じ、静極まりて復た動なり」[24]のことを指していると思われる。素行は『太極図説』の当該箇所について、「周子は生を以て動と為す、故に動いて陽を生ず、動必ず極まるときは静なり、静にして陰を生ずといふ。是れ動は静に根ざし静は動に根ざして、更に間隔なきことを知らず」[25]（『山鹿語類』聖学十一、大原、「弁或問理気妙合而人物生説」）といっている。素行によれば、周濂渓は「動」が「静」になり、それがやがてまた「動」になると捉えている。このような「動」と「静」との関係性を段階とする考え方が、素行の目には両者を分離していると映るのである。

このように見れば、素行の「主静」批判の図式はかなり直線的であることが分かる。つまり、存在論として「動」「静」は一致している、だから「静」だけを取上げて「動」に先行するかのようにいうことは誤りである、これが素行の論理なのである。

以上が、素行の「主静」批判の要点である。これを踏まえて、次節では素行の周濂渓に対する認識、及び周濂渓と朱子との関係についての議論を見ていくこととする。

二、「主静」をめぐる周濂渓と朱子の齟齬

周濂渓の思想で後代にもっとも影響を与えたのは『太極図説』、就中冒頭の「無極而太極」であることは何人も異論のないところであろう。本節で課題とする、周濂渓と朱子との関係に対する素行の認識を知るうえで重要な意味を持つのが「無極而太極」の中央に位置する「而」の字の解釈である。『山鹿語類』には以下のような問答が記載されている。

或ひと問ふ、朱子曰く、「無極而太極の此の五字、一字を添減し得ず」又曰く、「此の而の字、軽し」と。此の両説、差あるに似たり。

師曰く、聖人の道を説く、尤も皆緊要なり。更に文章を以てすべからず。故に学者、一字を増減せずして則るべし。朱子は周子の語を以て聖人の語と為す、故に一字を添減すべからざるに及ぶ。然れども「而」の字を見来れば、則ち太極の上、無極あるに似たり。故に人の差謬せんことを恐れて、「而」の字を軽しとす。[26]

（『山鹿語類』聖学十一、大原、「弁或問無極説」）

素行によると、朱子は「而」を軽い意味しか持たない文字と見ようとしていたという。それは、「而」に重要な意味があるとしてしまうと、「無極」と「太極」とがそれぞれ別個のものとなるからである。朱子の意図は「無極」＝「太極」にある。[27]したがって、両者を分節するかのような周濂渓の記述は朱子にとって好ましくないことになる。だが、周濂渓の文言に手を加えることができない朱子としては、解釈のレベルで自説を主張するしかなかった。この問答から、周濂渓の言葉に苦慮する朱子の姿を素行が想定していることが読取れる。

さらに、この「無極而太極」の解釈が「主静」においても重要となる。素行は「周子、静を主とするの説は、是れ周子無極を以て主と為すの実意なり」[28]（『山鹿語類』聖学十一、大原、「論周子太極図説主静説」）と述べている。これは、周濂渓が「無極」を起点とした生成論を作り上げたのは、「静」を「主」とすることをいうためだという意味である。

それでは、「無極」と「主静」とはどのような関係なのか。そして、「無極而太極」の解釈に苦慮した朱子は、その関係をどのように捉えたのか。これらに対する素行の解釈が見えるのが、次の問答である。

或ひと問ふ、「無極而太極」の「而」の字、軽きときは、無極太極同一なり。周子の説、如何。

師曰く、周子の「而」の字を下す、甚だ重し。太極は無極に因らざるときは出でざるの謂なり。先儒、皆「而」の字を軽ろんず。愚は今「而」の字を重んず。各々後学の意見にして、周子の説、何の処に落在する、尤も憶計し難し。然れども先儒の謂ふ所は、後学の虚遠に陥溺せんことを恐るる故に、「而」の字を軽ろんず。是れ周子が言を変ずるなり。案ずるに、周子が無極を以て無形容の極と為し、是れを以て聖学の工夫と為す。是れ周子の学要なり。其の図説に「太極本無極」を以てするは、便ち太極の本原は無極に出づると為すなり。太極無極同一ならば、「本」の字を入るべからず。「中正仁義を以てし、而して静を主として人極を立つ」と。是れ静を以て無極と為すなり。通書に「静は無にして動は有」、「一とは無欲なり。無欲なれば、静なるときは虚しくして動くときは直し」、「其の背に艮まるとは、背は見ゆる所に非ず。静なるときは則ち止まる」等の言、皆静無を以て本と為す。明道の程子曰く、「昔、学を周茂叔に受く。毎に仲尼・顔子の楽処、楽とする所、何事ぞと尋しむ」又曰く、「周茂叔、窓前の草を除去せず。之れを問へば云ふ、自家の意志と一般」と。是れ意味なきの処を以て工夫と為す。張宗範の亭に名づけて養心と曰ふ。周子序説を作つて云はく、「予謂へらく、心を養ふは寡にして存するに止まらざるのみ。蓋し寡にして以て無に至る、無なるときは誠立ちて明通ず」と。又愛蓮説を作つて云はく、「予独り蓮の淤泥より出でて染まず、清漣に濯うて妖ならず、中通じ外直にして蔓らず枝あらず、香遠くして益々清く、亭々として浄く植ち遠く観るべくして、褻れ翫ぶべからざるを愛す」と。此の数言に因るときは、周子の学は唯だ無極の二字に在り。後儒、其の説の異端に近きことを厭ひ、「而」の字を軽ろんず。殆ど周子の意に非ず、却つて周子を病ましむるなり[29]。（『山鹿語類』聖学十一、大原、「弁或問無極説」）

素行のいっていることを順に追っていこう。最初の論点が「無極而太極」の「而」についてである。先に見た通り、朱子（「先儒」）はこの「而」について、大した意味のない文字だとしている。だが、素行はこのような朱子の解釈を周濂渓の言葉を改変したものだと見ている。素行からすると、周濂渓は「而」に重要な意味を持たせることで、「無極」から「太極」が生まれるという関係を強調しようとしている。つまり、「無極而太極」とは、「無極」↓「太極」の段階的生成論を意味しているのである。『太極図説』の中に「太極本無極」（「太極は無極に本づく」）という言葉があるのは、そのことを表している。したがって、朱子が「而」を軽いものとしようとしたのは、このような周濂渓の真意と背反することになる。

　次いで素行は「主静」の部分に触れ、周濂渓の意思を「静」＝「無極」だとしている。『太極図説』に直截そのことが述べられているわけではないが、『通書』の「静は無」などの語にそれが表れているという。そして、素行はここから「無極而太極」に込められた周濂渓の真意を次のように読み解く。すなわち、「静」こそが「動」「静」の関係において根底となるということである。これが「無極」＝根底、「無極」＝「静」なのだから、「静」＝根底という論理の展開になっていることは見易いだろう。

　つまり、「無極」とは、存在論のレベルで「静」が「動」

よりも根底にあることを主張するために、「太極」のうえに設定されたものなのである。前節で見たように、素行は周濂渓が「動」「静」を段階としていると見ていたが、それは周濂渓が「静」を根底とした世界観を作ろうとしていたという認識が背景にあったのである。

　なぜ周濂渓が「静」を根底としようとしたのか。それは「周子の学、其の本づく所は虚静無欲を以てして、其の宗とする所は胸中の洒落に在り」[30]（『山鹿語類』聖学三、雑子、儒家者流、「周子」）といっているように、素行から見て周濂渓とは隠逸を志向する人物だったからである。だからこそ、素行は周濂渓がその志向を満たすための哲学を創出したと見ているのである。このことを裏打ちするように、「窓前の草」のエピソードや愛蓮説など、周濂渓は老荘と見紛うばかりのことをいっている。

　それでは素行から見て、朱子が「無極而太極」の解釈を改変しようとしたことにはどういう意味があるのか。それは当然、朱子が周濂渓の真意に気づいたことにほかならない。もし周濂渓の言葉をそのままにしておけば、隠逸を肯定する解釈を容認することになる。実際、朱子が「無極而太極」の解釈において、懸命に段階的生成論を否定するやりとりが『朱子文集』などに残されている[31]。素行の目に映る朱子とは、すぐれて社会的実践を志向する人物であった。したがって、隠逸志向を容認できるはずがない。引用後半の「其の説の異端に近きことを厭ひ」とは、周濂渓の隠逸志向に朱子が抵抗を感じたことを意味している。そして朱子は、隠逸肯定の哲学的根拠となる「無極」→「太極」の段階的生成論を否定して、「静」が根底であるとする解釈が起る余地をなくそうとした。それが、素行の理解なのである。

　こう見ると、素行にとって周濂渓と朱子とは決して同一の思想を持ってはいないことは明らかである。朱子も周濂渓の「静」偏重の考え方と戦ったのであり、素行からすると朱子はいわば自分とおなじ陣営に属している。従来、素行対朱子の図式で語られていたものが、「主静」の論から見ると、素行・朱子対周濂渓の構図になるのである。

　そこで、次節では朱子の「主静」への認識について、素行がどう捉えていたのかを詳しく見ていく。これにより、従来見落とされていた素行と朱子との関係が明らかになるだろう。

三、「動」「静」の論から見える素行と朱子の関係

　まずは、素行が朱子の「動」「静」の認識をどう見ていたのかを見てみよう。素行は両者の一致を強調していたが、

実はこの考え方は朱子と異なるものではないと素行は認識している。たとえば、『山鹿語類』には次のような引用がある。

朱子曰く、「動静端なく陰陽始なし、先後を分つべからず。今只だ是れ起る処に就いて之れを言ふ。畢竟動の前は是れ静、静の前は又是れ動、何者を将てか先後と為さん。只だ今日の動便ち始たりとて昨日の静は更に説かずと道ふべからず[32]」(『山鹿語類』聖学十、天地、「弁或問天地説」)

これは『朱子語類』巻一からの引用である。素行は「動」と「静」とを前後の関係と捉えることを否定していた。それは、朱子もおなじことなのである。朱子も「静」を「動」に先行するものとはしていない。しかもこの問答が『山鹿語類』に引用されているということは、素行は朱子が「動」「静」を一致の関係として認識していると理解しているのである。

それでは素行は朱子の「動」「静」の認識を全面的に肯定しているのかというと、そうではない。一方では、「人動かざる能はずと雖も、人極を立つる者は必ず静を主とす。惟だ静を主とするときは、其の動に著はるるや節に中らずといふことなし」(『朱子文集』巻六十七「太極説」)というなど朱子には「静」を「主」とするかのような言説が存在するのも事実だからである。ここにおいて、素行は朱子の中に矛盾が存することを指摘する。

或ひと問ふ、周子の通書に曰く、「静は無にして動は有」と。此の説、如何。
師曰く、或ひと問ふ、「心の本は是れ箇の動物なり、不審未発の前は全く是れ寂然として静なり、還つて是れ静中に動意あり」と。朱子曰く、「是れ静中に動意あるにあらず。周子が謂ふところの静は無にして動は有とは、是れ無にあらず、其の未だ形せざるを以て之れを無と謂ふ、動に因つて而る後に有なるに非ず。其の見るべきを以て之れを有と謂ふのみ。其の静時に方りて動の理只だ在り(中略)」と。是れ朱子、説き得て好し。周子が静無の説、大いに学者を過了す。有無動静、皆事物の用なり、其の本然なり。有無動静を以て論ずべからず、只だ本然のみ。朱子は猶ほ静を以て主と為す、故に「其の静時に方りて動の理只だ在り」の語あり[33]。(『山鹿語類』聖学十一、大原、「弁或問主静説」)

素行は朱子の「動」「静」を分離しない見方を評価し、周濂渓の「動」「静」の誤った捉え方と対立的に論じている。それでも朱子も結局は「静」を「主」とする考え方から自由にはなれてはいない。結果として、朱子の中には「動」「静」について、ただしい認識と誤った認識とが並存していると素行には見えているのである。

しかしこれは裏を返すと、朱子の「動」「静」の認識から周濂渓の影響を除きさえすれば、ただしい「動」「静」の考え方に至ることになる。第一節で見た素行の「動」「静」に対する認識とはまさに、朱子の「動」「静」一致の面だけを取上げた考え方にほかならない。そもそも、素行ももとは朱子学者だった。したがって、より精確にいえば素行の「動」「静」に対する認識は朱子から学んだものだと考えるのが自然であろう。つまり、所謂「朱子学批判」に転じたあとであっても、「動」「静」の議論において素行は朱子の思想を受継ごうとしていると解釈できるのである。

観点を変えて考えてみよう。すでに見たように、素行から見て朱子は「静」に偏重することに抵抗しようとしていた。それでは「静」に対抗して、朱子が代わりに重視した概念とは何だったのか。それは「敬」である。朱子は、「敬」が「静」のみならず「動」まで貫く概念であることを強調することで「静」に偏ることを防止しようとしたといわれる。[34]

> 来教に又謂ふ、静を言へば則ち虚無に溺れると、此れ固より当に深く慮るべき所なり。然れども此の二字、如し仏者の論なれば、則ち誠に此の患有り。若し天理を以て之れを観れば、則ち動の静無き能はざること、猶ほ静の動無き能はざるがごときなり。静の養無き能はざること、猶ほ動の察せざるべからざるがごときなり。但だ一動一静、互に其の根を為し、敬義夾持し、間断の意を容れずんば、則ち静の字を下すと雖も、元死物に非ず、至静の中蓋し動の端有るを見得。（『朱子文集』巻三十二、「答張欽夫」）

これは張南軒とのあいだで交わされた書簡の文言である。「静」をいうことが老荘的な「虚無」の思想に陥ることを危惧する張南軒に対し、朱子は「動」「静」の両面にわたって「敬」を持することが重要だと述べている。この回答において朱子が重視したのは、「動」と「静」とが分離しない点にある。そして、「動」「静」の一致を実現する鍵となっている概念こそ「敬」にほかならない。

この『朱子文集』の言葉が素行において重要な意義を持つのは、これが『修教要録』に引用されているからである。[35]同書は程朱の思想に忠実たらんとする姿勢で書かれている、朱子学時代の素行を代表する著作である。つまり、素行は朱子学を尊信していたころから「敬」を重視することで、「静」に偏らないよう努めた朱子の姿勢を知っていたのである。

そして、決して見落としてはならないのは、所謂「朱子学批判」に転じたあとの『山鹿語類』でも、このような朱子の姿勢に対する認識には変化がない点にある。

師曰く、西山は、朱子が静敬両ながら存し用ふることを論じ、其の拠る所、尤も著明なり。朱子、主静の説を論じ来れば弊あるに似たるが故に、敬義夾持して間断すべからざるの意を以てす。[36]（『山鹿語類』聖学十一、大原、「弁或問主静説」）

この引用は真西山の『西山読書記』の「以上の数条は、則ち又程子敬を主とするの説に本づくも、而も専ら静を主とせざるなり」（巻第十九）という言葉を受けてのものである。素行は、朱子が「敬」をより重視し、決して「静」だけを中心としていたわけではないという真西山の見解に対して賛同の意を示している。たしかにこれまでの研究でたびたび指摘されてきたように、素行は朱子学の「敬」を批判している。だが、「静」への偏重を防ぐための概念としての「敬」という理解は、所謂「朱子学批判」に転じたあとでも朱子学時代から一貫しているのである。こう見れば、素行が「主静」を批判したのは、朱子の「静」への抵抗に沿ったものなのだということができよう。

したがって「動」「静」及び「敬」の議論を検討したいま、本節の課題であった素行と朱子との関係について、次のように結論づけることができる。すなわち、素行は朱子がもともと有していた考え方はそのまま受容し、朱子の言説中の周濂渓に由来する考え方を排除していたのである。語弊を恐れずにいえば、「主静」批判において素行が目指したのは朱子の思想の「純化」なのである。

それでは、素行が「純化」しようとした朱子の考え方とは何か。すなわち、周濂渓の影響を除いたとき、素行の目に映る朱子の思想とはどのようなものなのか。これを明らかにするために、ふたたび周濂渓批判の言葉を見てみよう。

後世の儒を学ぶもの、悉く虚遠に馳せ、切に高話を挙げ心を澄まし心を治め、或は存養の説を立て、或は黙識の静を為す。是れ聖学の沈淪し日用の缺虧する所以なり。[37]（『山鹿語類』聖学二、致知、為学、「学蔽」）

この批判は、「学問の道は多言に在らず、但だ黙坐して心を澄まし、天理を体認す」という言葉を周濂渓のものとして引いたうえでなされている。[38]この言葉を受けて、素行が「黙識の静」を批判していることは重要である。本稿冒頭で見たように、「主静」は事物とかかわらない状態を本来とするものなのだから、沈思黙考の中で何らかの理解を得るという発想につながるだろう。それは「主静」が「静」→「動」の順序を想定するものであるため、内面から外の事物へという考え方になる、素行はそれを批判しているのである。

ここで素行の歴史的な立ち位置を考えてみると、素行は民を教導する役割として武士の存在意義を定義している。[39]第一節で触れたように、素行は聖人が「天地」のあり方に則って教えを立てたとしていた。素行は学ぶ主体として武士を想定しており、[40]武士は自己の主観に囚われることなく、「天地」に即した聖人の教えにしたがって人々を導いていく。つまり、素行の理想は「天地」↓聖人↓武士↓民なのである。この上から下への整然とした秩序の中で、何者にも頼らず自力でただしい道徳を理解するという考え方はまったく不要である。それどころか、既存秩序をないがしろにする可能性もあるので、そういった考え方は排除する必要がある。つまり、素行の「主静」批判とは、戦闘者として自己修養を基本とする一般的な武士道と一線を画する、彼の士道論の表れなのである。素行が「敬」を「静」よりも相対的に評価するのも、「敬」が「動」にも及ぶものである分だけ、完全に内面に閉じこもる「主静」よりは既存秩序を「天地」と同一化し強化する可能性があるからであろう。

　これを踏まえて、素行が朱子を評価しているものを見てみよう。

> 或ひと曰く、人静なるときは乃ち事の用ふべきなし、如何なるか是れ静処閑居の学なる。
> 師曰く、(中略)人に動静あり、視聴言動の用、飲食衣服室宅用具の細、各々止むを得ざるの事あり、其の間、是非を正し可否を審にし、其の天則を致せば、便ち精義、神に入るなり。故に聖人の学は、更に日用事物を離れず。若し日用に因らずして学を論ぜば、乃ち是れ異端なり。朱子の曰く、「学を為すの工夫は日用の外に在らず、身を検すれば則ち動静語黙、家に居ては、則ち親に事へ長に事へ、理を窮めては、則ち書を読み義を講ず、大抵只だ一個の是非を分別して、彼を去り此れを取ることを要するのみ、他の玄妙を言ふべきなし」の語、尤も的当す。[41](『山鹿語類』聖学二、致知、為学、「弁或問学説」)

素行は「静」のときの学問について問われ、日常生活のあらゆる場面に油断なく務めることを説いている。そのうえで、朱子の言葉を引用してその適切なことを評価している。すなわち、素行は朱子に外へと自己を開いていく姿勢を見ていたのである。内面に閉じこもることなく外部の事物と積極的にかかわっていく、その姿勢こそ既存秩序の肯定であり、武士の社会的な役割の考究に全力を注いだ素行の思想と合致するものだったといえよう。

　しかし、周濂渓と朱子とを分離することにはそれ以上の含意はないのか。そこで次節ではこれまでと角度を変え、崎門派の儒者佐藤直方の「主静」の論との比較を行う。

ことに注目し、朱子と周濂渓とのあいだに埋めがたい溝が横たわっているとした素行の認識との差は明らかである。

さらに注目すべきは、「主静」が直截「敬」の重視につながっているという見解にある。直方には、より端的に「敬ハ主静ノ工夫ト云」[45]（『静坐説筆記』）という言葉もあり、明らかに「静」＝「敬」の図式となっている。だが、前節で見たように、朱子自身の意図としては「敬」を強調することで「静」に偏向することを阻止しようとしていた。むしろ、朱子が「静」よりも「敬」を重視しようとしたと見ていた素行の理解の方が朱子の意思に適っているといえよう。

こう見ると、実に奇妙な事態になっていることが分かる。一般に朱子学への批判者として扱われている素行の方が、朱子学の信奉者として知られる直方よりも、「静」と「敬」との理解においては朱子の真意を精確に読取っているのである。直方はあくまで一貫した思想としての朱子学に疑いを持っておらず、そのため朱子と周濂渓とを分離する発想も持ち得なかった。それが結果として、朱子の思想への不十分な理解につながっているのである。

それでは、朱子と周濂渓とを分離しない直方は「主静」の解釈に何らかの障碍を生じたのか。直方の論を見てみよう。

四、佐藤直方との比較

佐藤直方は、師の山崎闇斎（一六一九～一六八二）譲りの厳格な朱子学者であり、「透徹した朱説への理解は我が国随一」[42]ともいわれる。朱子学に終生忠実であり続けようとした、その姿勢は素行とは対照的である。しかも直方は「主静」を特に重視した人物でもある[43]。素行の議論の輪郭を際立たせるには、格好の比較対象だといえよう。

直方の「主静」に対する考え方を知るために、「主静」をめぐる宋代思想史の認識から見てみよう。

聖学絶テ後ニ周子ノ始テ主静ト云コトヲ説レ、程子コレニヨツテ敬・静坐ノ工夫ヲ教ヘラル、ナリ。（中略）「中庸」ヲ表章シテ、道体ヲ詳ニシ、異端ヲ排キ、未発ノ静、已発ノ動、存養省察ノ工夫、コヽニ詳也。敬ノ一字、聖門ニ有功テ先儒未発トコロ、朱子大ニ賞美セラレシナリ。[44]（『敬説筆記』）

直方を含め、ほとんどの朱子学者は周濂渓から朱子に至る宋代儒学史を一貫した授受関係のもとに理解している。直方の「主静」に対する認識も、周濂渓が提唱した「主静」の説に基いて程子が「敬」「静坐」を重視し、朱子もこれに賛同したとしている。朱子が「主静」の扱いに苦慮した

まず「動」と「静」との認識から見ていくと、直方も朱子及び素行とおなじく両者一致の関係を述べている。

動静無端カフシタ〡故、ドレガサキト云〡モ後ト云〡モナキゾ。朱子ニ或人天地ノ始ハイツゾト問タレバ、今日則始ト云。此様ナ答ハ朱子デナケレバ得云ヌ〡也。其様ナ〡モ此処ノ合点ナクテハスマヌ〡也。(46)（「太極図同図説同図解並後論講義」）

直方もまた、「静」「動」には前後の関係はないとしている。ここに朱子の名が挙がっているように、「動」と「静」との存在論的理解において、直方は朱子をただしく踏襲しようとしているのである。

ところですでに見たように、素行は周濂渓の真意を「無極」と「太極」とを別々のものとしたうえで、根源である「無極」を「静」と結びつけて「静」の価値的優位をいうところにあるとしていた。それでは、直方は「無極」についてどう捉えているのだろうか。

このことで注目すべきは、直方の理解の仕方が一定していない点にある。『太極図説』の「無極而太極」の「太極」と『易』の「易有太極」とが、それぞれ「理」「気」を合わせて説いたものなのか、「理」のみを説いたものなのかが時期によって解釈が違うのである。これについて吉田健舟は「日頃から「定見」を持することの必要を強調して已まなかった直方にしては、甚だ珍しい揺れ方だと言ってよい」と述べている。(47)「太極」と「理」「気」との関係は本稿の課題から外れるのでこれ以上は立入らないが、「太極」をめぐる揺れの果てに直方が行き着いた解釈は本稿の課題と大いに関係する。それは、以下のようなものである。

無極太極ノ説ハ周子ノ本意ニアラス。通書ニテギンミスヘシ。本旨ハ太極動而云々ナリ。然レトモ孔子ノ易有太極ノ字イナヤウニナルユヘニ不得已云ヘリ。サテ老子之徒、異端ノ虚無ヲハ排ナリ。周子ハ有太極ヲ相手ニシテ有ニ対シテ無ナリ。徒無ハアシヽ。(48)（「道体講義」）

この言葉は直方の晩年（六十九歳）に発せられたものである。かつて（五十四歳）のときには「無極而太極ト始テ云ヒ出サレタソ、サテ〳〵メイヨナル発明ゾ」(49)（「太極講義」）と「無極而太極」を非常に高く評価していたが、晩年になりこれは周濂渓が本当にいいたかったこと（「本意」）ではないとするに至っている。ここで直方が重要視している『通書』や『太極図説』の「太極動きて……」の箇所には、「無極」の語は一度も出てこない。もともと直方は、朱子に従って「無極」と「太極」とを別箇のものとすることを否定しており、「而ノ字ハ次第ツク様ナ〡デハナシ」（「太極図同図説同図解並後論講義」）といっている。結局、朱子の「無極」と「太極」とを合一とする論に依拠した直方は、周濂渓のいう「無極」の意味を説明し切れなくなり、「無極而太極」をあくまで方便に過ぎないとせざるを得なかったのだと考えられる。

ここからあらためて素行の所論を振返ると、周濂渓と朱子とを分離して捉えることは、直方が直面した困難を回避するものであることが分かる。素行は「無極」と「静」とを結びつけようとする周濂渓の意図に気づき、「無極」を否定しなければ「動」「静」一致が崩れることを見抜いた。それに対し、直方はあくまで「無極」を尊重しつつ「動」「静」一致の観念も保持し続けたので、相矛盾する二つの考え方のあいだで行き詰ってしまった。そのため、直方には「動静ト云内、静カ主ソ。動ノ為メニ静ナト云ヿハアリ。静ニセフ為メニ動ト云ヿハナイ」[50]（「太極図同図説同図解並後論講義」）と「静」を優位とする言葉が残されている。「動」「静」は一致のはずなのに一方で「静」の優位をいう矛盾、まさに素行が朱子において指摘したこととおなじ事態が起っているのである。

無論、直方の揺れが「動」「静」の問題だけから起因していると見るべきではない。ただ、周濂渓から朱子までの一貫性を信じていた直方は、両者のあいだの齟齬、さらにはそれに由来する朱子学内の矛盾には気づかなかった。素行はこの矛盾に気づき、周濂渓の影響を排除する必要性を感じ取ったのである。朱子学を完成した一枚岩の体系と見ることで陥る袋小路からの脱出こそが、素行の「朱子学批判」の思想の内実だといえるだろう。

おわりに

上記の考察を踏まえ、最後にあらためて素行と朱子学との関係について考えてみたい。

これまでの研究では、素行が朱子学を批判した点に注目が集まっていた。だが、素行が『近思録』を読み、朱子学に疑問を抱き始めるのは四十一歳のときである。三十代後半の数年間は素行の人生における「動揺期」といわれるが[51]、それでも素行が四十過ぎまで完全には朱子学を捨てなかったのはなぜか、という観点はほとんどなかった。素行は若いころから兵学を学び、常に幕府に登用されることを望んでいた。素行の視線ははじめから統治する側を見ていたのである。その素行が中年になるまで朱子学をやめなかったのは、朱子学に抗いがたい魅力を感じていたからだとはいえないだろうか。その魅力とはこれまで見たように、朱子の現実社会を直視する眼差しであり、内面に閉じこもることなく自己を外に開いていく姿勢であろう。これは、統治する立場として社会にかかわることを望んでいた素行の志向と合致するものである。だが実際に朱子学の教えを考えてみると、上手く現実とかみ合わない。それは既存秩序を守ることとは、正反対の考え方が朱子学に紛れ込んでいるからである。それこそが周濂渓の隠逸志向であり、だから素行の目には排除しなくてはならないものとして映ったのではないか。そう考えれば、素行が所謂「朱子学批判」を主張したことも、それでも朱子を高く評価することも整合性がつく。(52)それは、政治とは距離を保ち続けた直方が、周濂渓と朱子とを分離しなかったことと対照的である。

ところで、朱子と周濂渓とを切離そうとするのは、素行独自の問題設定なのだろうか。おそらく、そうではないだろう。実際に直方も、自覚的でないにしろ、同様の壁にあたったといえる。また、素行とおなじく反朱子学に分類される伊藤仁斎も「無極而太極」について素行と似たような言葉がある。(53)仁斎は素行とは異なり生涯を市井で過ごしてはいるが、それでも素行と同様の問題意識を持ったというのも考えるべき事柄である。本稿で提起した、朱子と周濂渓との関係は江戸儒学史を考えるうえでも意味のある問題であろう。

注

(1)『日本古学派之哲学』(冨山房、一九〇二)。

(2)たとえば松本純郎は素行が「朱子学の含む抽象的傾向を排撃し」たとする(『山鹿素行先生』至文堂、一九七三、一八一頁)。

(3)『日本政治思想史研究』(東京大学出版会、一九五二)四六頁。

(4)「山鹿素行の思想的転回(上)」(『思想』五六〇号、岩波書店、一九七一)一七七頁。

(5)人性論に注目した研究としては、前田勉『近世日本の儒学と兵学』(ぺりかん社、一九九六)や佐久間正『徳川日本の思想形成と儒教』(ぺりかん社、二〇〇七)などがある。

(6)数少ない例外は田原嗣郎で、朱子学の「理」と素行の「誠」とがほぼ同様の意味であるとした。『徳川思想史研究』(未来社、一九五八)、「山鹿素行における思想の基本的構成」(『山鹿素行』日本思想大系三二、岩波書店、一九七三)参照。ただし、田原の見解は尾藤や前田らによって批判され、今のところ一般的に承認されてはいない。

(7)『山鹿素行の研究』(神道史学会、一九八八)八一頁。

(8)田原前掲書及び前掲文参照。

(9)広瀬豊編『山鹿素行全集 思想篇』(岩波書店、一九四一。以下、『全集』と略記)第九巻、二六六〜二六七頁。

(10) たとえば、立花均『山鹿素行の思想』（ぺりかん社、二〇〇七）二六頁。
(11) 垣内景子は「朱子学から最も自由な思想家としての朱熹」ということを提唱している（垣内景子『「心」と「理」をめぐる朱熹思想構造の研究』汲古書院、二〇〇五）。素行も同様の視点を持っていたといえよう。
(12) 『全集』第九巻、二七二〜二七三頁。
(13) 前田前掲書、一六六頁。
(14) 本稿と関連する、『太極図説』の前半部をここに掲げる。「無極而太極。太極動而生陽、動極而静、静而生陰、静極復動、一動一静互為其根、分陰分陽両儀立焉。陽変陰合而生水火木金土、五気順布四時行焉。五行一陰陽也、陰陽一太極也、太極本無極也。五行之生也各一其性、無極之真二五之精妙合而凝乾道成男坤道成女、二気交感化生万物、万物生生而変化無窮焉。惟人也得其秀而最霊、形既生矣、神発知矣、五性感動而善悪分、万事出矣。聖人定之以中正仁義而主静、立人極焉」。
(15) 『全集』第九巻、五七頁。
(16) 同右。
(17) なお、本稿で明らかにしようとするのはあくまで素行の認識であって、中国哲学史上の事実を論じようとしているわけではないことをあらかじめお断りしておく。
(18) 『全集』第十巻、四一九頁。
(19) 『全集』第九巻、九三頁。
(20) たとえば、田原前掲文では次のようにいっている。「この世界、素行のいわゆる「天地人物」の本性は「動」であり、それを形容する「生々息まず」「至誠無息」などの言葉は素行の著作の到る処にみられる」（四六一頁）。
(21) 『全集』第九巻、五七〜五八頁。
(22) 『全集』第十巻、四一四〜四一五頁。
(23) 同右、四〇五〜四〇六頁。なお『易』の言葉は繋辞伝上第一章。
(24) 注(14)参照。
(25) 『全集』第十巻、四〇四頁。
(26) 同右、三九四〜三九五頁。なお朱子の言葉はどちらも『朱子語類』巻第九十四。
(27) 「無極而太極」の解釈は、友枝龍太郎『朱子の思想形成』（春秋社、一九六九）一四六〜二四六頁及び土田健次郎『道学の形成』（創文社、二〇〇二）一三一〜一三四頁参照。
(28) 『全集』第十巻、四一二頁。
(29) 同右、三九六〜三九七頁。なお『太極図説』の言葉は注(14)参照。『通書』の言葉はそれぞれ、誠下篇、聖学篇、蒙艮篇。程明道の言葉は『二程遺書』巻二上、同巻三。
(30) 『全集』第九巻、二四〇頁
(31) 友枝前掲書参照。

(32)『全集』第十巻、七七頁。
(33)同右、四二二〜四二三頁。なお朱子の問答は『朱子語類』巻六十二。
(34)吾妻重二『朱子学の新研究』(汲古書院、二〇〇五)三九九〜四一五頁参照。
(35)『全集』第二巻、六二三頁。
(36)『全集』第十巻、四二五〜四二六頁。
(37)『全集』第九巻、一二二頁。
(38)実際には、この言葉は『宋史』道学伝の李侗のものである。
(39)素行は士について「三民自ら是れを師とし是れを貴んで、其の教にしたがひ其の本末を知るにたれり」(『山鹿語類』巻第二十一「士道」、『全集』第七巻、一一頁)としている。
(40)「是れ亦天下の万民、各々なくんば不可有の人倫なりといへども、農工商は其の職業に暇あらざるを以て、常住相従つてその道を不得尽」(同右)。
(41)『全集』第九巻、一二五頁。なお朱子の言葉は『朱子文集』巻五十八「答陳廉夫」。
(42)友枝前掲書、一九〇頁。
(43)「主静は直方の実践道徳論の根幹をなすと考えられる」(早川雅子「佐藤直方の主静説—講義・筆記にみえる近世語を手がかりとして—」、『哲学・思想論叢』第十号、一九九二、六五頁)。
(44)『山崎闇斎学派』(日本思想大系三十一、岩波書店、一九八〇)一〇一頁。なお、「敬」や「静坐」は明道、伊川どちらもいうので、ここでの「程子」は二程をまとめて指していると思われる。
(45)『増訂佐藤直方全集』第一巻(ぺりかん社、一九七九)四八一頁。
(46)同右、四二九頁。
(47)『佐藤直方 三宅尚斎』(叢書日本の思想家一二、明徳出版社、一九九〇)八九頁。なお、直方の「理」「気」論については、厳錫仁「佐藤直方の理気論—朱・陸の太極論争との関連において—」(『倫理学』第一四号、一九九七)、関幹雄「佐藤直方の理気論をめぐって—太極解釈を中心にして—」(『九州中国学会報』第五十三号、二〇一五)参照。
(48)『増訂佐藤直方全集』第二巻、四三五頁。
(49)『増訂佐藤直方全集』第一巻、四六二頁。
(50)同右、四三〇頁。
(51)村岡典嗣『素行・宣長』(岩波書店、一九三八)四五頁。
(52)この意味では、朱子学時代から「実学」志向が素行学成立まで一貫していたとする佐久間正の見方は首肯できる(佐久間前掲書)。ただ、本稿の考察を踏まえると、一貫していたのは単に志向だけでなく、より深い思想内容を含んでいたのではないか。この点は、現在ほとんど顧みられることのない田原の説の再検討も含め、考え直す必要があろう。

(53) 土田前掲書、一三三頁参照。

（中央大学非常勤講師）

契沖の仏教言語思想と本居宣長

——心と事と言語の関係を廻って——

清田政秋

はじめに

本居宣長（一七三〇〜一八〇一）はその学問を歌学から始め、やがて言語の研究へと進んだ。一方、江戸期前半、儒学、古学、音韻の学、悉曇学等が盛んであった。この時代潮流の中で宣長の言語観は形成された。その一つに契沖（一六四〇〜一七〇一）との出会いがある。従来の研究では契沖の宣長への影響を考察するとき、歌学、仮名遣い及び古学の領域での契沖の実証的方法に焦点が当てられて来た。一方、契沖の仏教学に論及する研究は少なく[1]、契沖から宣長への影響を仏教の視点で考察する研究は皆無に等しい。それには二つの理由が考えられる。一つは宣長が仏教を批判したこと、もう一つは宣長自身の語り方である[2]。契沖についてたとえばこう言う。

近代難波ノ契沖師此道ノ学問ニ通シ、スヘテ古書ヲ引証シ、中古以来ノ妄説ヲヤフリ、数百年来ノ非ヲ正シ、万葉ヨリハシメ多クノ註解ヲナシテ、衆人ノ惑ヒヲトケリ、……大カタ契沖ハ中興ノ歌学者トミエタリ[3]、（『排蘆小船』）

こゝに難波に契沖といひし僧《ホウシ》ぞ、古書をよく考へて、古への仮字づかひの、正しかりしことをば、始めて見《ミ》得《エ》たりし、凡て古《イニシヘ》学《マナビ》の道は、此ノ僧よりぞ、かつがつも開け初《ソメ》ける、いともいとも有リがたき功《イサヲ》になむ

有リける、(4)(『古事記伝』一之巻)

このように契沖の実証的方法に言及する。だが『古事記伝』の次の言葉が注目される。

抑意《ココロ》と事《コト》と言《コトバ》とは、みな相称《アヒカナ》へる物にして、上ッ代は、意も事も言も上ッ代、後ノ代は、意も事も言も後ノ代、漢国《カラクニ》は、意も事も言も漢国なるを、書紀は、後ノ代の意をもて、上ッ代の事を記し、漢国の言を以テ、皇国《ミクニ》の意を記されたる故に、あひかなはざること多かるを、此記は、いさゝかもさかしらを加《クハ》へずて、古へより云相《アヒ》ヒ伝へたるまゝに記されたれば、その意も事も言も相称《カナヒ》て、皆上ッ代実《マコト》のなり、(5)(同、一之巻)

また契沖に次の言葉がある。

いつはりなき人は、こゝろとことはとあひかなふ、(6)(『万葉代匠記』「初稿本惣釈」)

事有れは必ず言有り。言有れば必ず事有り。(7)(『和字正濫鈔』「漢文序」)

このように宣長と契沖にとって、心と事と言語は不可分の関係にある。この言語観に仏教が関わっている。本稿では契沖の著作の影響を考察し、宣長の言語観形成に仏教が深く関わったことを示してみたい。

『和字正濫鈔』は五巻からなり、巻一は「漢文序」並びに「和文総論」と名付けられ、巻二から巻五までは仮名遣い論である。「漢文序」は仏教言語思想を簡潔に表現する。以下で「漢文序」を中心に、「和文総論」と『万葉代匠記』「惣釈」を参照して、契沖の仏教言語思想、特に心と事(物・出来事)と言語の関係を検討し、宣長の言語思想との関わりを考察する。

一　契沖の仏教言語思想

1　「漢文序」と真言密教及び倶舎・唯識の言語思想

契沖の門人に安藤為章《ためあきら》(一六五九～一七一六)という人物がいる。為章は水戸藩に仕え、徳川光圀の命を受けて契沖を度々訪問し門人にもなったのである。為章には歌集『千《ち》年山集《とせやましゅう》』七巻がある。宣長はその巻六から契沖に関する長文を引用する。左にその一部を引く。

円珠庵契沖阿闍梨と申す世すて人、真言瑜伽のいとまに、神書歌書をひろく見侍りて、ことに此集をもてあそひ、二十巻の歌を暗記し侍りときこしめして、……代匠記といふ物を作りて奉りしに、……契沖大徳は、瑜伽の名師のみならす、歌林においても、いにしへ今又なき駿逸にして、故水戸侯西山中納言梅里公は、その伯楽といふへしや、……高野大師の流れをうけて、事教の二相をつまひらかにし、……ゆたかに両部の奥義にいたり、なほ波羅《はら》提木叉《だいもくしや》をたふとひて持律正しく、末の世には、いともめつらかなる仏門の麒驎にてそおはしける、[8]（『本居宣長随筆第十巻』。傍線筆者、以下同）

傍線部が注目される。為章の言葉通り、契沖は真言瑜伽の理論・実践に優れた僧侶であり、「漢文序」は真言密教の言語観を語る。江戸期には倶舎・唯識学が大乗仏教の基礎学として宗派を超えて学ばれたから、「漢文序」には倶舎・唯識の言語観も窺うことができる。[9]

更に契沖が真言宗以外の他宗の書物をも広く読んだことは、為章の随筆集『年山紀聞《ねんざんきぶん》』末尾の「円珠庵契沖阿闍梨行実」の「窺㆓諸宗ノ章疏㆒」という言葉から知ることができる。[10]

2 「相称ふ」と「相応」

契沖は「あひかなふ」と言い、宣長は「相称《アヒカナ》へる」と言う。「相称ふ」は、『古事記伝』に見える「アヒカナふ」の訓みを付ける五つの言葉（「相応《アヒカナ》ふ」「相称《アヒカナ》ふ」「相合《アヒカナ》ふ」「合応《アヒカナ》ふ」「相協《アヒカナ》ふ」）の一つである。それらは皆仏書にある語であり、意味を同じくする。宣長は様々な仏書から採ったと考えられる。「相称ふ」は「相応」と同義であるが、相応とは一般的には「程よくつりあう」という意味の言葉である。一方仏教では、釈尊の滅後百年頃から数百年の間に栄えた部派仏教以来、次のように「離れがたく和合する」、「互いに合致する」という意味で使われる。

問、相応とは、是れ何の義なりや。答、等しき義、……等しくして相離れざる義、……等しく和合するの義、是れ相応の義なり。……心心所各々、唯だ一物にして、和合して起るが故に、相応と名くるなり。[11]（『阿毘達磨大毘婆沙論』巻十六）

不善の義と多少の量の等しきこと、函《はこ》と蓋《ふた》と相ひ称ふが如し。[12]（同、巻五十）

唇の色、頻婆果《びんばか》の如く、上下相称へること量《はかり》の如くして厳麗なり。[13]（『往生要集』）

此の例先師の所伝に相協へり。[14]（『選択伝弘決疑鈔』）

このように相応は互いの緊密な関係をいう。ところで『大正新脩大蔵経』に相応は六万三千余例、相称は九百余例、相合は千九百余例、合応は二百余例ある。しかし相協は三例のみである。大正蔵に三例しかない珍しい用例の一つは右に引用した浄土宗の第三祖良忠（一一九九～一二八七）による『選択伝弘決疑鈔』（以下『決疑鈔』）の「相協へり」である。その表現と、『往生要集』の用例とを合わせた表現が『古事記伝』にある。

凡て言は、弖爾袁波《テニヲハ》を以て連接《ツヅク》るものにして、……是レを用るさま、上下相協《アヒカナ》ひて厳《オゴソカ》なる格《サダ》まりしあれば、[15]

（『古事記伝』一之巻）

『決疑鈔』は、法然（一一三三～一二一二）の『選択本願念仏集』を解釈する際、欠くことのできない注釈書である。『古事記伝』再稿本では「相叶ふ」を用いている所を刊本（本居宣長全集本）では「相称ふ」、「相協ふ」になっていることから見て、宣長は再稿本執筆以後に、何らかの形で『決疑鈔』の「相協ふ」という珍しい用例に出会った可能性が高い。

また『日本書紀』には相応・合応・相協の語が一例ずつあり、それぞれ相応《アヒコタフ》・合応《コタヘテ》・不二相協《アヒカナハ》一と訓む。(16) 宣長は相協の訓みについて『日本書紀』をも参照した可能性がある。

さて相応は、唯識思想を理解する上での重要語である。唯識派において、相応とは心《しん》（識）と心所《しんじょ》（心の作用）とが結合して同時に働くことをいう。心所《しんじょ》は常に心を所依として起り、心に相応し、心に従属する。一方、契沖は心と言語は相応の関係にあると言う。だが心と心所の相応とは異なって、心と言語は、言語が心に従属するという関係にはない。

心の慤実《かくじつ》全く言中に在て、……言は即ち心也。（「漢文序」）

即ち「心の実《まこと》」は言葉の中にあって、言葉は心である。つまり言語表現が心であり、その意味で心と言語は不可分の関係にあるのである。

宣長の「意と事と言とはみな相称へる物」の「相称ふ」も同様であり、心と事と言語は不可分の関係になる。

3　事と言語

「漢文序」は次の言葉から始まる。

日本紀ノ中ニ訓《ヨムテ》二言語等ノ字ヲ一云フ二末古登《マコトト》一。末ハ者真《マ》ナリ也。……古登ハ者与二事ノ字一訓義並ヒ通ス。蓋シ、至理具シテレ事ヲ翼輪相ヒ双フ。有レハレ事必ラス有リレ言。有レハレ言必ラス有リレ事。故《カル(カユヱ)》ニ古事記等常ニ多ク通用ス、

契沖は「事」と「言」は「訓義並ヒ通ス」、即ち相通する関係だと言う。なぜ事と言とは相通するのか。その理由を論理化したのは仏教の言語思想である。『倶舎論』は、事、物、そして言語の間の関係を論じる。

此の有為法《ういほう》は、……或は言依《ごんえ》と名く。言《ごん》とは謂《い》はく語言なり。此の所依《しょえ》は、即ち、名《みょう》と倶《とも》なる義《ぎ》あり。是《かく》の如《ごと》き言依《ごんえ》は、一切有為法《いっさいういほう》を摂《せつ》す。……或は有《う》事《い》とも名く。因《いん》あるを以ての故に。事《じ》とは、是因《これいん》の義なり。(17)

（『倶舎論』巻一）

言い換えれば、有為法、即ち因果関係の中にある諸存在・諸現象の一切が「事《じ》」と呼ばれる。それらはみな名を有し、言い表す名によって表示され存在する。

語《ご》は、是《こ》れ、音声《おんじよう》なり。唯《た》だ、音声のみにて、即ち義《ぎ》を了ぜしむべきに非ざればなり。云何《いか》んが了ぜしむるか。謂《い》はく、語は名《みよう》を発《おこ》し、名《みよう》は能く義を顕はし、乃ち、能く了ぜしむるなり。[18]（『倶舎論』巻五）

語は音声であるが音声のみでは義は理解されない。語は名を成立させ、その名が義を表し、それによって意味＝事物が了解される。即ち名付けによって事物と他の事物とが区別され、この区別の中で事物は存在すると解される。倶舎及び唯識は、有為法に無為法（生滅変化を離れた存在）を加えた一切の諸法を分類して、倶舎は「五位七十五法」、唯識は「五位百法」として整理する。法の理論は、経験的事物の総体たる世界が、複雑な因果関係による多数の法の離合集散によって形成されていると説く。法の顕現したものが事物である。従って世界は名付けられた事物の集まりであり、事と言語は不可分の関係にある。

契沖の場合、事と言語の不可分の関係は真言密教の基本思想に関わることであった。空海（七七四～八三五）は真言密教の言語思想を次のように語る。

それ如来の説法は、必ず文字《もんじ》に籍《よ》る。文字の所在は、六塵《ろくぢん》その体なり。六塵の本《もと》は、法仏《ほふぶつ》の三密《さんみつ》すなわちこれなり。平等《びやうどう》の三密は、法界《ほふかい》に遍じて常恒《じやうごう》なり。……如来加持してその帰趣《きしゆ》を示したまふ。帰趣の本は名教《みやうけう》にあらざれば立せず。名教の興《おこ》りは声字にあらざれば成《じやう》ぜず。声字分明《ふんみやう》にして実相顕《あら》はる。[19]（『声字実相義』）

右の文は次のように解釈される。[20] 如来は文字（言葉）によって説法する。文字の本体はすべての認識対象である色《しき》・声《しよう》・香《こう》・味《み》・触《そく》・法《ほう》の六種である。その認識対象の根源は、如来の身体・言語・心による三つの行為、即ち三密に他ならないから、如来の三密活動が一切の現象として顕現する。またすぐれた教えは文字によって成立する。声字が明らかであってこそ真実の姿が顕れる。即ち認識対象の一切が声であり、字であり、実相である。つまり現象界の一切の事物は言葉であり、言葉で表現されないものは存在しない。声字＝言葉は実相を顕す。実相とは一切諸法の真実の姿をいい、真実を語る言葉が真言である。

この真言の思想に基づいて契沖は、世間言語も仏の加持力により世間に展開した真言であるとする『大日経疏』の言葉を引用する。

毘盧遮那《ヒルサナ》経ノ疏ニ云。……如来ノ真言道、謂ク加二持スルナリト此書写ノ文字ヲ一、以二世間ノ文字語言ハ実義ナルヲ一、是ノ故ニ如来即以二真言ノ実義ヲ一而加二持シタマフヲ之一、若出テ、二法性ヲ一外ニ別ニ有ト云ハハ二世間ノ文字一者即是妄心ノ謬見ナリ[21]、（『万葉代匠記』「精撰本 惣釈集中仮名ノ事」）

右の言葉は空海や天台宗の安然（八四一〜？）も引用する密教の重要思想であり、契沖はその伝統を継承している。次に契沖は次の重要な言語観を語る。

沙石集に、和歌は日本の陀羅尼なりといへるは、陀羅尼を此には総持と翻す。無量の功徳を総摂し、任持する故なり。……委しくいはゝ、和歌につゝらぬさきの四十七言、早く陀羅尼といふへし。(22)（『和文総論』）

契沖は『沙石集』を超えて四十七言が陀羅尼であると言う。陀羅尼と真言は同義であり、呪文の短いものが真言、長いものが陀羅尼である。真言・陀羅尼とは何かを空海は語る。

いはゆる陀羅尼とは、……一字の中に於て、無量の教文を惣摂《そうしょう》し、一法の中に於て一切の法を任持し、一義の中に於て一切の義を摂持《しょうじ》し、一声の中に於て無量の功徳《くどく》を摂蔵《しょうぞう》す。故に無尽蔵とも名づく。(23)（『梵字悉曇字母并釈義』）

陀羅尼の一字一音には無限の意義が蔵されている。契沖が四十七言も陀羅尼だと言うのは、古典にある世間言語には無限の意義が蔵されていることである。

内典外典ともに至極にいたりては、言語を離たりとのみおもへるは、をのをのその奥義をきはめさるなり。和歌もまたこれに准すへし、よろつの奥義は誰かはきはむる人あらん。此理ありと信して、いつはりをすてゝ、心のをよふ所まことにつかは、神明もこれをうけたまふへし(24)（『万葉代匠記』「初稿本 惣釈」）

右の文章で契沖は、儒仏の「奥義」、歌の「奥義」、みな言語によってのみ顕現されるのであり、言語を離れたところに「奥義」はあり得ないと語っている。(25)一方、契沖は言語音には普遍性があり、五十音図は、梵漢和の音だけでなく自然に発する音までも含む一切の音声の音図を意味するとする。(26)悉曇学に基づいて自ら作成した五十音図を掲げつつ、「和文総論」で次のように言う。

種々の音声ありといへども、其数五十音に過ず。唯人間のみならず。上は仏神より、下は鬼畜に至るまで、此声を出す。……非情の声までも、これより外に出る事なし。(27)

悉曇学の考え方の源流も空海にある。

釈教は印度を本《もと》とせり。西域東垂、風範天《はるか》に隔てたり。……この故にかの翻訳を待つて、すなわち清風を酌《く》む。然《しか》れども猶《なほ》真言幽邃《いうすい》にして、字字の義深し。……この梵字にあらずんば、長短別《わきま》へ難し。源を存する意、それここに在り。(28)（『請来目録』）

空海は、仏教は梵字によってこそ初めて奥深い源意が伝えられると言う。真言密教は悉曇学と不可分であり、契沖は「和文総論」で悉曇学を語る。しかし日本では梵語文法を学ぶ機会はなく、悉曇学は文法以外の、梵字の形・音・義の研究が中心にならざるをえなかった。[29] 悉曇は話す言語ではなかったのである。このことが契沖の言語観を制約する。

4 心と言語

契沖は先の引用文に続いて言う。

製スルレ字ヲ者ノ、不シテレ従カヘレ心ニ従カヘレ言ニ、訓スルレ字ヲ者ノ、不シテレ言ハ二末古古呂ト一言コトハ二末古登ト一、因テナリ下心ノ之愨実全ク在テ二言中ニ一取ルニ中信ヲ於外ニ上。又タ信ノ古文ハ訫ナリ也。案スルニ二製スルレ字ヲ意ヲ一、言即ハチ心ナリ也。（「漢文序」）

心は人間の内部に実体としてあるのではない。契沖はこの思想を前提にして議論する。既述のように「心の愨実《かくじつ》」、即ち「心の実《まこと》」は言葉の中にあり、言葉は心であるとは、心にとっては外的現れである言語表現が心であることである。

契沖は更に「息」論を述べる。息は肉体的なもの、心にとって「外」のものである。

神気化ナルヲレ神ト号ケテ曰フ二天御柱国御柱命《アメノミハシラクニノミハシラノミコト》一。息之在ルコトレ身ニ、猶シ二屋之有ルカレ柱ラ。故《カル(カユヱ)ニ》以テ名ツクレ之ニ。

荘子カ曰、大塊ノ噫気其レヲ名ケテ為レ風ト。（「漢文序」）

「神の気」とは神の息のことをいう。『荘子』「斉物論」篇は、大地のを風と名づけるのである。更に契沖は密教の思想に基づくとして、息＝心論を語る。

凡《およそ》人の物いはむとする時、喉《のんと》の内に風あり。天竺には、此風の名を優陀那《うだな》といふ。此風外の風を引て丹田に下り、腎《じん》水を撃《うち》て声を起こす。……心に従《シタ》かふは、心の動静に随ひて息に緩急あり。……密教には此息をやかて心と説ける事あり。[30]（「和文総論」）

契沖はここでも、心というものが実体としてあるのではなく、その都度の発声であるとする思想を語っている。契沖はこのような形で「無我」を語っていると考えられる。更にまた声の重要性を言う。

十口以テ伝フレ古シヘヲ。雖レ聖ナリト不ハレ聞カレ声ヲ、何ヲ以テカ得ムレ知ルコトヲレ情ヲ、況ヤ於ヲヤ二凡庸ニ一乎。（「漢文序」）

「十口を以て古へを伝ふ」とは、大勢の人の口によって前言を伝えて行くことをいう。即ち大勢の声によって古言を伝えることである。「聖なりと雖も声を聞かずば云々」という言葉は、南北朝時代の貞海著『三論玄義鈔』の次の言葉からの引用である。

風俗通にいう。聖者声を聞かば情を知る、故に聖と曰

う。[31]（『三論玄義鈔』巻上）

人間の声に五情、即ち眼耳鼻舌身の五根から起る情感が現れる。即ち人柄はその声に現われる、だから聖者は人の声の調子によってその人を判断するというのである。同じような言葉は、江戸中期の浄土宗の布教僧盤察の『勧化求道集』七巻（版本）にも見える。

念仏ノ声ニテ粗《ホボ》内證ノ信仏ノ深浅ヲ知リヌベシ。……婬婦殺シレ夫ヲ偽テ涕泣《テイキユウ》スルヲ郡主行聞テ二哭声ヲ一訝《イブカッテ》紇明シテ顕スレ咎ヲ等……私ニ按スルニ音声所-出ノ之尤《モトハ》心ナリ也。[32]

盤察も、声、話し方、それに伴う行動の仕方に人間の凡てが現れるとする思想を語る。盤察の書は浄土宗の布教僧の座右の書とされたから、浄土宗徒の宣長はその思想に日常的に触れていたと考えられる。契沖や盤察に共通するのは声の重要性の強調である。浄土宗では心と声の関係が問題とされる。法然の『選択本願念仏集』に「念声はこれ一つなり」という言葉がある。法然は、念と声との関係においては声を先にすべきことを勧めた。

このように契沖は、真言密教の基礎学である倶舎・唯識の言語思想を継承して言葉は事であり、言葉は心であるとする。この言語観は無我の思想とともに宣長に引き継がれる。

二　宣長の言語観——契沖からの継承と革新

1　言語表現と心

『本居宣長随筆』に「命」は「息力《イキノチカラ》」とあり、『石上私淑言』には「息《イキ》と生《イキ》と同じ言也」とある。これは契沖『和字正濫鈔』巻二にある「命　いのち　義歟」のそのままの引用である。後年の『古事記伝』では「命は生《イキ》の緒《ヲ》なり」と契沖説を若干修正するものの、宣長には生命あるものに対する共感がある。それは契沖の息＝言葉＝心という言語観の基礎にある「無我」を根幹とする仏教思想を継承するものである。それは宣長の歌論に現れて、生命への共感は『排蘆小船』で鳥獣も歌を歌うとする認識になる。その認識は仏教の、「群萌《ぐんもう》」や「蜎飛《けんぴ》蠕動之《ねんどうの》類《たぐい》」という平等で多様な弱き命への共感の思想に繋がっている。[33]

水ニスム蛙ノ声モ、フシヘウシアルハ歌ニアラズト云事ナシ、……鳥獣モ思フ事アリテ、鳴クニ、ソノ声ノホトヨクト、ノヘルガ歌ナリ、[34]（『排蘆小船』）

『石上私淑言』では、心は本来は無秩序の状態であり、呼吸の持つ規則性に従う発声が心に秩序を与えるとし、これが歌の起こりだと説いて心と言語との関係を明らかにする。

詠ノ字は。声を長くしてうたふ義也。……奈宜幾《ナゲキ》は長《ナガ》息《イキ》といふ事也。……何故に息《イキ》を長くするぞといふに。すべて。情に感《アハレ》と深く思ふことあれば。必長き息《イキ》をつく。(35)

その歌論は『紫文要領』と『石上私淑言』の「物のあはれ」論に発展する。

大よそ此物語五十四帖は、物のあはれをしるといふ一言にてつきぬへし、……世中にありとしある事のさまさまを、目に見るにつけ耳にきくにつけ、身にふるゝにつけて、其よろつの事を心にあぢはへて、そのよろつの事の心をわか心にわきまへしる、是事の心をしる也、物の心をしる也、物の哀をしる也、(36)(『紫文要領』)

事にふれてそのうれしくかなしき事の心をわきまへしるを。物のあはれをしるといふ也。……すべて何事にても。事にふれて心のうごく事也。(37)(『石上私淑言』)

宣長は、人が物事に触れて経験する事の中で、心の動く事に焦点を当てる。思う事、感ずる事を言葉にするのが歌であると言う。経験とは言葉による物と事との出会いである。だが『紫文要領』と『石上私淑言』においては、物と事の追究そのものはなく、物と事との出会いの経験の全体は考察されない。それは後の『古事記伝』でなされる。

宣長は契沖の言語論を発展させた。宣長の言語観の契沖との違いの一つは音声観である。契沖において音声は重視されながらも、真言密教の伝統を継承して文字を離れた音はなく、声と字は一体である。つまり梵語音が梵字に結び付いているように、日本語音も字と一体である。既述のように悉曇学は話す言語を扱わなかった。従って契沖は人間の音声による言語活動を独立に扱うことはなく、書記言語を考察の対象としたのである。先行研究によれば、仮名遣いについても契沖は、古代の仮名遣いが当時の発音の区別によったとは知らず、古代人が正しく書き分けていたと考えたとされる。(38)

宣長にとって言語とは音声である。文字は音に後から付ける借物であり、音は文字から独立している。従って契沖とは異なり、仮名遣いの違いは音声の違いである。

語《コトバ》の音《コヱ》には、古へも差別はなかりしを、ただ仮字のうへにて、書分《カキワケ》たるのみなりと思ふは、いみしきひがことなり、もし語の音に差別なくば、何によりてかは、仮字を書キ分クることのあらむ、(39)(『古事記伝』一之巻)

宣長は悉曇学を学びながらも、契沖とは異なって悉曇を明確に外国語と意識した。

五十連音ノ図ハ。悉雲字母ニヨリテ。其学ノタメニ作レル者ニシテ。皇国ノ固有ニハ非ズ。……然レドモ其音ハ五十ナガラモトヨリ皇国ノ自然ノ正音ニシテ。サラニ彼国音ヲウツシ取レルニハ非ズ。(40)（『漢字三音考』）

五十音図は明確に日本語のそれである。契沖が仏教の伝統の中で梵漢をも含む普遍性の中で言語論を語るのに対し、宣長は日本語の固有性を語る。固有性の主張は宣長の特徴の一つであり、それは仏教の普遍性を意識しての自国の固有性の自覚に基づく。

2 意言

宣長は、心と言葉の関係について契沖を超えて考察する。先に述べたように声を文字とは独立に捉えるのである。『石上私淑言』では心と、言葉＝声の関係を呼吸・息の規則性で捉えた宣長は、『排蘆小船』においては、心の動揺・妄念を鎮める言葉＝声の重要性を語る。

> 詠歌ノ第一義ハ、心ヲシヅメテ妄念ヲヤムルニアリ、……ソレヲシツメルニ大口訣アリ、……心散乱シテ妄念キソヒオコリタル中ニ、マヅコレヲシヅムル事ヲバサシヲキテ、ソノヨマムト思フ歌ノ題ナトニ心ヲツケ、……情詞ニツキテ少ノテガヽリ出来ナバ、ソレニツキテ案ジユケバ、ヲノツカラ心ハ定マルモノトシルヘシ、(41)

右の一節は仏教思想に近い内容が述べられている。妄念の元凶は我々の感覚、仏教でいう五欲である。動揺して止まない心は言葉を探し、言葉が得られることによって鎮まる。妄念を鎮めようと心の中でつぶつぶと語る言葉、それを宣長は情詞《ココロコトバ》という。『排蘆小船』はココロコトバに心詞・情詞・情辞の漢字を当てる。心詞とは、詞は心を表すものという伝統的な歌論の言葉であり、和歌の世界には、詩法の議論に「心と詞の何れを優先すべきか」というテーマがある。(42)宣長はその議論を踏まえ、『排蘆小船』の中で歌は「事ニ触ル、ゴトニ、詠シテ情ヲノブル事也」と言いつつ、情よりも詞を選ぶことが第一だと主張する。この主張は古来の歌論において他にほとんど例がない独創的なものとされる。(43)その心詞が『古事記伝』では意言となる。

> 皇国の古への意言《ココロコトバ》の、漢のさまと、甚く異なりけることを、(44)（『古事記伝』一之巻）

> 凡て書紀の此ノ段、殊に漢めきたり、上代の意言《ココロコトバ》に非ず、(45)（同、二十七之巻）

「古への意言」とは、文字を離れた上代の「声」を指す。元来、意言は「イゴン」と音で読む仏教語であり、一般では使われない。意言は唯識派における重要語である。それは意識の言語による認識作用をいう。意言とは「心中に語る」「心が語る」等を意味し、前五識（眼耳鼻舌身の識）の直後に生じる、分別（認識判断）を伴った意識であるとされ、心における言語活動一般をも意味する。第六の識である意識が別名、意言と呼ばれる。この第六識は言葉を起すことのできる唯一の心であり、第六識によって事物に名前が付く。このように唯識派は、意識と言語との結び付きを意言という概念で表すのである。

これに対し宣長にとって、意言とは「声」である。唯識派が声よりも声を発する内的意識に重点を置くのに対し、宣長は内的なものよりも声という外的現れに視線を向ける。心というものがまずあって、それを言葉が表現するのではない。他者に語りかける言語表現の中で、思考、感情が形を得る。

3　心と事と言語の関係――「世界の捉え方」

宣長は、『本居宣長随筆』で『涅槃経』『華厳経』『維摩経』等仏書からの言葉を多数引用する。その中に注目すべき引用文がある。第九識に関する仏書の言葉である。

識之根名テ為第八識、是即一切種子、而与二無明一合同為一也、翻却二八識ヲ一、則為九識、九識之地無二無明ノ名一、(46)（『本居宣長随筆』巻八。訓点は原文のまま。以下に筆者書き下しを記す。「識の根、名付けて第八識と為す。是即ち一切の種子なり。無明と合同して一と為す。八識を翻却す。則ち九識と為す。九識の地、無明の名無し」）

興福寺・薬師寺系の法相唯識は九識を立てないのに対し、天台系の唯識は九識を立てる。宣長は九識を知っていたことから、関連して法相唯識の知識も習得していたと考えられる。

唯識派は、前五識が分別を加えずに事物を直接に感覚し、第六識がそれを言葉によって知覚するという。だが名付けられた事物は「識」の変化したものであって、外部には実在しない。名付けによって外の事物は実体化され、言葉による実体化は迷乱を生むとする。

一切皆唯識《みなただしき》のみ有り、……三界《がい》は唯心《ゆいしん》のみなりといふ。又説《と》かく、所縁《しょえん》は唯識《ただしき》が所現《しょげん》のみなりといふ。又説《と》かく、諸法は皆心《みなしん》に離れずといふ。(47)（『成唯識論』巻第七）

唯識派は精神活動を心と思慮と認識の三つの面から捉え、その三つを総称して「心意識」という。宣長が「意《ココロ》と事《コト》と言《コトバ》とは相称へる物」というとき、ココロに「意」の字を当てるのは心意識の意味合いを込めたと考えられる。

宣長は倶舎・唯識思想に出会い、心と事と言語の関係を独自に思索した。宣長は倶舎同様、言葉は事だと考えるが、倶舎と異なり事物の背後に法を想定しない。また唯識派と異なって感覚と知覚を分けない。宣長にとって、事物を名づけること、五官によって感覚し知覚し経験することは一つである。事物を見るとき、感覚的に捉えると同時にその物が何であるかを知覚して名付けるのである。

唯識派は「諸法は皆心《みなしん》を離れず」、即ち外部世界は実在せず心の現れだとする思想を繰り返し主張する。更に唯識派は「阿頼耶識《あらやしき》」こそ外部世界を生み出す根源体であるとし、阿頼耶識に行為の印象が植え付けられ、それが次の行為を生み出し、その行為はまた阿頼耶識に植え付けられるという。植え付けられるものを植物の種に譬えて「種子《しゅうじ》」と呼ぶ。更に言語的表象、即ち「名言《みょうごん》」によって阿頼耶識に植え付けられた種子を「名言種子《みょうごんしゅうじ》」といい、この名言種子から一切の諸法が生じる。しかし外部世界は仮象のもの、即ち実体あるものではない。それは過去から蓄積された言語活動の産物である。

この唯識思想から宣長はある重要な示唆を得たと考えられる。それは、上代人にとって世界の現れは、祖先や自分たちの共同経験の産物であるとすることである。共同経験の記憶は言語に織り込まれ、人々は言語を介して事物を知覚する。だが唯識派は外部世界は単なる心の現れとして、その実在を否定する。ここで宣長は、仏教言語思想から離れ、言語と実在の関係を考える「意味論(48)」を志向する。

意味とは「世界の捉え方」である。その言語を使う人々が世界をどう捉えるか、言い換えれば世界はどう現れるかであり、世界の現れと言語は一体である。従って心と事と言語は不可分の関係になり、世界の捉え方は言語に現れるから、言語のさまを明らかにすることによってのみ、上代は知ることができる。

古への手ぶりをよく知ルこそ、学問《モノマナビ》の要《ムネ》とは有ルべかりけれ、凡て人のありさま心ばへは、言語《モノイヒ》のさまもて、おしはからるゝ物にしあれば、上ッ代の万ヅの事も、そのかみの言語をよくらめさとりてこそ、知ルべき物なりけれ、(49)(『古事記伝』一之巻)

意味論への志向は、たとえば『古事記伝』三之巻ほぼ冒頭の「高天原」についての注釈によく現れている。『古事記』本文の最初の言葉、「天地初発之時《アメツチノハジメノトキ》於高天原《タカマノハラニ》　成《ナリマセル》　神《カミノ》名《ミナハ》」と口で唱えれば、それを唱え、聞いた上代の人々に高天原が立ち現れ、神々が現れた。宣長はその経験を考察する。

高天原《タカマノハラ》とはどのような所であったか。
高天原は、すなはち天《アメ》なり、……かくてたゞ天《アメ》と云フと、高天ノ原と云との差別《ケヂメ》は、如何《イカニ》ぞと云に、まづ天は、天ツ神の坐シます御国なるが故に、山川木草のたぐひ、宮殿《ミアラカ》そのほか万ヅの物も事も、全《モハラ》御孫命《ミマノ》の所知看《シロシメス》御《ミ》国土《クニ》の如くにして、なほすぐれたる処にしあれば、……大方《オホカタ》のありさまも、神たちの御上《ミウエ》の万ヅの事も、此ノ国土《クニ》に有る事《コト》の如くになむあるを、……高天ノ原としも云フは、其ノ天《アメ》にして有る事《コト》を語《カタ》るときの称《ナ》なり、……高天ノ原とは、此ノ国土より云フことなり、(50)(『古事記伝』三之巻)

宣長は、上代人に高天原はどのように見え、どのように現れたのかを、上代人の心を思い、その立場に立って注釈する。その注釈方法は上代人の経験したあらゆる事物に及ぶ。神、天皇、神社を初めとして、祭祀、氏族の系譜、有職故実、地名、動植物等について多くの文献を渉猟し、上代の世界はどのようなものであったかを詳細に語る。

だが江戸期の人々は上代の、天に高天原があるというような「奇霊き《クスシクアヤシ》」事を理解しない。世界の捉え方が上代人とは全く異なるにも拘らず、後世の心で上代を見ようとするからである。だから「後ノ世の心を以てみだりに疑ふことなかれ」と宣長は言う。このことは、宣長が言語の違いは世界の捉え方の違いであるとする、たとえばフンボルト（一七六七～一八三五）の言語観に近い思想を抱いていたことを示す(51)。

宣長の著作に「世界の捉え方」という考え方を表現する直接の言葉はない。だが『古事記』と『日本書紀』の違いや、「古への手ぶり」、「人のありさま心ばへ」のあり様を言うとき、「趣」と表現することが多い。辞書によれば、趣とは、ある方向へ向かおうとする心の動き、また目指すところとされる。上代人の心がある方向に向かって動くのは、そこに上代人の世界の捉え方が関わるからである。『古事記伝』は趣という言葉を次のように使う。

此レと彼レ（記と書紀）とは、其ノ趣《オモムキ》別《コト》なることと聞えたり、（一之巻。全集九巻、四頁）

世間《ヨノナカ》のありさま、……悉《コトゴト》に此ノ神代の始メの趣に依るものなり、（七之巻。同、二九四頁）

古伝の趣をえしらず、かたくらなる漢意におぼれて、（十三之巻。全集十巻、六四頁）

古への実《マコト》の趣は、隠《カク》れて、見えざるが如し、（二十六之巻。全集十一巻、一七〇頁）

このように『古事記伝』は、儒仏が到来する以前の、江戸期とは全く異なる世界観の中にいる上代人が経験した事を、上代人の「世界の捉え方」、即ち上代人に世界はどう現れたかを明らかにすることによって究明しようとしたのである。

4　上代人の経験と「実《マコト》」

『古事記伝』は上代人の経験を追究する。経験とは主観的な思いを伴う物・事との接触である。従って上代人の経験、即ち物・事との出会いがどのような内容であるか、その経験の形を知ることは、出会う物と事の形を知ることである(52)。宣長は物と事には「あるかたち」があって、古言はそのかたちのままに名付けるのだと言う。

凡て皇国《ミクニ》の古言は、たゞに其ノ物其ノ事のあるかたち

のまゝに、やすく云初《イヒソメ》名づけ初《ソメ》たることにして、さらに深き理などを思ひて言る物には非れば、[53]（『古事記伝』三之巻）

さま・かたちは明確には定義されないが、宣長は次のようにその言葉を使う。

名と云言の本の意は、為《ナリ》なり、為《ナリ》とは、為《ナ》りたるさま状を云フ、其《ソ》は常に為人《ヒトトナリ》と云も為《ナ》りたる形状《サマカタチ》と云事、又物の形を那理《ナリ》と云も同意にて名と云ももと其物のある状《カタチ》なり、[54]（同、三十九之巻）

このように上代人は対象物を見聞きするとき、同時に物・事の「あるかたち」を把握する。この場合、物・事という言葉はごく一般的な意味合いで使われる。一例として「意と事と言は相称へる物」、即ち意も事も言葉も物である。また「万ヅの物も事も」とよく言う。

万ヅの物も事業《コト》も悉《コトゴト》に皆、此ノ二柱の産巣日《ムスビノ》大御神の産霊《ムスビ》に資《ヨリ》て成リ出るものなり、[55]（同、三之巻）

上代世界は「万ヅの物と事」の集まりである。宣長は、上代人の様々な物と事との出会いの経験を、物と事の形状《サマカタチ》の究明によって明らかにしようとする。それに当って宣長は、上代人になりきって、上代人に見えたままの世界のあり様を思い描き、上代人の心に寄り添って注釈する。上代人になりきらなければ、上代人の心は理解できない。たとえば黄泉国で伊邪那岐命と伊邪那美命が分れる場面でこう語る。

汝国《ミマシノクニ》とは、此ノ顕国《ウツシグニ》をさすなり、抑モ御《ミ》親《ミヅカラ》生成給《ウミナシタマヘ》る国をしも、かく他《ヨソ》げに詔《ノタマ》ふ、生死《イキシニ》の隔《ヘダタ》りを思へば、甚《イト》も悲哀《カナシ》き御言《ミコト》にざりける、[56]（同、六之巻）

更にまた倭建命が父の景行天皇から東国に派遣される場面でこういう。

さばかり武勇《タケ》く坐皇子《マスミコ》の、如此《カタ》申し給へる御心のほどを思ヒ度《ハカ》り奉るに、いといと悲哀《カナ》しと悲哀《カナシ》き御語にざりける、[57]（同、二十七之巻）

このような言語と経験への着目から、古伝説は「実事《マコトノコト》」であるとする。

凡て神代の伝説《ツタヘゴト》は、みな実事《マコトノコト》にて、その然有《シカア》る理は、さらに人の智《サトリ》のよく知ルべきかぎりに非れば、然《サ》るさかしら心を以て思ふべきに非ず、[58]（同、六之巻）

宣長は『古事記伝』の随所で右のように言う。この場合、実《マコト》とは何かが問題となる。ここに宣長の意味論的言語観が関係する。先に述べたように、高天原や神の名前を唱えれば、上代の人々に高天原が立ち現れ、神々が現れた。その経験は実《マコト》の事だと宣長は言うのである。つまり、古伝説に表現される物・事は、実際に見、聞き、嗅ぎ、触れて経験した物・事として、上代の人々にとってその通りに実在したのである。従って「事のさまを、よく考へ見れば、隠れたる上代の、実《マコト》のありかたも、いとよく知らるゝことぞかし」と言う。「事のさま」は「言語《モノイヒ》のさま」である。故に上代の言葉から、上代人に世界はどう現れたのかを知り、上代人の経験を追体験できれば真偽は判断できると言うのである。宣長にとって古伝説が真実であるのは、伊邪那岐・伊邪那美命や倭建命の例に見たように、上代人の経験を宣長自らがそのままに思い描き、追体験し、共感できるからである。

　更に宣長は、古伝説は事実《コトノマコト》を伝えると信じた。たとえば『古事記伝』二十九之巻に、倭建命の「能煩野《ノボヌ》」陵の場所を特定しようとする長い注釈がある。その記述は自ら現地調査をしたかのような印象を受ける。実際に宣長は現地調査をしたのである。本居大平の『藤のとも花』には、宣長が寛政元年三月に名古屋からの帰りに、三重の白子の里の門弟の家に宿泊して調査した様子が記述されており、現地調査で遅くなって、夜の十二時頃に門弟宅に到着したことが記される。(59) 更に宣長の『古事記』手沢本には能煩野墓の地図が貼り付けられており、またその地図作成の元になる調査のメモがある。(60) 宣長が上代人の言語表現に追究したものは、地図の持つ即物性と客観性であったのである。

　契沖も「訓《ヨムテ》二言語等ノ字ヲ一云フ二末古登《マコトト》一」（「漢文序」）と言い、また次のようにも言う。

　心のいつはりなくまめやかなるをは、まこゝろといひ、言のいつはりなきを、まことゝいふ。真心真言なり。(61)
（『万葉代匠記』「初稿本惣釈」）

契沖は「真言」、宣長は「実《マコト》」を重視し、両者共に古典の言葉に真実を見た。古典研究の過程で宣長は、契沖の背後にある仏教言語思想に出会い、独自の言語観を確立した。従って仏教は宣長の言語観形成に深く関わったのである。

おわりに

仏教言語思想と宣長の言語観とは深く関連する。一方で宣長は仏教の教義を批判した。だがその仏教批判はまとまった論述としてではなく、儒教批判に付随してか、あるいは断片的に語られるだけであった。宣長と仏教との関係は単純ではない。その仏教観を明らかにするに当って、幾つかの着目すべき点がある。

　先ず江戸期前半に儒学者の側からの仏教批判がなされ、これが仏教界に大きな刺激を与え、護法思想が発展したとされる。(62) 宣長の仏教批判は、この儒学者からの排仏思想を踏まえていると考えられる。一方、仏教批判に関連して宣長は、『玉勝間』で富永仲基の『出定後語』を「見るにめさむるこゝちする事おほし」として激賞した。このことから、『玉勝間』や『古事記伝』等に見える仏教観と『出定後語』とを比較検討することによって、宣長が仏教のどの点を批判したのかが明らかになる可能性がある。

また宣長は、法事では念仏を唱え、浄土三部経を読誦する等、浄土宗徒としての務めを終生誠実に果たした。それは『紫文要領』で、仏教信仰を「世間普通の風儀人情」と捉えたことと関連する。更に宣長は、仏教言語思想を自らの言語観形成に取り込んだ。仏教は哲学的思考とそれを表現する語彙に富む。宣長は仏教のこの面に注目し、自覚的にその思想を活用したのである。このように宣長は、仏教批判者で且つ熱心な浄土宗徒であり、また別の面では仏教言語思想の継承者である。

宣長と仏教との関係は未開拓な研究分野である。本稿はこの関係を、言語思想に絞って明らかにしようとした。今後、本稿での考察を更に深めて行きたい。また宣長には本稿で全く触れなかった『てにをは紐鏡』等の「係り結び」研究や、『字音仮名用格』等の音韻研究がある。それらの研究と今回考察した言語観との繋がりの検討も今後の課題としたい。

注

（1） 久松潜一『契沖伝』（至文堂、一九六九）、築島裕他『契沖研究』（岩波書店、一九八四）、井野口孝『契沖学の形成』（和泉書院、一九九六）等を参照。

（2） 乾善彦「宣長の見た浪華の学僧契沖」（『上方文化研究センター研究年報』二、二〇〇一）参照。

（3） 『本居宣長全集』第二巻、一四頁。

（4） 『本居宣長全集』第九巻、二七頁。

（5） 同前、六頁。

（6） 『契沖全集』第一巻、一九四頁。

（7） 「漢文序」は『契沖全集』第十巻。一〇九〜一一一頁にある。以下ではその引用頁を表示しない。また原文のまま引用する場合、原文の句読点のうち「〇」を「、」に修正した（以下同）。

（8） 『本居宣長全集』第十三巻、五六五〜五六八頁。

（9） 倶舎・唯識思想については、桜部建『倶舎論の研究』（法蔵館、一九六九）、横山紘一『唯識の哲学』（平楽寺書店、一九七九）、同『唯識とは何か』（春秋社、一九八六）、同「仏教の言語観」（一）（二）（『三蔵』一〇七、一〇八所収、一九七五）、結城令聞『結城令聞著作選集』第二巻（春秋社、一九九九）を主に参照。

（10） 『日本随筆大成 第二期16』四五五頁。神田喜一郎は『墨林間話』の「契沖の漢学」の中で、「窺二諸宗章疏一」

とは真言宗以外の他宗の書物をも広く読んだことだと言う。
(11)『国訳一切経』毘曇部七、三〇四〜三〇五頁。
(12)『国訳一切経』毘曇部九、一〇〇〇頁。
(13)『往生要集(上)』(岩波文庫)二一五頁。
(14)『浄土宗全書』第七巻、二七二頁。
(15)『本居宣長全集』第九巻、三七頁。
(16)『日本書紀』の語彙検索は『日本書紀総索引』(角川書店、一九六四〜一九六八)、その訓みは『新訂増補国史大系日本書紀』(吉川弘文館、一九六六〜一九六七)による。
(17)『国訳大蔵経 論部』第十一巻・阿毘達磨倶舎論、一五〜一六頁。
(18)同前、三四五頁。
(19)『弘法大師空海全集』第二巻(筑摩書房)二六五〜二六六頁。
(20)『声字実相義』については『空海コレクション2』(ちくま学芸文庫)、宮坂宥勝「空海の言語哲学」(『エピステーメー』一九七六年七月号、朝日出版社)等を参照。
(21)『契沖全集』第一巻、一九一頁。
(22)『契沖全集』第十巻、一一四頁。
(23)『弘法大師空海全集』第四巻、四〇八〜四〇九頁。
(24)『契沖全集』第一巻、二一六頁。
(25)吉川幸次郎『読書の学』(ちくま学芸文庫、二〇〇七・初版一九七五)三七二頁を参照。
(26)五十音図については、山田孝雄『五十音図の歴史』(宝文館、一九三八)、馬淵和夫『五十音図の話』(大修館書店、一九九三)等を参照。
(27)『契沖全集』第十巻、一一四頁。
(28)『弘法大師空海全集』第二巻、五四九頁。
(29)悉曇学については主に馬淵和夫『韻学史の研究』I〜III(日本学術振興会、一九六二〜一九六五)、清田寂雲「悉曇学入門」(『叡山学報』二一・二二号、一九六一)等を参照。
(30)『契沖全集』第十巻、一一四頁。
(31)『大正蔵』第七十巻、五〇三頁下(筆者書き下し)。
(32)『勧化求道集』巻四(享保八年・一七二三)、九丁裏〜十丁表。
(33)井上尚実「「群萌」あるいは「蜎飛蠕動之類」」(日本佛教学会第八七回学術大会、二〇一七)を参照。
(34)『本居宣長全集』第二巻、五頁。
(35)同前、一二二頁、一二三頁。
(36)『本居宣長全集』第四巻、五七頁。
(37)『本居宣長全集』第二巻、一〇〇頁。
(38)時枝誠記「契沖の文献学の発展と仮名遣説の成長及びその交渉について」(『日本文学論纂』一九三二)、築島裕『歴史的仮名遣い』(中央公論社、一九八六)を参照。
(39)『本居宣長全集』第九巻、二六頁。

(40)『本居宣長全集』第五巻、三九五頁。
(41)『本居宣長全集』第二巻、三四頁。
(42)尼ヶ崎彬「心詞の戦略——定家歌論の本質」(『国文学解釈と教材の研究』三三巻一三号、一九八八・一一)一〇八頁。
(43)『新古典文学全集 近世随想集』(小学館、二〇〇〇)所収『排蘆小船』三〇二頁頭注。
(44)『本居宣長全集』第九巻、三三三頁。
(45)『本居宣長全集』第十一巻、二二〇頁。
(46)『本居宣長全集』第十三巻、四八二頁。
(47)『国訳大蔵経 論部』第十巻・成唯識論、三七二〜三七三頁。
(48)R・H・ロウビンズ『言語学史』(研究社出版、一九九二)、ガイ・ドイッチャー『言語が違えば、世界も違って見えるわけ』(インターシフト、二〇一二)等を参照。
(49)『本居宣長全集』第九巻、三三三頁。
(50)同前、一二三〜一二四頁。
(51)ヴィルヘルム・フォン・フンボルト『言語と精神』(法政大学出版局、一九八四)、エルンスト・カッシーラー『シンボル・技術・言語』(法政大学出版局、一九九九)を参照。
(52)大森荘蔵『言語・知覚・世界』(岩波書店、一九七一)、同『物と心』(東大出版会、一九七六)、黒田亘『経験と言語』(東大出版会、一九七五)を参照。
(53)『本居宣長全集』第九巻、一二一頁。
(54)『本居宣長全集』第十二巻、一八六頁。
(55)『本居宣長全集』第九巻、一二九頁。
(56)同前、二五五頁。
(57)『本居宣長全集』第十一巻、二一九頁。
(58)『本居宣長全集』第九巻、二三八頁。
(59)『本居宣長全集』別巻三所収『藤のとも花』二〇〜二一頁。
(60)松阪市の本居宣長記念館吉田館長のご教示による。宣長の資料は記念館で展示された。
(61)『契沖全集』第一巻、一九四頁。
(62)柏原祐泉「近世の排仏思想」(『日本思想大系57 近世仏教の思想』解説)、源了圓「近世儒者の仏教観」(『仏教の比較思想論的研究』東京大学出版会、一九七九所収)参照。

(佛教大学大学院)

稲葉默斎の喪礼実践論
——徂徠学批判・仏教認識に注目して——

松川雅信

はじめに

闇斎学派儒者の稲葉默斎（一七三二―九九）は晩年（一七八一年以降）、上総国清名幸谷村に移住し、ここに根づきつつあった上総道学を本格的に発展させたことでよく知られている[1]。門弟林潜斎（一七四九―一八一七）の言述によれば、默斎は同地域に以下のような足跡を残したのだとされている。

先生ノ清谷清名幸谷ニ在ルヤ（中略）能ク子弟ヲ教ヘ、篤ク里民ヲ喩シ、殊ニ懇ニ三日ノ斂葬儀ヲ示ス。是ヲ以テ、郷村多ク火葬ヲ悪ミ、棺斂礼ヲ效シ、始メテ瀝青ヲ用ヒシハ、先生ノ化導ナリ。（『稲葉默斎先生伝』）

默斎の活躍によって清名幸谷村には、「火葬ヲ悪ミ」「瀝青ヲ用」いるような「葬儀」が広まったという。この場合の「葬儀」とは朱熹『家礼』に範をとる儒式のそれを指している。つまり晩年の默斎は、『家礼』に基づく儒礼を自身が移住した清名幸谷村に一定程度普及させたとされているのであり、そのことが同地域に彼が残した功績の一つであるとして、門弟によって顕彰されているのである。本稿では、このように一定の広がりを見せたとされる儒礼（殊に喪礼）の実践が、默斎によってどのように説かれていたのかという問題について検討する。

長らく近世日本儒教は、さしたる論証もなされないまま「自らの葬祭の礼なき儒学」[2]であったと規定され、儒礼はもとより不在であったと見なすのがごく通説的な見解であった。だがこうした通説に対し近年では漸く、近世日本儒者の多くが『家礼』を中心とした儒礼を受容・実践していた事実が相当程度闡明されつつある。(3)本稿で考察対象とする黙斎に関してもその例外ではない。(4)このような近年の儒礼研究が継承すべき貴重な成果であり、かつこれまでの通説に抜本的な再考を促し得る可能性を具えていることは言を俟たない。しかしながらそうした反面で、これらの研究成果が個々の儒者による『家礼』をめぐる言述や、その実践の様相をただ再構成することに終始する、いわば個別実証ないし基礎研究に依然として止まっている感は拭いきれない。誤解を恐れずいえば、これまで等閑視されてきた儒礼という素材に肉迫することによって、既往の思想史叙述から零れ落ちてきたいかなる側面が新たに照明されるのかという点に関しては、未だなお検討の余地を多く残しているように看取されるのである。思うに、かかる主な原因は、近年の儒礼研究が儒礼に関する新出史料を多数発見しながらも、翻ってそれを近世日本の思想的・歴史的文脈のもとに再定位するといった作業を、未だ十全には行っていない点にあるのではなかろうか。儒礼研究の成果を積極的に継承・発展させていくうえでも、いま求められるべきはこうした作業であろう。

そこで本稿では、黙斎の儒礼実践論に内在的に立ち入りつつも、それを、彼をとりまく十八世紀後期の諸状況との関わりを踏まえて検討することで、儒礼の問題が近世日本の思想的・歴史的文脈のもとにどのように位置づくのかを明らかにする。具体的には、当該期における反徂徠の思潮のもとに黙斎を布置してみることで彼がなにゆえ儒礼実践を重んじるに至っていたのかという思想的要因をまずは解明し、そのうえで当時の近世日本において儒礼を実践するに際して小さからぬ障碍となったはずの寺檀制に結実した近世仏教を、彼がどのように認識していたのかについて考察していく。これらの考察を通じて、あくまで黙斎というごく限られた対象に即す形ではあるものの、従来の思想史叙述からは零れ落ちてきた近世後期における日本儒教像の一端を示すことを目指したい。

一、徂徠学批判——「修己」のための喪礼実践

周知の通り十八世紀後期には、寛政正学派を中心として「古文辞学ハ、物徂徠ヨリ起ル。余初年学ビタル故ニ能ソノ意ヲ知タリ。其学ノ主トスル所ハ功利ニアリ〔中略〕左レバ其学タヾ理民ノ術ノミニテ、自己ノ心身ハ置テ問ハザルナリ」(『正学指掌』)と説かれるような、反徂徠を掲げる

朱子学の「復活」現象が生じていく。一瞥してみて明らかなように、こうした批判の眼目は基本的に徂徠学を「功利」の学と捉え、かかる道徳軽視を、おしなべていえば「修己」の欠落を衝くという点にあった。が、早くから指摘されてきた通りこのようにして「復活」してきた朱子学とは、個々人における「道＝理＝性」の内在という前提に立脚して「修己－治人」の原則を掲げる従前のそれからは、もはや大きく変質したものとなっていた。というのは「余初年学ビタル」と述べられていることからも窺えるように、夙に徂徠学の洗礼を受けていた彼らは、「道は天地之規矩にて、一人の法ニ無御座」と「道」を個々人に外在するものとしたうえで、折からの幕藩制の動揺といった危機意識に根差しつつ、「能く民を化し俗を成す」という「教化」に主眼を据えた新たな朱子学を提唱していたからである[5]（「答問愚言」「与赤松滄州論学書」）。先学によれば、それは徂徠学を否定的媒体とすることで形成された、「「治人」こそ第一義目的であり、「修己」はそのための不可欠の前提と位置」づけていく「治人」に特化した朱子学であったとされる[6]。無論、その先に異学の禁が招来されたことは贅言を要すまい。

　十八世紀後期に上総にあった黙斎もまた「弁道・弁名ヲ著ハシ海内ヲ誤ルコト〔中略〕徂徠ノ最モ警発多シ」（『小学筆記』五巻、以下『筆記』）という認識のもと、「心法ノ吟味ナクテ経済ナルト思フ学者ハ、性ノヌケタ薬種デ療治スルヤウナモノゾ。〔中略〕徂徠ヤ春台ガ何トシテ知ラフゾ」「詩ヤ文章ガ一ツ端モ学問ノ役ニ立ヌ」（同前、四巻・七巻）と、経世・詩文にばかり傾注する徂徠学を論難して、これに「心法」という道徳修養の必要性を対置させている。徂徠学最大の拠点であった江戸近郊で学問形成を行った黙斎も、寛政正学派と同じく十八世紀後期の反徂徠の思潮のうちに存していたのである。

　しかしながら、先の正学派の主張に比して黙斎の場合に特筆されるのは、こうした修養が「禹湯文武ノ天下ヲ保タハ心術ガヨイ故保タ。〔中略〕君子ト云モ心術ノヨイコトヲ云。大学明徳ト云モ、学問ハドコガドコ迄デモ心ト云ニキメルコト也」「身ノ修ルコトヲ仕習ハズ天下ヲ治ルコトヲ仕習フ、生兵法ハ疵ノモトナリ」（『筆記』四巻・『哀公問何為民服章講義』）と、あくまで「修己－治人」の原則に即して主張されている点であろう。すなわち彼は、「吾ガ学ノ由来準的有リ、以テ聖人ニ至ルノ学ナリ」（『姫島講義』）という所謂「聖人可学」の前提に依拠しつつ、唐虞三代の聖人達も（政治的手腕のみならず）徹底した「修己」の階梯を経たからこそ、「天下ヲ保」つことができたというのである。かく見てみると黙斎は、正学派のごとく「治人」を第一義目的とする視座から「教化」のための方策として「修己」を唱えていたというよりかは、むしろ厳格な「修己」の先にこそ「治人」を遠望していたといえるだろう。換言すれば、黙斎にとってはさしあたり個々人が「修己」をなすことそのものが、重視されていたと考えられるわけである。同様に反徂徠を掲げて朱子学の「復活」を企図していたとは雖も、黙斎が従来指摘されてきた正学派とは位相を異にする地点に存していたことを、ここでは確認しておきたい(7)。

では徂徠学に対抗的に打ち出された「修己」たるべき「心法」は、具体的にいかなる方法に即してなされねばならないと想定されていたのであろうか。黙斎は「学者ハ礼ト云モノアツテ（中略）精神ガ丈夫ニナル。碇ノアル舟ヲミタヤフナモノ。（中略）人ノ身ノ上モ礼ガナイト何所へ流レ行フモシレヌ」（『筆記』六巻）と、礼が「精神」に果たす役割を重んじる。なぜならもとより「心ハ形ナイモノ」であるため、「形ヲ儼ニスルト心ガハツキリトナル」ようにするうえでも礼が必要だからであるという（同前、四巻）。そして何より注目すべきは、数多ある礼のうちでも「礼ハ三千三百ノ数多イコトナレドモ、冠昏喪祭ガ大綱ニナル」「聖賢ハ喪ヤ祭ヲ殊ノ外重ンジ、喪祭ヲ格別ニスル思召ガアル」（同前、七巻・五巻）と、「冠昏喪祭」就中「喪祭」が最重要視されている点であろう。徂徠学を指弾して「修己」の必要性を提唱していた黙斎は、それを具体的には喪祭礼を執り行うことによってなしていくべきだと論じていたように思われるわけである。と同時に彼は、喪礼に限っては「君子ト云テモ（中略）親ヲステルヤフニ葬ルハ身ノ修ツタデハナシ」（『家礼抄略講義』二巻、以下『講義』）と、いかに「君子」であったとしても親を正しく「葬ル」ことができない者は、「修己」を達成し得ていないとも述べる。このように喪礼とは、「修己」が実現されているか否かの一つの指標としても捉えられていたのである。

ところで、「礼楽刑政」を唱えた荻生徂徠（一六六六—一七二八）に連なる儒者達が、彼らの理想とする古代中国の礼制の考究に力を注いでいた点は周知のことに属そう。喪礼に関していえば、例えば太宰春台（一六八〇—一七四七）は、近世日本にあってのかくなる不備を指摘するとともにあるべき礼制の姿を呈示していたし、服部南郭（一六八三—一七五九）とその門下も継続的に『儀礼』についての会読を実施していた(8)。そして、黙斎が徂徠学を指して「只先王ノ教ハ礼楽〳〵」「礼文度数ヲ吟味シ古体ヲ主張」（『筆記』二巻・『答或人』）と形容している点に鑑みれば、基本的にこれらの事柄は彼の認知するところでもあったと考えられる。であるなら、徂徠学における「修己」の欠落を論駁して礼実践の必要性を提唱していた黙斎は、こうした先行の徂徠学者達による礼へのとり組みをいかに捉えていたのであろうか。以下はそのことに関わる大変興味深い言述であろう。

或者ガ南郭ガ子ノ仲英ニ、拙者母死ス、仏法ニ従フモ無念、既ニ林家モ儒葬ナレバ葬埋ノコトドフシタラヨカロフト相談シタレバ、仲英ガ答ガ出来ヌ。性理大全文公家礼ノ部デモ見タラヨカロウ、ト云タト。大事ノ場、真剣勝負ハマギラカシハナラヌヲ見ヨ。（『清谷語録』一巻）

上引で黙斎は、服部南郭女婿の服部仲英（一七一四―六七）が「或者」から「儒葬」の仕方を問われたにも拘わらず、全く応対することができなかったと述べていることがわかる。この逸話の真偽は管見の限りでは確かめる術をもたない。また「大事ノ場、真剣勝負ハマギラカシハナラヌヲ見ヨ」とあることを踏まえればこの言述の基本的な眼目は、いつ訪れるとも知れない父母の死を見据えて、常日頃から喪礼に関した研鑽をしておくことの必要性を門人達に説き述べる点にあったといえよう。ただここでは、黙斎がかような観点からほかならぬ徂徠学者に論難を浴びせかけていたことそれ自体を重視したい。思うに黙斎は、徂徠学者達が平素礼制を考究しながらも、それを現実に執り行うことができないという、いわば実践不可能性を衝く形での批判を展開していたのではなかろうか。そのことは、「古礼ヲ主張スル人ハ今日ノ通用ニ差支」「礼ノコトバカリ吟味シテ、礼ヲ斟酌シテ今日ニ行フコトノナラヌガアル。（中略）何程事ノ吟味ガヨクテモ我ガ受用ニナラネバ虚也」（『五旬引』・『講義』一巻）といった彼の言述を瞥見してみても大過あるまい。黙斎は「古礼」のような礼制をどれほど「吟味」しても、実際にそれを実践できなければ無意味だと考えていたのである。

併せて先ほど喪礼が「修己」達成の指標とされていた点を想起してみるなら、このような批判は徂徠学における道徳修養の欠落という主張とも相関的なものであったと捉えることができる。いい換えれば黙斎は、「修己」を軽視する徂徠学は結局のところ礼実践をもなし得ない存在であると位置づけていたように看取し得るわけである。いずれにせよ黙斎にとって、「修己」の要となる喪礼は現実に実施されねばならないものだと見なされていたのであり、そのような観点から徂徠学における礼へのとり組みは論難に晒されていたと推し測ることができるのである。

しからば、このように徂徠学批判を展開しながら当の黙斎自身は十八世紀後期の上総において、いかなる喪礼実践のあり方を構想していたのであろうか。以下そのことを、彼の仏教認識との関わりから明らかにしていきたい。

二、仏教認識――実践のための儒仏混淆

1「皮毛外」という論拠

黙斎が念頭におく喪礼とはとりもなおさず『家礼』に載るそれであり、そして先ほど来引用してきた『講義』とは自身がかつて同書を抄出して著した『家礼抄略』に関する、清名幸谷村での口述筆記である。つまり黙斎は、同地域の門人達に対し『家礼』に範をとる喪礼を基本的には講義という形で示していたということになる。が、黙斎は『家礼』に載る喪礼を全く記載通りに執り行うべきだとは考えていなかった。というのも彼は、「唐ト日本ハ違ヘバ日本デハ別シテシン酌セネバナラヌ」「俗ニシタガワネバナラヌ。（中略）世間ニハヅレヌコトデ家礼ヲ行フユヘムズカシイ」（『講義』一巻・二巻）と、「唐」とは異なる「日本」において『家礼』を実践していくためには、「日本」の「俗」を斟酌したうえで同書に記された具体的な儀礼・所作を改めていかねばならないと考えていたからである。

こうした考え方は実のところ『家礼』それ自体と何ら矛盾しない。よく知られているように『家礼』の序文は、礼を「本＝名分・愛敬」と「文＝冠昏喪祭・儀章度数」に二分したうえで前者を体現すれば後者を状況に応じて改変することを認めており、ほかならぬ朱熹自身もそうした対応をとったと記されていたからである。(9) 加えて黙斎に先だつ浅見絅斎（一六五二―一七一二）が夙に、「此方デモ礼ノ本ハ天地自然ノ理ユヘカハルコトハナイガ、文ハ国々デチガウコト（中略）メン〳〵ノ国ナリニ宜ニカナフヤフニ行ハル、ガ家礼ノ旨ゾ」（『家礼師説』）と論じていたように、闇斎学派内では『家礼』をかく解釈することはごくありふれたことであった。黙斎は基本的にかかる『家礼』の序文の解釈を敷衍することによって、「俗」を斟酌して「日本」に適合的な喪礼を様々に明示しており、そのことこそが『家礼』本来の主張であるとする立場にたっている。(10) 逐一列挙することは叶わないため二例だけ端的なものをあげておく。例えば、墓制については「アノ方ハ土ヲツキタラ墳ト云フ、ソレハ柩ノ上ヘ也、ソノ前ニ墓碑アル也、家礼ガソレ也。（中略）人々墓石ノ下ニ柩アルコトニ心得テヲルニ、前ノ方ニタテ、ハ柩ノアリ処ヲトリ失フコト也」（『講義』二巻）と、土饅頭型の墳墓の前に墓碑を建造する『家礼』の方式を「アノ方」のものであるゆえ馴染まないとして採用せず、近世日本で通用の埋葬地のうえに墓碑を建てる仕方に改めている。そして祠堂の所謂同堂異龕に関しては「日本デハセヌトモヨイ。コノ方デハタヾ四シキリニシテヲクコト」（同前、一巻）と、これを「日本」に合わない

という理由から採らず、ただ「四シキリ」にすればそれで足りるとする。

　さりながら、いかに「俗」に鑑みて改変を加えることが『家礼』本来の主張であるとはいえ、黙斎が『家礼』を以下のごとく読み換えている点からは一見、同書そのものからの大きな飛躍を看取せざるを得まい。

　家礼ヲヨムモノ不作仏事ノ取アツカイ塩梅アルベシ。今日仏ヲ礼スルハ官ヲ敬スル也。旦那寺ヲタテ、ヲカル、ユヘ背カヌコト也。背カネバ背カヌホド仏事ヲナサヌコト也。皮毛外ハドフデモヨイト云ハソノコト。（同前、二巻）

　周知の通り『家礼』には、仏教に随順することの非が「不作仏事」として鮮明に打ち出されていた。だが黙斎は上引で、「今日仏ヲ礼スルハ官ヲ敬スル」こととなるという点を理由に「旦那寺」に叛いてはならないとし、さらに驚嘆すべきことに「背カネバ背カヌホド仏事ヲナサヌコト」と、「不作仏事」の意味を大胆に読み換えてしまっているのである。先に見た絅斎が「本」と「文」という原則に依拠しつつ『家礼』に現状適応的な改変を施す他方で、「浮屠ノハ文アルヤウナレドモ本ナキユヘニ役ニタ、ヌ」（『家礼師説』）と、仏教にはそもそも「本」が不在であるという理由から、これを決して自説のうちに包摂しなかった点を踏まえるならば、かくなる黙斎の主張が先行の闇斎学派一般の理解とは少なからず位相を異にするとともに、『家礼』それ自体に対する解釈から直ちに導出されたものでもないことは瞭然であろう。

　このような黙斎の主張を歴史的に規定していたのはとりもなおさず、「昔シハ古礼ハ廃レタトテモ、喪ノコトハ人々勝手ニシテ必シモ仏法ニハセヌ。（中略）邪宗ヲフセグノ為メニ官府ノ制ニナレリ。ソコデ士農工商共ニ寺ガアル」（『講義』二巻）といった認識であっただろう。黙斎は当今「官府ノ制」として寺檀制が存在するがゆえ、「士農工商」はいずれも檀那寺に属さねばならないという。彼はいかに儒礼を執り行うと雖も、現状では既に存在する檀那寺がなす仏式喪礼には随わざるを得ないと考えていたように思われるのである。旧稿でも指摘したように、排仏を基本路線とする近世日本儒者一般の間でもかく寺檀制が覆しがたい所与の前提だと見なされていくようになるのは、概ね十八世紀中葉頃からである[11]。この頃から「旦那寺をもつハ今の御大法なれバ（中略）仏壇をやめがたき事有」（『居家大事記』）といった認識は、ある程度一般的なものとなっていく。黙斎による上引の「不作仏事」に対する読み換えとは従って、歴史的に見るのであれば既に仏教寺院が喪礼を主導することが既成事実となっていた十八世紀後期の社会的状況に規定されたものだと、ひとまずはいうことができる。

しかるに、当該期においていかに寺檀制が覆し難い所与の前提であったとはいえ、「不作仏事」という規定を全面的に読み換えるためには、確たる説得的な論拠を要したであろう。ではその論拠とは何であったのだろうか。先ほど掲げた「不作仏事」に関する言述の末尾の傍線部で、黙斎が「皮毛外ハドフデモヨイト云ハソノコト」と述べていた点に注目されたい。ここで黙斎は、自説を裏づけるための言辞として「皮毛外」なるものを引いている。とすればこの「皮毛外」という言辞こそ、黙斎をして「不作仏事」に対する読み換えを可能ならしめた論拠であろうと推察される。「皮毛外」とは実のところ、朱熹が『朱子語類』巻八九においてごく僅かに用いた言辞であり、具体的には以下の応酬の中で登場している。

或問。設如母卒。父在。父要循俗制喪服。用僧道火化。則如何。〔中略〕曰。其他都是皮毛外事。若決如此做。従之也無妨。若火化則不可。〔中略〕此話若将与喪服浮屠一道説。便是未識軽重在。(『朱子語類』巻八九)

【ある人の質問。もし母が死して父がなお存命であり、その父が俗制に従って喪服を必要とし、僧道の火葬を行おうとするなら、どのようにすればよいでしょうか。〔中略〕答え。そのほかのことはすべて皮毛外のどうでもよいことであり、もしそのように仏教式に倣うのであれば、これに従っても問題ないが、火葬は行ってはならない。〔中略〕もしこの話を喪服と火葬とを一緒にして考えているならば、それは軽重を知らないことである。(引用者現代語訳)】

この応酬の主題は、父が俗制に随って仏教式の喪礼を実施せんとする場合、子はどのような対応をとるべきなのかというものである。ここで重要なのは、こうした主題をめぐって朱熹が火葬は重大事であるため決して執り行ってはならないものの、喪服等それ以外に関してはすべて「皮毛外」の些末な事柄であるという理由から、仏教式を一部許容していた点にあろう。つまり朱熹は、『家礼』とは別のところでごく僅かながら仏教を許容することの是について発言していたのであり、その際の説明として用いられていた言辞こそが「皮毛外」だったというわけである。このように見てくれば黙斎は、ほかならぬこの「皮毛外」という言辞に大きく依拠し、これを『家礼』にあてはめることで「不作仏事」に対する全面的読み換えを可能にしていたといえよう。黙斎は、仏式喪礼に随わざるを得なかった十八世紀後期社会において、かかる随順が朱熹の理解と何ら矛盾しないことを「皮毛外」という論拠によって主張していたのである。この「皮毛外」に関して黙斎は度々言及しており、そのことからも同言辞が彼の喪礼理解に占める割合は大きかったと見なし得る。

朱子モ皮毛外ノコトハ世間流ト云テ置ケリ。〔中略〕全体へカケテ見ルベシ。〔中略〕作仏事ト記シテモ仏ニハナラヌ。家礼ニ不作トアルヲ為仏事トシタルガ趣向也。皮毛外ノ誦経コチノ誠信ニ妨ナキ也。（『講義』二巻）

では黙斎は檀那寺に叛かず仏式を容れながら、どのようにして『家礼』に範をとる喪礼を実践できると考えていたのであろうか。例えば彼は仏教の存在に配慮し、『家礼』記載の「乃設奠」を以下のように執り行うべきであると述べている。

乃設奠。〔中略〕儒家ナレバ肉ナルベキニ菓子ニスルハ撿僧ガ来ルユヘ也。益モナイコトニ檀那寺ノ腹立ルコトハワルイ仕方。〔中略〕鰹ノタ、キナドハ撿僧サシツカヘル。今僧ト理屈云コトハナイ。排釈録出ス処デナシ。ソコデ菓子ヤ時ニヨリ葡萄ヤ梨子デモヨイ。（同前）

『家礼』の「乃設奠」という項目には、葬儀の初日に死者に対する供え物（「奠」）として「脯・醢」といった肉類を用意すべき旨が記されている。これに関し黙斎は、「儒家」であれば当然こうした記載に倣うべきであると留意しつつも、檀那寺の存在ならびに「撿僧」が来宅することに配慮して、この供え物を「菓子」や「葡萄」「梨子」で代用するのがよいとする。黙斎は、かように『家礼』に記載のある儀礼それ自体は聢と執り行いつつも、そこへの仏教的要素の闖入を（「皮毛外」であるからという理由で）許容するといった形での喪礼実践のあり方を呈示していたわけである。別言するなら、儀礼そのものは『家礼』に則るものの、それを仏教の存在に配慮して改変した形で執り行うという、いわば儒仏混淆的な形態での喪礼実践が示されていたといえる。併せて上引で特記されるのは、「今僧ト理屈云コトハナイ。排釈録出ス処デナシ」というように排仏を唱えることが明確に忌避されている点であろう。このことからは、黙斎のここでのさしあたっての主眼が（佐藤直方『排釈録』に即して）仏教を排することより、むしろ仮令これを容れた形であったとしても儒礼を実践していく方に据えられていたことを窺い知れまいだろうか。黙斎にとっては、実践こそが何よりも優先されていたと考えられるわけである。

かく考えきたれば、黙斎は『家礼』の序文に倣って近世日本の「俗」に鑑みた同書の改変を行うとともに、「皮毛外」という論拠に基づくことで仏式喪礼を容れた形での喪礼実践のあり方を呈示していたことが理解されよう。そして、前者が絅斎はじめ闇斎学派で既に一般的であったとするならば、黙斎の特徴は明らかに後者の儒仏混淆的な礼実践の方にあったといえる[12]。彼は寺檀制下にあって仏教が喪礼に深く関わっているという十八世紀後期社会の与件のもとで、驚くべきことに仏教寺院との共存という形で儒礼が執り行われるべきだと主張していたのである。こうした黙斎による儒仏混淆的な儒礼実践の呈示を単に仏教寺院に対する妥協とだけ捉えることは、けだし正確ではあるまい。なぜなら彼は、（徂徠学には欠けている）「修己」をなすためには喪礼を執り行うことそれ自体が重要であると主張していたからであり、そうした目的のもとでひとまず排仏が括弧に入れられるとともに、仏教を許容した形での実践が開陳されるに至っていたと思われるからである。徂徠学批判に目を遣ることで、黙斎の喪礼をめぐる議論がもつ意味は明瞭になろう。さらにいえば以下で見ていくように、黙斎は仏教を容れることを必ずしも否定的なことだとは考えていなかった。

2　儒仏混淆の積極的意義

黙斎が仏教を容易く許容することができた理由には、「皮毛外」という確たる思想的論拠に加えて、彼自身の仏式喪礼に関する特徴的な認識もあったからであろうと思われる。それは、近世日本で当該期に実施されている仏式喪礼が、そもそも儒式に来源するものだという認識である。例えば黙斎は、『家礼』における「不作仏事」の注釈「司馬温公曰く、世俗浮屠の誑誘を信じ、始死及び七七日・百日・期年・再期・除喪に於いて僧に飯し道場を設く」（『家礼』）に関し、「期年・再期・除喪ト云ガ、儒者ノ小祥・大祥ヲ盗ンダモノ。除喪ハコチノ禫ヲスルナルベシ」（『講義』二巻）と述べている。つまり黙斎は、仏式喪礼が規定する「期年」や「再期」がそもそも儒式の「小祥」「大祥」を盗用することで成立したものだというのである。こうした認識は一見突飛なもののように思われようが、位牌等の仏具が『家礼』をはじめとする儒礼に影響を受けて成立したのだとする近年の研究成果[13]を想起してみれば、全く無根拠なものであったともいえまい。黙斎が容易に儒仏混淆を呈示し得たことの遠因には、このように既存の仏式喪礼が元来儒式のそれに影響されながら形成されたものである、といった理解も介在していたと考えられよう。

さらに特筆されるのは、黙斎が既存の寺檀制に依拠することによってこそ逆に齎される現実的な効用にも、明確に説きおよんでいた点である。それは彼の墓碑銘をめぐる指摘によく現われている。黙斎には『講義』とは別に、棺槨・瀝青の製法や墓碑の形態、埋葬の仕方等を記した『喪埋之書』という手引書が存在するのだが、同書では墓碑銘をめぐって以下のような興味深い指摘がなされている[14]。

> 墓石。世俗ノ法名計書、紛しくてあし丶。又儒者風ト云ガアリテ人しらぬ号など記シ、何先生之墓ト書キ或

ハ又我姓何而已一風流ニ書付ル。各非也。兎角別の事なく永久ノ謀ガ第一ナレバ墓ノ正面ニ何ノ何左衛門之墓ト書キ、右謂墓之右ヨリ後ニ掛テ諱ハ何、イヅレノ産、年号干支何月何日・没行年幾歳・法名何々と記ス是也。とかく其寺ノ法名記セバ寺ノ過去帳ト節符の合事也。是永久の謀と云べし。俗儒ハ唯法号を記を恥て永久の慮をしらず。（『葬埋之書』）

ここで黙斎は法名だけを刻む「世俗」の墓碑銘、しばしば「儒者風」として用いられる墓碑銘をともに否定したうえで、正面に俗名、右側に生没年・法名をそれぞれ併記する墓碑銘が最も理想的であるとする。法名・俗名のいずれかだけを記す墓碑銘を双方ともに否定したうえで、両者の併記を主張しているという点では、いわば儒仏混淆的様相を呈しているわけであるが、注目すべきは単に寺院側から付与されたものであるからといった消極的な理由からでなく、あえて法名を記すことの積極的意義が説かれている点であろう。見るごとく黙斎は、「其寺ノ法名記セバ寺ノ過去帳ト節符の合事也」という理由から、むしろ俗名・生没年と併せて法名を記すことで、その墓碑を「永久」に維持することができるというのである。おそらく寺院が墓所を管理している限りにおいては、過去帳と墓碑の法名とが対応するため、結果としてそこへの埋葬者を常時特定し得るといった観点から、こうした指摘がなされているものと推察されよう。[15]

そして反対に、法名を記すことを恥じる「俗儒」のなす墓碑銘が、むしろ「永久の慮」に知悉しないものであるとして否定されていることが窺えよう。[16] 別言すれば、ここでは純然たる儒式を貫こうとして法名を刻まない「俗儒」の墓碑銘よりも、仏式の法名を併記したものの方が現実的に優れていると述べられているわけである。このように黙斎は、寺檀制下にあっては殆ど必ず授けられていたと思しき仏式の法名を容れることによってこそ、逆説的に墓碑をより長く保存することができるという論をも展開していたのである。なお墓碑をかように保存することは、突き詰めていえば埋葬された親の遺骸を長久に保とうする、「孝」を体現するうえでも不可欠なものであったと考えられる。これに関しては後述する。

実際、黙斎は墓碑銘をめぐる門人達からの書簡を通じた質問に対しても、「皮毛外」という論拠を前提にしつつ、以下のごとく法名と俗名の併記をもって応じていた。

法名御記シ被成候而不苦事ニ御座候。当時儒家之礼ハ内分之事、浮屠ハ公辺ニ付候儀ニ御座候。何分彼申候通ニ而宜候。則チ朱夫子所謂皮毛外従俗と申事、明文と御心得可被成候。〔中略〕左之通寺江可被仰候。

肩書〇〇〇〇《ママ》ト法名ヲ書キ、〇〇〇《ママ》墓と俗名ヲ記シ
可然候間、此所御頼可被成候。
（「鵜沢喜内・幸七郎宛書簡」）

黙斎は講義という形式だけでなく、より直接的に書簡によっても「皮毛外」を論拠として仏教を許容する必要性を上総の門人達に説いていたのである。であれば、上総においては小さくない範囲で儒仏混淆が滲透していたと推し測ることもできよう。

このように黙斎において仏教を許容することは、必ずしも妥協とは考えられていなかった。彼にとって既存の仏式喪礼の一部は元来儒式に来源するものと見なされており、さらには寺檀制を与件とすることによる儒仏混淆の積極的意義までもが主張されるに至っていたのである。ただし、黙斎が仏教のすべてを容認すべきだ考えていたわけでない点には注意を要する。最後にそのことに簡単に触れておきたい。

3　火葬批判としての排仏

上述の『朱子語類』巻八九において、朱熹が「皮毛外」の範疇に入れなかったものが一つだけあった点を想起されたい。それはとりもなおさず火葬であり、これに限っては重大事であるため厳格に退けるべきだと論じられていた。

おそらくはこうした朱熹の主張を汲む形で黙斎は、「一大事ノ処ヘハ仏ハマジヘヌ」（『講義』二巻）という前提に立脚しつつ、「仏ヲマゼルト一生ノ孝ガ無ニナル。（中略）況ヤ仏ノ火葬ハ親ヲ火ニアブリ」（同前、一巻）というように、火葬が仏教に由来する葬法であるとしながら、これを執り行ってしまえば「孝ガ無」になると述べる。黙斎は火葬の非を、『孟子』滕文公上の言述を引きながら以下のように端的に説明している。

毀ル処トナク焚ト云ハアマリノ甚シキ也。焚ハ人心ニ持タヌコト。孟子ニ、人心具リテ忍ビラレヌコト、トアリ。墨者夷之ノ章ニ詳也。（同前、二巻）

周知の通り、孟子は墨家を奉ずる夷之に対し埋葬の起源に触れながら、「孝子」の心情としては親の死体を遺棄して「狐狸・蝿蚋」に毀損されることを我慢できないゆえ、それを防がんとするのが当然であると反駁していた(17)。これを承けながら黙斎は、孟子が説いた「孝子」の心情（「人心」）に則るなら誰でも親の遺骸を長久に保存しようとするはずであるにも拘わらず、それに反して、むしろ「毀ル処トナク」自ら親を火にくべるのが火葬であるという批判を展開しているものと考えられよう。従って黙斎は遺骸の長久な保存のためにも、以下のように『家礼』の中でも特に棺槨の製作にあたる「治棺」に大きな関心を向けるべき

だとする。

　治棺。此方ノ一大事也。父母ガ隠居処ヲ建ル、ソレデ孝不孝ガ知レル。（中略）生タ内ノ隠居処ハ修覆モナルガ、棺ノ隠居処ハ取カヘシナラヌ。孟子ニモ出テアリ。喪ニハ棺ノ丁寧ヨリ外ハナシ。（同前）

死後における父母の「隠居処」に相当する「棺」を「丁寧」に製作し得るか否かで、「孝／不孝」が直ちに測られると述べられていることが窺えよう。いま黙斎が具体的にどのような棺槨を製作すべきだと論じていたのかについては詳述しない。ここでは黙斎が「孝」の観点から火葬を否定するとともに、父母の遺骸の長久な保存を企図し、そのために「治棺」の問題を重要視していたという点を確認すれば足りよう。

ところで、先ほど「仏ノ火葬」と述べられていたことからも明らかな通り、黙斎にあって火葬と仏教とは表裏一体の関係として捉えられていた。それは日本での火葬の濫觴が「欽明帝ヨリノコト、火葬ハ文武天皇カラト云。天地ニナイコト也」（同前）と、欽明朝期における仏教伝来を経た文武朝期に求められるという歴史的由来は当然のこと、「今何トモ思ハヌハ、火葬ハ仏ト云後ロ楯ガアル故ノコト」（同前）と、少なくない人々が「孝」に悖る火葬を特段忌避することもなく実施している現状の背後には仏教が存在する、といった現実的な問題としても捉えられていた。しかるに、寺檀制に基づく仏式喪礼が既に覆し難い所与の前提だという認識のもと、そこにあっても可能な儒礼実践のあり方として示されたのが儒仏混淆であったとするならば、果たして当該期において火葬だけを退けるということができたのであろうか。結論からいえば、黙斎は少なくとも上総においてはそれが可能だと見通していたように感ぜられる。なぜなら彼は火葬の実施のされ方には以下のような地域差があると述べていたからである。

　人ガ焼覚ルユヘシヤア〳〵トシテ焼リ。三ケ津ハヲンボウト云焼キ手アリ、丁ド人切ト同ジ。田舎ノハ焚亡僧ナクテ村ノモノガジキニスル。不仁ニ習フニコノ上ノ大悪ハナイト思フベシ。（同前）

かように黙斎は、「三ケ津」では「焚亡」（三昧聖）が専門的に火葬を担うという状況がある他方で、「田舎」では火葬を「村ノモノガジキニ」行っているのだとする。幕藩権力が都市部での大量の死体処理という必要性から、「焚亡」と称された集団による火葬の執行を一応「公認」していた点に鑑みれば、都市部において彼らが行う火葬をとりやめることは確かに難しかったかもしれない[18]。しかし上総のような「田舎」では外注されることなく、個々人によって火葬が実施されていたのである。だとすれば、彼らに火葬の非と「治棺」による遺骸保存の重要性とを併せ説くことで、改善することは少なからず可能であったと目されようし、ほかならぬ黙斎においてそのように想定されていたと推し測ることもできよう。実際、本稿冒頭に掲げたように結果として清名幸谷村では、黙斎の移住によって火葬を憎み、棺槨に瀝青を用いるような風習が広がったとされていたのである。黙斎による火葬批判は一定の功を奏していたのだと考えて差し支えあるまい。

おわりに

如上の考察で明らかとなったことはまず、(火葬を除く)既存の仏式喪礼を積極的に許容しながら『家礼』に範をとる喪礼を執り行うという儒仏混淆的な儒礼実践が、「皮毛外」という明確な論拠と併せて、十八世紀後期の黙斎によって呈示されていたことであろう。儒仏の関係はしばしば対立関係として捉えられがちであり、殊に寺檀制と儒礼とはこれまで往々にして相容れないものと考えられてきた[19]。だが黙斎の喪礼実践論に注目することで窺えたのは、そのような理解とは大きく異なる儒仏関係のあり様であろう。あくまで十八世紀後期の喪礼をめぐる言述に限った事柄ではあるものの、この黙斎の事例を通じていえるのは、近世日本儒者がとりもなおさず排仏論者であったのだとする我々の固定観念は少なからず払拭されねばならないということではなかろうか。

そして、黙斎をしてかくなる儒仏混淆的な喪礼実践を呈示せしめた思想的要因こそ、ほかならぬ徂徠学批判であった。徂徠学における「修己」の欠落と礼の実践不可能性とを衝く形で、黙斎は「修己」をなすためには喪礼実践が不可欠であるとする考えに至っており、実践のためには仏教を容れることも厭わなかったと思われるからである。十八世紀後期における反徂徠の思潮の中にあって、徂徠学の道徳軽視は寛政正学派によっても主張されていたが、それを彼らのように「治人」に特化した形ではなく、あくまでも個々人における「修己」そのものを重視する視座から論じた点に黙斎の特徴がある。それでは、なにゆえ黙斎は正学派のような徂徠学批判には進まず、「修己」それ自体を重んじるとともに、その「修己」を数多ある礼の中でもあえて喪礼の実践という形でなしていくべきだとしていたのだろうか。最後にこの疑問に対する若干の私見を述べることによって、稿を閉じることとしたい。

黙斎と正学派とをわかつ最大の相違はけだし、現実政治に対する関心の有無に求められよう。清名幸谷村に移住後の黙斎は、「南総ニ隠レ、数々ノ俸ヲ辞ス」、「固ク塵俗ヲ避ケ、世栄ヲ絶チ、深ク市中ノ隠ト為リ、判然トシテ其ノ仕ヘザルヲ明カニス」（『稲葉黙斎先生伝』）といった姿勢を貫いていたと伝えられており、政治実践への志向性は限りなく低かったと見てよい。黙斎がこうした姿勢をとるに至っていた背景には、「浪人儒者ガ大名ノ前デ講釈ヲヨクシテモ、近習ガクツ〳〵笑フ」（『筆記』三巻）といった認識があったものと思われる。儒者が大名相手に儒教を講じたところで相手にされないと黙斎は考えていたのであり、彼がかつて諸藩に進講していた事実に鑑みればかかる認識には自身の経験が反映されていたのかもしれない。最後まで儒教を体制化し得なかった近世日本において儒者身分が周縁的なところに存していた点は周知の通りだが、上述の認識も基本的にはそうした儒者身分の構造的問題のうえに醸成されたものと考えられよう。いずれにせよ、上総に移住後にはとりわけ政治実践を志向しない姿勢をとっていた黙斎において、「治人」たる政治課題の遂行がもとより現実味をもたなかったであろうことは、容易に推して測られる。換言すれば、黙斎にとっては「修己」の方にこそリアリティがあったと推察されるわけである。

そして、このことはなにゆえ喪礼であったのかという問題とも相関的である。例えば黙斎は、朱熹最晩年（完成は没後）の大著『儀礼経伝通解』について「通解ハ天子諸侯ノ受用ナリ。学者ニ切ニナシ」と、これをあくまで「天子諸侯」の礼を念頭におく著作であると位置づけ具体的言及を避けると同時に、「実ニ朱子ヲ尊ブモノハコノ家礼ノ方ガヨイ筈」とやはり『家礼』の方が重要であることを強調している（『講義』二巻）。すなわち黙斎においては、『家礼』に載る礼こそが、為政者の側に立たない近世日本の儒者にあっても実践可能なものと見なされていたと看取し得、そのような観点から『家礼』記載の喪礼が選びとられたと考えられるのである。冒頭に示したように、黙斎の呈示した喪礼実践は清名幸谷村で一定程度の広がりをもつことができていた。都市部から離れた上総という農村地帯で儒教を奉じた人々が、黙斎のごとく現実政治と直接的な関わりを持たなかったであろうことは言を俟つまい。そのような上総道学の門人達にとってもまた、「修己」のための喪礼こそが現実的に実現可能な儒教の実践として享受されていたと考えることもできよう。

翻って思えば十八世紀後期以降、藩政改革等と軌を一にして儒者の政治参加が徐々に進んでいったとはいえ、依然としてそうした事態と無縁な儒者達も多数いたはずである。中井竹山（一七三〇―一八〇四）が当該期の儒者の現状を「民間戸籍に登らざる故、儒者の分往々医名に托し、又市中にて屋号なければ得心せぬ者も多き故、工商の名に托し倣居する等、余り浅間敷事也」（『草茅危言』）と認識していていたことはよく知られている。とすれば、徂徠学批判を経て「治人」重視の朱子学を「復活」させるとともに、かくなる「治人」を実際に多少なりともなし得ていた（その意味で影響力は大きかったが立場としては特殊な）寛政正学派より、むしろ同じく反徂徠の思潮のうちに存しながらも「修己」そのものにリアリティをもっていたそのほかの朱子学者達の方に、我々はもっと目を向けるべきなのかもしれない。黙斎の喪礼実践論は、儒仏混淆という大変興味深い儒仏関係の問題に加え、従来見落とされてきた十八世紀後期のかような日本儒教の姿をも暗示してくれているように思われるのである。

注

（1）黙斎および上総道学の基本情報に関しては、梅澤芳男編『稲葉黙斎先生と南総の道学』（南総崎門学会、一九八五年）、塚本庸『要説上総道学の研究』（成東町、二〇〇二年）、高島元洋編『近世日本の儒教思想』（お茶の水女子大学付属図書館、二〇一二年）を参照。

（2）渡辺浩『近世日本社会と宋学』（東京大学出版会、一九八五年）一七〇頁。

（3）吾妻重二編『家礼文献集成』日本篇一―七巻（関西大学出版部、二〇一〇―一八年）、吾妻重二ほか『朱子家礼と東アジアの文化交渉』（汲古書院、二〇一二年）、田世民『近世日本における儒礼受容の研究』（ぺりかん社、二〇一二年）、松原典明『近世大名葬制の考古学的研究』（雄山閣、二〇一二年）等。

（4）大久保紀子「稲葉黙斎論」（前掲『近世日本の儒教思想』）、三浦國雄「『朱子家礼』との距離」（『東アジア文化交渉研究』東アジア文化研究科開設記念号、二〇一二年）、細谷惠志「我が国における『朱子家礼』の受容について」（『東洋文化』三四七号、二〇一六年）。これらは個々には有益な指摘を含むものの、総じて以下で論じる黙斎の徂徠学批判という大変重要な問題に関してはいずれも全く触れられていないという欠陥を抱えている。

（5）頼祺一『近世後期朱子学派の研究』（渓水社、一九八六年）、辻本雅史『近世教育思想史の研究』（思文閣、一九九〇年）等。なお近年では加えて、清儒からの影響という要因も指摘されている。真壁仁『徳川後期の学問と政治』（名古屋大学出版会、二〇〇七年）、荻生茂博『近代・アジア・陽明学』（ぺりかん社、二〇〇八年）。

（6）前掲『近世教育思想史の研究』二一五頁。

（7）上総移住後の黙斎は同時代における朱子学の再流行を「此頃江戸デ学問ガハヤルト云ガ、朱子学〳〵ト云テモ朱子学ト云ハアルマイ。皆東莱派ト云モノジヤ」（『清谷語録』二巻）と認識しているが、それ以上のことは詳らかにし得ない。ただ門弟の林潜斎が、岡田寒泉（一七四〇―一八一六）・尾藤二洲（一七四五―一八一四）ら寛政正学派の儒者達をかなり否定的に捉えていたことは岡直養『林潜斎事略』に記されている。このことからも黙斎ないし上総道学が自らを正学派と峻別していたことは明白である。

（8）藍弘岳「太宰春台と徂徠学の再構成」（『思想』一一二二号、二〇一六年）、吾妻重二「江戸時代における儒教儀礼研究」（『アジア文化交流研究』二号、二〇〇七年）。

（9）吾妻重二「近世儒教の祭祀儀礼と木主・位牌」同ほか『東アジア世界と儒教』東方書店、二〇〇五年。

（10）因みに太宰春台の喪礼論は、こうした「俗」の斟酌という観点からその実践不可能性が論難に晒されている。例えば黙斎は春台を「唐ノマネヲスルモノ」と見なす前提のもと、「アマリ俗トスレチガフト肝心ノコトモナラヌヤフニナル。学者カタギノ唐ズキノト云フコトハ見識ナキコト」と述べている（『講義』一巻）。すなわち「俗」に鑑みず「唐」に倣うあまり、礼を実施し得なくなることが問題視されているのである。

（11）拙稿「寺檀制下の儒礼」（『立命館史学』三七号、二〇一六年）。

（12）念のため付言しておけば、高橋文博『近世の死生観』（ぺりかん社、二〇〇六年）でも指摘があるように、「皮毛外」それ自体への言及は、闇斎学派内では既に浅見絅斎『家礼師説』・若林強斎（一六七九―一七三二）『家礼訓蒙疏』・稲葉迂斎（一六八四―一七六〇）『火葬論』等に散見される。しかしながら絅斎・強斎はそもそも「皮毛外」を仏教の問題と結びつけて捉えていない。迂斎は例外的に仏教への配慮に説きおよんでいるものの、必ずしもその存在を勘案した具体的な形での喪礼実践のあり方は示されていない。「皮毛外」を明確な論拠としながら、仏教を容れた形での具体的な喪礼実践のあり方を呈示した点に黙斎の特徴があるといえよう。

（13）前掲「近世儒教の祭祀儀礼と木主・位牌」、原田正俊「日本中世の位牌と葬礼・追善」（『アジア遊学』二〇六号、二〇一七年）等。

（14）『喪埋之書』は黙斎が上総に移住する以前の寛延元（一七五一）年に書かれている。だが該書は上総にも確かに伝わっており、例えば弘化四（一八四七）年の写本の奥書に「此書、成東武兵衛より伝わりて後、成東駅の葬埋多く古礼に復す。武兵衛の如きは先生の志を継ぎて、礼俗を成す者と謂うべき者なり」（『喪埋之書』）とあることを踏まえれば、該書に基づく儒礼が上総で少なからず執り行われていたことは明らかである。

（15）黙斎において寺院が墓所を管理するということは「今日、旦那寺ヲソマツニセヌモ其寺中境内ニ先祖ノ遺骸ヲ埋メヲクカラゾ」(『筆記』三巻)と、所与の前提であった。従って彼はまた「金銀ヲアツメ祠堂金を寺に付べし。左スレバ是モ過去帳ニ付ケ永々墓をあばかざる、寺あるかぎりの事を證ス、是甚永久之謀」(『喪埋之書』)と、そうした寺院に祠堂金を支払うことで墓の長久な保存を企図すべきだとも述べている。

(16) この「永久の慮」という観点から、黙斎が以下のような批判を展開していた点は興味深い。「詩ヲ作ルトキハ黒田川ヲ黒水トモ目黒ヲ驟山トモ勝手ニスルガヨイガ、ソコデ吾親ノ死ンダトキ行ヤ碑文ニ、驟山ノ黒水ノト書クトヲドケラシクテ悪ヒ。後世事実ガ知レヌ様ニモ成フ。(中略)南郭ハ雅字ヲ好ムデ当ラヌコトガ多ヒ」(『清谷語録』二巻)。この言述に鑑みれば、上引の「俗儒」の墓碑銘を批判する際に黙斎が念頭においていたのは、もしかすると徂徠学派の服部南郭であったのかもしれない。

(17)「蓋上世。嘗有不葬其親者。其親死。則挙而委之於壑。他日過之。狐狸食之。蝿蚋姑嘬。其顙有泚。中心達於面目。蓋帰反虆梩而掩之。掩之誠是也。則孝子仁人之掩其親。亦必有道矣」(『孟子』滕文公上)。

(18) 木下光生『近世三昧聖と葬送文化』(塙書房、二〇一〇年)。

(19) 例えば黒住真『近世日本社会と儒教』(ぺりかん社、二〇〇三年)は、寺檀制の存在を主な根拠として近世日本での儒礼の不在を論じている。

＊引用史料一覧

■浅見絅斎『家礼師説』…小浜市教育委員会所蔵 ■稲葉黙斎『小学筆記』…東京大学総合図書館所蔵／『家礼抄略講義』『清谷語録』『喪埋之書』…千葉県文書館所蔵／『哀公問何為民服章講義』『答或人』『姫島講義』「鵜沢喜内・幸七郎宛書簡」…『東金市史』資料篇三巻、東金市役所、一九八〇年／『五旬引』…『東金市史』資料篇四巻、東金市役所、一九八二年 ■蟹養斎『居家大事記』…九州大学付属図書所蔵 朱熹『家礼』『朱子語類』巻八九…『朱子全書』七・一七冊、上海古籍出版社、二〇〇一年 ■中井竹山『草茅危言』…『日本経済大典』二三巻、明治文献、一九六九年 ■西山拙斎「与赤松滄州論学書」…『日本思想大系四七』岩波書店、一九七二年 ■林潜斎『稲葉黙斎先生伝』…『東金市史』資料篇三巻 ■尾藤二洲『正学指掌』…『日本思想大系三七』岩波書店、一九七二年／「答問愚言」…『日本思想大系四七』

付記 史料の閲覧にあたっては、千葉県文書館の方々に一方ならぬご助力を賜りました。末尾ながら記して御礼申し上げます。

(立命館大学非常勤講師)

佐藤一斎の「天」
――本居宣長以後の超越者観念――

中村安宏

はじめに

本居宣長（享保十五・一七三〇年～享和元・一八〇一年）は文化九年（一八一二）に刊行された『玉勝間』第一四巻のなかで、つぎのように述べている。

から人の、何につけても天天といふは、神あることをしらざる故のひがことなり。天は、たゞ神のまします国にこそあれ、心も、行ひも、道も、何も、ある物にはあらず。いはゆる天命、天道などいふは、みな神のなし給ふ事にこそあれ。(1)

宣長は天と神とを対峙させて、天よりも神を重要視し、天の働きへの否定的見解を述べた。平石直昭氏はこの「本居宣長による天の否定」について、「徳川思想史上、一つの画期をなした」と言うが(2)、宣長以後、天の観念はどのように展開していくのであろうか。諸学の枠を超えて広く見ていく必要があろう。源了圓氏は「宣長や篤胤によって否定された天の観念は、国学の神観念を媒介することによって新しい思想文脈で後期水戸学（とくに会沢正志斎）や吉田松陰の中に復活し、日本の天皇観の形成に大きな役割を果たすことになる」「後期水戸学の思想が国学をみずからの中に吸収して、天の思想をその観点から再編した」と言う(3)。本稿では後期水戸学などとは別の展開があったことを明らかにすべく、林家塾長、そして幕府儒者を務めた佐藤一斎

（安永元・一七七二年〜安政六・一八五九年）の天の観念を取り上げ、宣長以後の超越者観念の一端を解明したい。

まずは先行研究の問題点を整理しておく。相良亨氏は、「『言志四録』と『洗心洞劄記』」（日本思想大系四六『佐藤一斎 大塩中斎』解説、一九八〇年）のなかで、一斎の天について、(a)軀殻仮己に対する、霊光真我＝天、の主宰性の確立を求めている。(b)天の无妄性に生きること、天行の在り方に従って事を処することを説く。(c)天はまた数（運命）をつかさどるものであり、不可測なものでもある。一斎には天によって選ばれた者としての意識が流れている、と述べている。(c)の最後の「一斎には天によって選ばれた者としての意識が流れている」を除いて、それぞれの内容自体にとくに異論はない。ただし不十分な点が残る。(a)(b)(c)の天についての見解のうち、(a)は構造的な面から、(b)は具体的な面から天にかかわる一斎の工夫に迫ったものである。この(a)(b)の天と(c)の天との関係について氏は、「天に帰一するところに道義的営為の根本を理解していたが、天にはまた「天定の数」という仕方で、人間のさだめ、運命を司るものとして捉えられた」「帰一すべきものとしての自明性とともに不可測の面を天はもっているのである」（傍点筆者）と述べている。二種の天が総合的にとらえられていないために、一斎の天、および天人関係の根本的な特徴が明らかになっていない。これが第一の問題である。

第二に、これまでの研究においては、天の時期的な変遷についての考察がなされていなかった。実は一斎は青年期には天をあまり重要視していない。一斎は寛政五年（一七九三）、二十二歳の折りに書いた『心得録』のなかで、「太古は則ち心を師とし、中古は則ち人を師とし、後世は則ち経を師とす」（第三三条）と述べていた。[4] しかし文化十年（一八一三）、四十二歳の五月に執筆が開始され、文政七年（一八二四）、五十三歳の折りに刊行された『言志録』のなかでは、「太上は天を師とし、其の次は人を師とし、其の次は経を師とす」（第二条）と述べている。一見してわかるように「心」が「天」に置き換えられている。これは心をさほど尊重しなくなったということではなく、心の拠り所として天が重要視されてきたということであろう。

また一斎は、『大学』の「親民」の「民」について、被治者としての庶民に限定されるものではなく、人間一般を指すと解釈しているが、それを説く際、寛政七年（一七九五）、二十四歳以降に成った『大学一家私言』では「民とは人なり。己に対するの称なり。……汎く人類を謂ふ。[5] 専ら百姓を指すに非ず」となっていたのに対して、文政十二年（一八二九）、五十八歳以降に書かれた『大学古本旁釈補』書入では「民ハ天ヘ対シテ、世界中ノ人類ヲサシテ云フ」に改められている[6]。一斎は後年、寛政七年（一七九五）二十四歳から文化十年（一八一三）四十二歳の五月ころの間に、みずからの諸思想を天を軸に体系化しているのである。

ただ期間が長いので、さらに絞るべく、この間に書かれたもので「天」に言及しているものを探したところ、一斎の『愛日楼全集』中に以下の二例を得た。文化元年（一八〇四）の「古河教授鶴城恩田君墓碣銘」のなかの「吉人《きつじん》善を作せば、天必ず報い有り。其の身に於いてせざれば、必ず其の子孫に於いてす」[7]と、文化三年（一八〇六）の「節斎説」のなかの「君子の学は、天に順ふのみ」[8]である。「吉人」とはここでは立派な人という意味である。これらのうちとくに後者の表明が注目される。一斎は文化二年（一八〇五）、三十四歳の折りの十一月に林家の塾長になっている。その林家は国学を危険視していた（本稿二節参照）ことに注意したい。一斎が天を重要視し、天を軸にみずからの思想を体系化した時期は、文化三年（一八〇六）の三十五歳前後から文化十年（一八一三）の四十二歳の間にあったのではないか。その背景には何があったのか。なお天に関して、その後「言志四録」[9]（『言志録』『言志後録』『言志晩録』『言志耋録』、以下それぞれ録・後・晩・耋と略記し、条数を数字で示す）間には変化は見られない。

一、朱熹の天と一斎の天

一斎の天、および天と人間との関係づけ方について考察する際には、朱子学などと比較しながら、その特徴を明らかにしていく必要があろう。そこではじめに経典のなかの天についての注釈を取り上げ、朱熹と一斎とで違いが見られるところを探してみよう。

『論語』陽貨篇の「天何をか言はんや。四時行はれ百物生ず。天何をか言はんや」について、朱熹は「四時行はれ百物生ずるは、天理の発見流行の実に非ざるは莫し」（『論語集注』）と述べており、天は天理として自然界に内在しているものととらえている。これに対して一斎は「天は詢《じゅん》詢然として四時を喩して百物に令するを為すに非ずして、四時百物は、自ら能く之れに承順す」（『論語欄外書』）と言う[10]。ここでは「天」と「四時百物」とはあい対している。「承順」は天に対する態度として、一斎が好んで使用する表現である。

また『孟子』梁恵王下篇には、孟子の弟子の楽正子が、魯の平公を孟子に会わせようとしたが、近臣臧倉に阻まれて実現しなかった話がある。これについて孟子は「行くも之れを使《せし》むる或《あ》り（行くも或いは之れを使む）。止まるも之れを尼《とど》む或り（止まるも或いは之れを尼む）。行くと止まるとは人の能くする所に非ざるなり。吾の魯侯に遇はざるは、天なり。臧氏の子、焉くんぞ能く予をして遇はざらしめんや」と述べているが、朱熹は「人の行くや必ず人の之れを使むる者有り、其の止まるや必ず人の之れを尼むる者有り。然れども其の行く所以、止まる所以は、則ち固より天命有りて、此の人の能く使むる所に非ず、亦た此の人の能く尼むる所に非ざるなり。然れば則ち我の遇はざるは、豈に臧倉の能く為す所ならんや。……聖賢の出処は、時運の盛衰に関る。乃ち天命の為す所にして、人力の及ぶべきに非ず」（『孟子集注』）と言う。ここでの天は人間界の奥に働いている天命であり、また「時運の盛衰」というように全体の状況にかかわるものととらえられている。これに対して一斎は金瑯山の『四書述』から引用し、「或の字中、便ち天の字を隠含す。宜しく使・尼を将て人上に著けて説き、別に行く所以、止まる所以の一層を推出すべからず」（『孟子欄外書』）と言う。[11] ここでは個々の人間の行為に直接かかわるものとして天がとらえられている。以上から、一斎の天は朱熹と比較したとき、容易に内在化・抽象化されるものではなく、世界に外在して個々に具体的に作用を及ぼすという傾向があることがわかる。

　この傾向を踏まえて、つぎに「言志四録」の天を調べてみると、やはり人間界に外在して作用を及ぼす用例が多く見られる。具体的には、個人の境遇（録五九・録二四三）・生死（録一三七・晩二七四・晩二七五・耋二八八・耋三三四）・禍福（録二〇一・後七五）・貧富（晩一九〇）・行為（録二四五・耋二八八）、子孫の禍福（後一七六）、家の貧富（晩一九一）にかかわるものがある。その天への人間のかかわり方に注目してみると、一斎はこの生死や禍福をつかさどる天に対して、「順受」（ひたすら従う、録一三七・録二〇一・耋三三四）すべきことを説いている。

　しかし、以上で一斎の天のすべてを言い尽したわけではない。「吾が心は即ち天なり」（録一九八）、「吾が心の霊明知覚の天為る」（晩七）、「吾が性は即ち天なり」（録一三七）など、天が人間に内在している用例もある。[12] こちらはのちに述べるように青年期から見受けられる。これは相良氏が言う(a)の天に相当するものであるが、一斎にあって内在・外在二つの天は別々のものではない。人間の天へのかかわり方として共通点がある。さきに述べたように一斎は生死や禍福をつかさどる天に対して、「順受」すべきことを説いていたが、『言志録』では連続する条においてつぎのように述べている。

　人は須らく地道を守るべし。地道は敬に在り、順にして天を承くるのみ。（九四）

耳目口鼻、四肢百骸、各々其の職を守り以て心に聴ふ。是れ地、天に順ふなり。（九五）

地をして能く天を承けしむるは、天之れを使《せし》むるなり。身をして能く心に順はしむるは、心之れを使むるなり。（九六）

ここでも「順承」（出典は『易』坤の彖伝「順承レ天」と文言伝「坤道其順乎、承レ天而時行」）が言われている[13]。一斎の敬とは心の主宰性に身を委ね、つまり身をつねにこの主宰者の下に置いておくことである。このように心（性）が天と言われるときでも、人間（自己）と対峙するものとして天がとらえられており、天は人間（自己）が聴従すべきものであった。ここにさきに問題にした一斎の天、および天人関係の根本的な特徴を見ることができる。

心性＝天に関連して一斎には、悪を心に起因させることを忌避する傾向がある。朱子学にあっては、心は現実には悪をも結果する可能性（背理性）をもったものと見て、その心が性、さらにその根源である天を畏敬し、本来性に覚醒するための敬の工夫（居敬・持敬）が説かれた。これに対して陽明学では、朱子学の敬の工夫はともすると心が性に縛られるために、心のもつ活動力が弱められることになると危惧し、敬は蛇足であると述べ、悪をも結果しかねない心の活力をそのまま善創造の活力へと転化させようとした。ところが一斎の場合、朱子学や陽明学とも異なって、悪を心に起因させることを忌避する。『大学』の「所謂る身を脩むるは其の心を正すに在りとは、身忿懥する所有れば、則ち其の正を得ず。恐懼する所有れば、則ち其の正を得ず。好楽する所有れば、則ち其の正を得ず。憂患する所有れば、則ち其の正を得ず」について、朱熹は『大学章句』のなかで「程子曰く、「身有の身は当に心に作るべし」と」と記しているが、一斎は『大学一家私言』のなかで、「程子の云ふ「身有の身は当に心に作るべし」は、則ち大いに然らざる者なり。情、軀殻の気に動く、故に其の正を得ざると為す。其れをして本心の理に出でしむれば、何ぞ正しからざること之れ有らん」と批判していた。一斎は身（「軀殻の気」）と心（「本心の理」）とを区別して、情が軀殻を作っている気に振りまわされて発動するから悪が結果するのであるとして、悪が生じる原因を心ではなくむしろ身のほうに当てようとしている。『言志録』中にも「性は諸を天に稟け、軀殻は諸を地に受く。天は純粋にして形無し。形無ければ則ち通ず。乃ち善に一なるのみ。地は駁雑にして形有り。形有れば則ち滞す。故に善悪を兼ぬ」（一〇八）と見える。一斎は『心得録』のなかですでに述べていた。「誠は天の道なり、故に乾に於いて始めて之れを言ふ。敬は地の道なり、故に坤に於いて始めて之れを言ふ。心性は之れを天に稟くれば、誠ならざるべからず。形体は之れを地に受くれば、敬せざるべからず」（第一二条）。一斎の敬とはさきに述べたように、心の主宰性に身を委ね、身をこの主宰者の下に置いておくことであるが、この主宰性が確立しているかぎり、人間は軀殻の気に振りまわされて悪を生み出すことがなく、誠が十全に発揮されることになる。

なお一斎は、王陽明の無善無悪説を採用しているが、そこでもやはり〈天・心性—地・身〉の二元的人間理解にもとづいて述べられており、内実は王陽明の場合とは異なっている。王陽明が心の本体は無善無悪と言うとき、もともとそれは、心の本体は既成の善悪（価値観）にはとらわれないということの表現である。一斎は天保元年（一八三〇）に完成した『伝習録欄外書』のなかでつぎのように述べている。「性の本体は、善無く悪無きとは、形而上を指して言ふ。善悪の名づくべきに至りては、則ち已に形而下に落つ。故に善無く悪無きとは、即ち所謂る至善にして、物と対する無し。是れ其の本体なり」[14]（下巻・第一〇八条）。「天の命ずる之れを性と謂ふ。只だ是の理や未だ形迹に堕せずんば、善悪の名づくべき無し。即ち所謂る至善なり。……但だ人に軀殻有り、斯こに意欲有り。意欲有り、斯こに物誘有り。物誘有るや、故に其の動く所に過不及有りて、善悪介す」[15]（下巻・第七三条）。一斎は無善無悪を「善悪名づくべ」きなきものと理解している。善とも悪とも名づけられない何物かを指す。それは形而上の絶対者なる「至善」という実体であり、あとに「軀殻」が出てくることから、天＝心性のことと見てよい。一斎の無善無悪とはその属性（絶対善）の表現であり、さきの『言志録』の「天は純粋にして形無し。形無ければ則ち通ず。乃ち善に一なるのみ」と同様のことを言っているのである。[16]

二、宣長の神と一斎の天

林述斎（蕉軒）は、親しかった平戸の松浦静山の『甲子夜話』のなかに、本居宣長について批判した発言を残している。「蕉軒云、……近時勢州の和学者本居宣長、強て我国のことを主張せんとて、孔子に名云しも、ますます知らざるの甚しきものなり」[17]と。また、述斎は天保六年（一八三五）に静山に宛てた書簡のなかで、「近頃、和学家之薺庵（薺庵は伊勢人、本居宣長なり。……此人国学を尚ぶの余り、唐の聖者堯舜孔子の如き、皆これを訕り、且中華の学を邪なりとす。因て近来これを非する者出づ。是等人の容ざるの最也。……）などもよき時分に死し申候。さなければ大事に成可ㇾ申候。又大角（大角は、平田氏の俗称ならん。……この人も吾国を尊ぶの末、唐の聖賢を嘲る。これも亦人の容ざる者にして、林氏の挙に与らざる漢とす）も、公辺より御沙汰に而尾張家出入さし留に成り、今は逐電と聞へ申候。是等数に不レ入輩ながら愚俗の信じ候者は、多分山師多く御坐候」と述べている。(18) 括弧内は静山が補足したものであろう。林家と国学（本居宣長・平田篤胤）との緊張関係を知ることができるが、林家塾長であった一斎の思想もこの緊張関係を踏まえてとらえるべきではないか。国学と比較することにより、一斎の思想に新たな光を当てることができると考える。

本居宣長の神と佐藤一斎の天とを比較すると、どちらも外在的であり、かつ不可測であるという点で実は共通している。宣長は安永九年（一七八〇）に成り、享和三年（一八〇三）に刊行された『くず花』のなかで神について、「すべて神の御《み》所行《しわざ》は、尋常《よのつね》の理をもて、人のよく測り知ところにあらず」「神は……甚奇《くすし》く霊《あや》しく坐《し》まして、人の智のはかり知ることあたはざる処おほく、又善も悪も有て、その徳もしわざも、又勝れたるもあり、劣れるも有」と述べる。(19) 悪とは禍津日神などを指している。宣長は神は不可測であることを言うが、一斎も『言志録』のなかで、「天の万物を生ずる、一に何ぞ無用の多きや。材に中らざるの草木有り、食ふべからざるの禽獣虫魚有り。天果たして何の用有りて之れを生ずるや。殆ど情量の及ぶ所に非ず」（一〇五）と、天の不可測さを言う。のちのものであるが一斎は『言志耋録』のなかでも、「天は測るべからずして、或いは測るべし」（二三三）と述べている。人間にとって天意は測りかねるところがある。相良氏も、一斎の天は不可測な面ももっていると述べていた。

しかし一斎の天はそれにとどまるものではない。『言志録』に言う。

……理に測るべきの理有り、測るべからざるの理有り。之れを要するに皆な一理なり。人は当に測るべきの理に安んじ、以て測るべからざるの理を俟つべし。是れ人道なり、即ち天命なり。（二四四）

不可測でありながらもそこには理が存在するという。一斎の場合、人間の営為によって物事はいずれ達成するという確信がある。天は人間の能力からすれば不可測な面もあるが、そこには人間にはわからない深慮があるものとして信頼感をもって受けとめられている。(20)

また、宣長は明和八年（一七七一）に成った『直毘霊』のなかで、「皇大御《すめらおおみ》国《くに》は、掛まくも可畏《かしこ》き神御《かむみ》祖《おや》天照大御神の、御生坐《みあれませ》る大御国にして、万国に勝れたる所由《ゆえ》は、先こゝにいちじるし」と述べ、(21) 特殊日本の優越性を説いている。一斎は寛政三年（一七九一）、二十歳の折りに成った『蘐園鬮蕪』のなかで、「夫れ仁義礼智は、天地自然の道にして、万古に亘りて改まらず、人性に存して滅せず。諸を夏華に行ふべく、諸を戎狄に行ふべし」（第五則）と、国際上の道の普遍性を説いていたが、[22]『言志録』では「茫茫たる宇宙、此の道は只だ是れ一貫す。人より之れを視るに、中国有り、夷狄有り。天より之れを視るに、中国無く、夷狄無し。……天は寧くんぞ厚薄愛憎を其の間に有せんや」（一三二）と述べており、道の普遍性を支えるものとして公平なる天が登場する。一斎のこの発言は中華崇拝への批判として述べられたものではあるが、国学とも対立する。一斎の天は国学の神とは異なり、日本だけを重要視するというものではない。以上から見るに、一斎の天は宣長などの不可測説や悪神説、日本の優越性の主張などを乗り越えようとするなかで形成されたものと考える。

三、数

一斎は『言志録』でつぎのように述べている。

人、災患に罹《かか》るや、鬼神を禱り以て之れを禳ふ。苟も誠を以て禱らば、或いは以て験を得べし。然るに猶ほ惑ふなり。凡そ天来の禍福は数有りて、趨避すべからず、又た趨避する能はず。鬼神の力、縦ひ能く一時之れを禳ふも、而れども数有るの禍は竟に免るる能はず。天必ず他の禍を以て之れに愽《か》ふ。譬ふるに頭目の疾、諸を腹背に移すがごとし。何の益か之れ有らん。故に君子は順に其の正を受く。（二〇一）

冒頭で見たように、本居宣長は天より神を重要視していたが、一斎は神（鬼神）と天とを対峙させて、神を超えた存在として天を位置づける。その天は神に替わって強力な作用を人間に及ぼす。ここでも「順受」（出典は『孟子』尽心上篇）が言われている。一斎の天について考察する際には、数についても取り上げる必要があろう。これは「天定の数」（録二四三）とも表現され、天に規定されているものである。[23]「宇宙間の事事物物は、自ら一定の数有り。吉凶禍福・盛衰治乱は、命に非ざるは莫きなり」（『孟子欄外書』尽心上篇）などと、[24]一斎は人間を取り巻く世界における数についてしばしば説いている。その実体は気の運動であるため「気数」とも表現される。またそれが歴史のうねりとしてとらえられるときには「気運」と言われる。数は「旋転して移る」（耋八二）つまり循環的に運動し、また「気数の然る所以は、亦た理なり」（『論語欄外書』李氏篇）と、気数の奥一層にはその根拠としての理がある。[25]つまり理法的に循環するものなのである。なお一斎はこの理を「易理」（後二五）とも表現している。[26]ところで朱熹も気数を言う。しかし朱熹の気数は三浦國雄氏によれば、気の変数として理の制御から逸脱してしまったものであり、(27)一斎の場合とは異なる。
　では人間は数とどのようにかかわるか。数の根拠である理は「数理は則ち前に定まる」（後二五二）と言われるようにア・プリオリなものであり、人間にとって移動不可能なものとして、天と数とが結合され「天定の数は、移動する能はず」（録二四三）とも表現される。この点も朱熹とは異なる。三浦氏によれば、朱熹にあっては天が気数の変調を返すべく信頼されているという。一斎の場合、気数と理と天とが一元化されているのである。さて『言志録』の開巻第一条はこの数についての論である。

　凡そ天地間の事は、古往今来・陰陽昼夜、日月代々《こもごも》明るく、四時錯《たが》ひに行《めぐ》り、其の数は皆な前に定まる。人の富貴貧賤・死生寿殀・利害栄辱・聚散離合に至るも、一定の数に非ざるは莫し。殊に未だ之れを前知せざるのみ。譬ふるに猶ほ傀儡の戯れの、機関已に具はりて、観る者知らざるがごときなり。世人は其の此くの如きを悟らず、以て己の知力恃むに足ると為して、終身役役と東索西求し、遂に悴労して以て斃る。斯れ亦た惑ふことの甚だしきなり。（傍線筆者）

前田愛氏らによる(28)いわゆるA系稿本では、はじめの傍線部が「其の理は皆な前に定まる」に、つぎの傍線部が「一定の命に非ざるは莫し」に、最後の傍線部が「世人は天命の移動すべからざること此くの如きを悟らず」になっていた。(29)いわゆるC稿本から数に統一されている。ということは、この条が執筆された文化十年（一八一三）五月二十六日から、『言志録』のC稿本（最終稿本）が成立した文政六年（一八二三）十二月までの間に、一斎の数の論も確立されたのであろう。
　一斎はどういう意図から数を説いているのか。『言志録』の最後の四条（二四三〜二四六）も数の論であるが、そのうち第二四五条を見よう。

　凡そ事を作すに、当に人を尽くして天に聴ふべし。人の平生放懶《らん》怠惰なる有りて、輒ち「人力もて徒労するは益無し、数は天来に諉ねん」と謂はば、則ち事は必ず成らず。蓋し是の人、天之れが魄を奪ひて然らしむ、畢竟亦た数なり。人の平生敬慎勉力なる有りて、乃ち「人の理尽くさざるべからず、数は天定に俟たん」と謂はば、則ち事は必ず成る。蓋し是の人、天之れが衷を誘ひて然らしむ、畢竟亦た数なり。又た人を尽くして事成らざる有り。是れ理の成るべくして数の未だ至らざる者にして、数至れば則ち成る。人を尽くさずして事偶々成るは、是れ理の成るべからずして数の已に至る者にして、終に亦た必ず敗を致す。之れを要するに皆な数なり。成敗の、其の身に於いてせずして其の

子孫に於いてする者有るも、亦た数なり。（傍線筆者）

この条について、相良亨氏は日本思想大系の解説のなかで言う。

注目すべきことは一斎がまた、人が「放懶怠惰」なのは、実は「天これが魄を奪ひて然らしむ、畢竟また数なり」といい、人が「敬慎勉力」なのは、実は「天これが衷を誘ひて然らしむ、畢竟また数なり」というところである。こうなるとすべては測る可からざるものによって決定されており、一斎の『言志四録』の立論も、ひろくは人間のすべての営みも、すべて無意味なものとして崩潰する感をまぬかれない。……そこで、もう一度この「天定の数」の議論が一斎自身にどのように受けとめられていたかということを考えると、次のように理解されてくる。即ち、一斎は現に道義的な向上に努めている人物であり、「養生」に努めている人物であると考えてみよう。しかして、その一斎がこの「天定の数」の議論をはいていると考えてみよう。こう考えると、現にある一斎のあり方は、まさに天によって誘われつつあるものであるということになるであろう。一斎の意識の中には、自らを天によって誘われつつあるもの、その意味において選ばれたものであるという意識が流れていたということになるであろう。数の議論は、……自らを天によって選ばれた者とする意識において説かれたものと理解しないではおられない。しかして、この意識は、一方、遊惰な者を天にみすてられた者、所詮何ともなしがたい者とみることになろう。家老の子に生れ、林家の塾長となり、後に昌平黌の儒官となった一斎の精神貴族としてのプライドが、ここにはしなくも示されたことになる。しからばその「独立自信」も天によって選ばれた者の誇りたかい主張であったことになる。

氏の理解にはいくつか問題がある。第一に、氏は「すべては測る可からざるものによって決定されて」いると言うのだが、この条の前の条は、さきにも挙げた「数の然らざるを得ざる所以の者は、即ち理なり。理に測るべきの理有り、測るべからざるの理有り。之れを要するに皆な一理なり。人は当に測るべきの理に安んじ、以て測るべからざるの理を俟つべし。……」（録二四四）である。「測る可からざるもの」という表現はこれを受けたものであろうが、氏は「測るべからざるの理」の「理」を見落としている。一斎は、人間にとって不可測の状況のなかにも理があると信じている。彼において状況の奥にある理への信頼は強い。第二に、この第二四五条に関連する条として、『言志録』のいわゆるB系稿本第五七条がある。この条は刊本では削除されているものであるが、そこでは「善を作して慶至らざるは、其の先必ず余殃有り。殃尽きて慶至る。不善を作して殃至らざるは、其の先必ず余慶有り。慶尽きて殃至る。其の身に於いてせざれば、必ず其の子孫に於いてす。試みに之れを思へ、四時遆《たが》ひに運り、万古違はず、天道は皆な然り」と説かれている。(30)善を行ってなかなか相応の応報が得られないとしても、「天道」を疑ってはならない。ここで一斎は、自分一代を超えた先祖からの余慶や余殃を考えており、「天道」の厳正さへの信頼感を見ることができる。この点を踏まえて理解すべきであろう。第三に、一斎はそれぞれの自己に即してそれぞれの道徳修養を行う各人の自得を尊重していたが(31)、氏の理解だとその点にそぐわない。

これらを踏まえて、この条を実践者に即して読んでみる。ここで天が「之れが魄を奪ひ」「放懶怠惰」にさせようとしているのか、「之れが衷を誘ひ」「敬慎勉力」にさせようとしているのか、その天意は、人が行為を起こしたその場ではじめて体認できることである。人が努力して行為している以上は天がそうさせているのであり、人は事の成就に関して、そうさせている天の保証を得ていることになる。さらにさきの条の傍線部に注目されたい。「人力もて徒労するは益無し、数は天来に誘ねん」と言えば、「事は必ず成らず」、「人の理尽くさざるべからず、数は天定に俟たん」と言えば、「事は必ず成る」のであり、「人を尽くして事成らず」としても「数至れば則ち成る」のであり、「人を尽くさずして事偶々成る」場合は「終に亦た必ず敗を致す」のである。さらに「成敗の、其の身に於いてせずして其の子孫に於いてする者有る」とも言う。ここでは人の善悪への天の応報の厳正さが説かれている。一斎にあってやはり天への信頼は保持されているのである。相良氏は、一斎には天によって選ばれた者としての意識が流れている旨を述べているが、これは当たらない(32)。

四、死生観

一斎の天は人の死の問題ともかかわる形で登場してくる。本居宣長は周知のとおり死後、人は黄泉の国に行かざるをえないと説いた。『答問録』一二では「よみの国は、きたなくあしき所に候へ共、死ぬれば必ゆかねばならぬ事に候故に、此世に死ぬるほどかなしき事は候はぬ也」と述べている(33)。この宣長の死後観は当時にあっては衝撃的なものであったと考えられる。それを受けて文化・文政期には諸学を超えて死後安心論（死へ向けての心の安定を得るための論）が問題となった。

平田篤胤（安永五・一七七六年〜天保十四・一八四三年）は文

化九年（一八一二）に成り、翌年に刊行された『霊の真柱』下巻のなかで宣長を批判して、「古くも今も、人の死れば、其魂は尽《ことごと》に、夜見国に帰《ゆく》といふ説《こと》のあるは、あなかしこ、伊邪那岐大神の、いみじくもおもほし定賜《おきてたま》へるその神《かむ》御慮《みはかり》をおもひ奉らず、また大国主神の、幽冥を掌《かみごと》り治《し》し看《め》す、幽契《ふかきちぎり》の妙なる謂《レ》をも順考《かんが》へず、いとも忌《ゆ》々しき曲説《まがごと》にて、慨《うれたき》ことのかぎりになむ有ける」と述べる。(34) そして同じく『霊の真柱』下巻のなかで言う。

抑、その冥府と云ふは、此顕国《うつしくに》をおきて、別《こと》に一《ひと》処《ところ》あるにもあらず、直《ただち》にこの顕国の内いづこにも有なれども、幽冥《ほのか》にして、現世《うつしよ》とは隔り見えず。……その冥府《めいふ》よりは、人のしわざのよく見ゆめるを、顕世《うつしよ》よりは、その幽冥を見ることあたはず。(35)

篤胤は、これも周知のとおり死後の霊魂が居る場所＝幽冥界（「冥府」）を構想する。篤胤の死後安心論が幽冥界を拠り所としたのに対し、一斎が拠り所としたのは天である。『言志録』に言う。

天は之れを生じて、天は之れを死せしむ。一に天に聴《したが》ふのみ。吾れ何ぞ畏れん。吾が性は即ち天なり。軀殻は則ち天を蔵するの室なり。精気の物と為るや、天は此の室に寓す。遊魂の変を為すや、天は此の室を離る。死の後は即ち生の前、生の前は即ち死の後にして、吾が性の性為る所以の者は、恒に死生の外に在り。吾れ何ぞ畏れん。（一三七）

「吾れ何ぞ畏れん」と述べ、死に対する恐怖を乗り越える理論を提供しようとする。その際、一斎が拠り所としたのは天である。一斎は「軀殻」＝身体と、「性」＝天とを区分して、死生は「軀殻」レベルの問題であり、人間の内なる本質としての「性」は即ち天が宿ったものであって、死生とは無関係であると説き、死生を相対化しようとする。このように見てくると一斎において天が登場してくる理由の一つとして、死の相対化（一種の死後安心論）があるのではないかと考える。

ところで、やはり陽明学を学んだ熊沢蕃山（元和五・一六一九年～元禄四・一六九一年）は、寛文十二年（一六七二）に初版本が刊行され、延宝年間（一六七三～八一）に二版本が刊行された『集義和書』（巻一四）のなかでつぎのように述べている。

心友問。世の学者の云、人死して精神なし。父母先祖を祭といへ共、其祭を受べき者なし。……誠に我・人共に死しては何かあるべき。云。……たゞ人心のみを見て此見あり。人心は形気の心也。此形なければ此心なし。吾人の本心は理也。理は無レ始無レ終、生生して不レ息、則性則心也。君子は此理明らかにして存す。死生を以て二にせず。……亡びざる者は常に存し、亡るものは今よりなし。[36]

質問者によれば、人間は死後、結局のところ何も残らなくなるという。これに対して蕃山は、「世の学者」や質問者のとらえ方は、「形」に即した心である「人心」だけを問題にしたものであり、身体の次元を超えるべきことを説いている。そして「人心」=「形気の心」=「亡るもの」とは異なる、より本質的な内なる「本心」=「理」=「亡びざる者」の存在を説き、心の内面を拠り所にして身体の生死を相対化しようとする。

同じく陽明学を学んだ大塩中斎（寛政五・一七九三年〜天保八・一八三七年）は、天保四年（一八三三）に刊行された『洗心洞劄記』のなかで、「人は神を存して以て性を尽くせば、則ち散じて死すと雖も、其の方寸の虚は、太虚と混一して流れを同じくし、朽ちず滅びず。人如《も》し虚を失はずして此こに至らば、亦た大いなるかな、盛んなるかな」（巻下、第一〇六条）と言う。[37]「散じて死す」る身体に対し、中斎が拠り所としているのは「太虚」である。人間は内なる「太虚」=「方寸の虚」を保持していくならば、「朽ちず滅びず」という境地に至るのであるという。

以上、蕃山、中斎と、一斎と同じく陽明学を学んだ思想家たちについて見てきた。彼らは用語に違いはあるものの、「亡びざる」「本心」（蕃山）、「死生の外」なる「天」「性」（一斎）、「朽ちず滅び」ざる「太虚」（中斎）と、いずれも心の内面を拠り所にして超越的・根源的な存在との一体を求め、身体の生死を相対化しようとしている。このうち一斎が拠り所にしたのが天であった。

おわりに

宣長が神々の世界を構築し、天の働きへの否定的見解を述べたのを契機に、文化・文政期には天（あるいは天祖）が強く打ち出されるようになった。後期水戸学においては会沢正志斎（天明元・一七八一年〜文久三・一八六三年）の代になると、天の重要度が増してくる。それ以前の寛政三年（一七九一）に成った『正名論』のなかで藤田幽谷（安永三・一七七四年〜文政九・一八二六年）は、「天皇の尊きは、宇内に二無ければ、則ち崇奉して之れに事ふること、固より夫の上天杳冥にして、皇尸、戯れに近きがごときの比に非ずして、天下の君臣為る者をして則を取らしむる、焉れより近きは莫し」と述べていた。[38]日本で天皇に事えることと比べると、中国での祭祀対象としての天は「杳冥」（はるかでとらえにくい）としている点に注意したい。これに対し文政八年（一八二五）に成り、安政四年（一八五七）に刊行された『新論』国体上のなかで正志斎は言う。

昔者、天祖、肇めて鴻基を建てたまふや、位は即ち天位、徳は即ち天徳にして、以て天業を経綸し、細大の事、一も天に非ざる者無し。……天祖は天に在りて、下土に照臨したまひ、天孫は誠敬を下に尽くして、以て天祖に報じたまふ。祭政維れ一、治むる所の天職、代はる所の天工は、一として天祖に事ふる所以に非ざる者無し。祖を尊びて民に臨めば、既に天と一たり。故に天と悠久を同じくするも、亦た其の勢の宜しく然るべきなり。(39)

「天祖」は天照大神、「天孫」は歴代の天皇を指す。天照大神について「一も天に非ざる者無し」と説き、歴代天皇について「祖を尊びて民に臨めば、既に天と一たり」と説いているところを見ると、天照大神や歴代天皇は天と同格とされていたと言えよう。つづけて「故に天と悠久を同じくする」と説かれているのを見ると、天は天皇統治の悠久さを保証するものとされていたと言えよう。

これに対し一斎の天は宣長の神と対決し、それを受けとめて乗り越えようとするなかで形成されたと考える。管見のかぎり、一斎は宣長について何も語っていない。しかし一斎が天を重要視するようになる時期が、国学を危険視し国学と緊張関係にあった林家の、その塾長就任のころからであること、天は不可測な面があるとしつつも、その奥に理が存在するとしていること、日本だけを重要視する国学の神とは異なり、世界に対する天の公平さを述べていること、神を超えた存在として天を位置づけていること、天を拠り所にした死後安心論を説いていることなどから見るに、一斎が後年、みずからの諸思想を天を軸に体系化した背景には、宣長の思想があったのではないかと考える。われわれは宣長の神と比較することによって、一斎の天の性格や思想史的意義を明確にすることができるのである。一斎の天は多様な場面で説かれていたが、基本的には人間(自己)と対峙しており、人間(自己)が聴従すべきものであった。そして天は人間の知力を超越した存在でもあったが深慮をもち、また人の善悪への応報について厳正、特定の国だけ贔屓することはしない公平、さらには霊明なものとして信頼感をもって受けとめられていた。また一斎は性＝天を拠り所にして身体の生死を相対化していた。

今後は宣長以後の一斎以外の思想家の超越者観念について見ていく必要があろう。また、一斎の天は幕末から明治にかけて、たとえば西郷隆盛、植木枝盛、田口卯吉、中村正直などに大きな影響を与えることになるが、それらの点の考察は今後の課題としたい。

注

（1）『本居宣長全集』第一巻（筑摩書房、一九六八年）四四二頁。

（2）『一語の辞典 天』（三省堂、一九九六年）一一二〜一一四頁。

（3）「日本における「神」観念の比較文化論的考察」（東北大学文学部日本文化研究所編『神観念の比較文化論的研究』講談社、一九八一年）。

（4）近世儒家文集集成第一六巻『愛日楼全集』（ぺりかん社、一九九九年）巻一・『佐藤一斎全集』第三巻（明徳出版社、一九九二年）所収、原漢文。

（5）東北大学附属図書館狩野文庫所蔵、原漢文。

（6）東京都立中央図書館河田文庫所蔵。拙稿「佐藤一斎の講釈用『大学』書入」（『日本思想史研究』第二一号、一九八九年）に翻刻紹介。

（7）近世儒家文集集成第一六巻『愛日楼全集』巻一八所収、原漢文。

（8）同右、巻一六所収、原漢文。

（9）日本思想大系四六『佐藤一斎 大塩中斎』（岩波書店、一九八〇年）所収、原漢文、以下同じ。

（10）『佐藤一斎全集』第六巻（明徳出版社、一九九四年）三四九頁、原漢文、以下同じ。

（11）同右、第七巻（明徳出版社、一九九四年）七九〜八〇頁、原漢文、以下同じ。

（12）ほかに録九七・録一五八・後七一・晩一七七参照。なお一斎にあって心と性は、朱熹のように別ものとはされていない。また晩七にかかわるが栗原剛氏は、一斎は心の霊光を太陽の光にたとえていたことを述べている（『再発見日本の哲学 佐藤一斎――克己の思想』講談社、二〇〇七年、六一〜六二頁、六五頁）。

（13）なお、文政五年（一八二二）、五十一歳の折りに写された一斎の『中庸説』（無窮会織田文庫所蔵、原漢文）にも、「中庸の徳為る、順にして天を承くるなり」（至矣乎解能久矣）、「君子は之れに処するに、順にして天を承く」（致曲）と見える。

（14）『佐藤一斎全集』第五巻（明徳出版社、一九九八年）三〇九頁、原漢文、以下同じ。

（15）同右、二九四頁。

（16）一斎は王陽明とは異なり、既成の価値へのとらわれについてはあまり問題にしていない。一斎は王陽明『伝習録』の「性の本体は、原と是れ善無く悪無き的。発用上、也た原と是れ以て善を為すべく、以て不善を為すべき的。其の流弊は、也た原と是れ一定の善、一定の悪なる的」（下巻・第一〇八条）について、「「其の流弊は、也た原と是れ一定の善、一定の悪なる的」。此の句義、解すべからず。疑ふらくは必ず誤脱有らん。当に「其の源頭は、也た原と是れ一定の善なる的、其の流弊は、也た原と是れ一定の悪なる的」に作るべきに似たり」（『伝習録欄外書』、『佐藤一斎全集』第五巻、三〇九～三一〇頁）と言う。王陽明が言う流弊の「一定の善、一定の悪」とは、既成の善悪（価値観）に実践主体がとらわれていることを意味する。それは無善無悪なる本体が十全に機能していないことに起因する。つまり王陽明が「一定の善、一定の悪」と言うとき、問題になっているのは「定」の字である。これに対して一斎は、流弊であるはずなのになぜ「善」とあるのかということに疑問を抱いた。つまり一斎にあって問題になっているのは「定」ではなく、「善」「悪」の箇所である。一斎の場合、「定」への嫌忌は薄い。

(17)『甲子夜話1』（平凡社東洋文庫、一九七七年）二六五頁。

(18)『甲子夜話三篇2』（平凡社東洋文庫、一九八二年）二一〇頁。

(19)『本居宣長全集』第八巻（筑摩書房、一九七二年）一二七頁、一五八頁。

(20) 宣長の『古事記伝』巻七（『本居宣長全集』第九巻、筑摩書房、一九六八年、二九四～二九五頁）には、「吉善《よ》事《ごと》凶悪事《まがこと》つぎつぎ移りもてゆく理《り》……然凶悪《しかまがこと》はあれども、終に吉善《よごと》に勝事あたはざる理《り》」とあるが、ただしここで「吉善事」として意識されているのは、「つひに天照大御神の、高天《ノ》原を所知看《しろしめ》すは、又全《もはら》吉善《よごと》に復《かへ》れるにて、……皇《あまつ》統《ひつぎ》は、千万世の末までに動きたまはぬ」と、天照大神の高天原統治と皇統連続についてである。この点に関しては、相良亨『本居宣長』（東京大学出版会、一九七八年）一八五頁、東より子『宣長神学の構造――仮構された「神代」』（ぺりかん社、一九九九年）五三頁、二四三頁参照。

(21)『本居宣長全集』第九巻、四九頁。

(22) 東京都立中央図書館河田文庫所蔵、原漢文。

(23) 一斎の天は「勢の趨く所、即ち天なり」（録七四）、「天は気を始めて」（後七八）と、勢や気をも規定している。

(24)『佐藤一斎全集』第七巻、三三〇頁。

(25) 同右、第六巻、三二四頁。

(26) 一斎は青年期から「数」に関心をもっていた。『易』の研究書である『啓蒙図攷』（東京都立中央図書館河田文庫所蔵、原漢文）の寛政四年（一七九二）、二十一歳の折りの序のなかに「象有れば斯こに数有り」と見え、「数」の語は本文中にも多出する。しかし書物上の考察にとどまらず、自然界・人間界に数を切実に観ずるようになるのは後年のことである。なお、『愛日楼全集』巻八のなかの文政二年（一八一九）、四十八歳の折りの「棊範序」には、「理有りて後、数有り」（原漢文）と見え、数が理と直接関係づけられている。

(27)「気数と事勢――朱熹の歴史意識」（『東洋史研究』第

四二巻第四号、一九八四年）。のち『朱子と気と身体』（平凡社、一九九七年）に収録。

(28)「佐藤一斎の位置——『言志四録』の構造」（『文学』第三七巻第九号、一九六九年）。のち『幕末・維新期の文学』（法政大学出版局、一九七二年）に収録。

(29) 東京都立中央図書館河田文庫所蔵。また、日本思想大系四六『佐藤一斎 大塩中斎』補注、二九二頁参照。なお、この『言志録』第一条は、つぎに挙げる『心得録』第六七条を書き改めたものと考えられる。「富貴貧賤・死生寿夭は、固より一定の命分有り。而して以て幸ひを其の間に徼《もと》むべからざるなり。易に居りて命を俟つは、自ら歉《あきた》る者なり。険を行ひて幸ひを徼むるは、自ら欺く者なり。彼の小人の無智は、天を視ること夢夢《ぼうぼう》として、以て天は欺くべしと為すなり。遂に幸ひを一時の得に徼め、以て不測の禍に遭ふ者、亦た何ぞ限らん。吁、身は天地の中に在りて天を欺かんと欲する者は、何ぞ甕中の虫にして、其の甕を挙げんと欲するに異ならんや。得べからざるのみ」。

(30) 東京都立中央図書館河田文庫所蔵。また、日本思想大系四六『佐藤一斎 大塩中斎』補注、三五一頁参照。

(31) 拙稿「佐藤一斎の「公平之心」」（『日本思想史研究』第二三号、一九九一年）参照。

(32) 衣笠安喜氏は、一斎は「運命論を宿命論にまで深めた」のであり、彼において「社会の進展は……人事のおよばぬ天の所為に帰せられる」（傍点筆者）のであると述べているが（『近世儒学思想史の研究』法政大学出版局、一九七六年、二四〇頁）、『孟子欄外書』滕文公下篇（『佐藤一斎全集』第七巻、一六二頁）には「一治一乱は、天を以てして言へば、之れを気化の盛衰と謂ひ、人を以てして言へば、之れを人事の得失と謂ふ。其の実は気化・人事は竟に分別すべからず。孰れに気化の盛衰にして人事に関らざる者有らん。孰れに人事の得失にして気化に関らざる者有らん」とあり、間違っている。

(33)『本居宣長全集』第一巻、五二七頁。

(34) 日本思想大系五〇『平田篤胤 伴信友 大国隆正』（岩波書店、一九七三年）九六頁。

(35) 同右、一〇九頁。

(36) 日本思想大系三〇『熊沢蕃山』（岩波書店、一九七一年）二八三頁。

(37) 日本思想大系四六『佐藤一斎 大塩中斎』所収、原漢文。

(38) 日本思想大系五三『水戸学』（岩波書店、一九七三年）一三頁、原漢文。

(39) 同右、五二一〜五二三頁、原漢文。

（岩手大学教授）

幕末維新期の民衆における世界観と自他認識の変容
——菅野八郎における「異国」「異人」認識——

青野　誠

はじめに

幕末期には異国船の接近により、民間社会においても異国への関心は強まった。それは実際に異国船・異人を目にすることが可能であった沿岸地域に留まらず、民間の情報ネットワークを経由して内陸部においても見られるものであった[1]。そうした状況下で、断片的に伝えられた異国船や異人の姿は、民衆にとって畏怖の対象となり、ナショナリズム形成をもたらした一方で、未知なる存在として知的好奇心の向けられる対象ともなった。

ではは民衆は、具体的にいかなる世界観を有していたのであろうか。近世民衆の世界観に関する従来の研究では、民間に普及した出版物や芸能娯楽などを分析対象として、そこに描かれた世界観を考察する方法が用いられてきた[2]。だがその一方で、民衆がそれらの知識・情報をいかに受容し、世界観を再構築したかについては、史料的制約もあり、十分な検討がなされてきたとは言い難い[3]。

本稿で対象とする菅野八郎（一八一三〈文化一〇〉～一八八八〈明治二一〉）は、ペリー来航による危機意識から、東照宮信仰に基づく老中へ海防策を献策するため駕籠訴を実行した。その後の水戸藩への接近とも相まって、彼の世界観は攘夷思想の文脈で語られることが多かった。しかし彼の世界観と自他認識は変遷していくのであり、一面的に論じられるものではない。そしてそれは他の民衆においても同様のことが言えるだろう。

菅野八郎は奥州伊達郡金原田村（現在の福島県伊達市）の南朝武将を由緒に持つ菅野家の長男として出生した。彼は青年期から村内で度々訴訟に関連し、中農身分ながら金原田村の村役人を務めるなど在地社会において「農民的強か者」として頭角を現していった。ペリー来航の翌年、霊夢にて東照大神君の神託を受け、海防献策のため江戸にて駕籠訴を実施すると、さらにこの活動の延長線で士分化運動を展開するなど水戸藩へ接近し、水戸藩士であった義弟・太宰清右衛門へ海防献策の意見書『秘書後之鑑』を送付するなど積極的な政治運動を展開した。ところが、この書が御政道批判だとされ、一八五八（安政五）年、安政の大獄に連座し八丈島に遠流処分となった。八丈島では農業をしつつ、島民相手に寺子屋を経営し賃金を得て生活していたようである。そのような折に、同地に流されていた烏伝神道の祖・梅辻規清と交流し、その教えを一部受容する。一八六四（元治元）年、特赦によって故郷に戻るも、在地社会の治安は極度に悪化しており、そのような状況に対して、誠心講と呼ばれる組織を結成して自衛に努めた。だが一八六六（慶応二）年に、幕末を代表する世直し一揆である信達騒動が発生すると、誠心講の参加者が一揆に関与したことなどを理由に、一揆の頭取だと嫌疑を受け捕縛された。当時の江戸で発布された瓦版には「金原田村世直し八郎大明神」の記述が見られ、同時代の人々からも「世直し」の文脈で理解されていたことが窺える。一八六八（慶応四）年、戊辰戦争が勃発すると、自らは牢中にありながら、関東方面へ甥を派遣するなど情報を収集した。その帰結として、会津藩や仙台藩を批判し、官軍へと期待を寄せ、自らの釈放や仁政の実施などの歎願を行う。同年には官軍によって赦免される。その後、明治期に入ると政治活動は鳴りを潜め、八丈島にて交流があった宗匠・石潤亭蘭風に再び俳諧を師事するなど風雅の道に生き、一八八八（明治二一）年、一月二日に没した。

八郎に関する研究のなかでも特にその世界観に言及したものとしては、庄司吉之助[4]や大橋幸泰[5]の研究を挙げることができる。しかしこれらの研究は、ある一時期の八郎の世界観・自他認識を提示した性格のものであり、その変遷過程を追ったものではない。

そうしたなかで檜皮瑞樹の研究[6]は一八五四（嘉永七）年から一八六八（慶応四）年に至るまでの思想を分析した最も網羅的な研究である。だが、檜皮は「八郎の対外認識とは観念として把握される脅威であり、そうであるがゆえに八郎が入手した情報、特に西洋や夷狄といった対外事情について、その情報源や入手経路といった点を論じることはあまり意味を持たない。それ以上に、八郎がなぜそのような情報を書き留めたのか、何を脅威として位置づけその克服方法を見出したのかという点こそが重要であり、本論ではこの点を中心に分析を行う[7]」と述べている。しかし「なぜそのような情報を書き留めたのか」という前提には、「なぜその情報を取捨選択したのか」という問題が存在するはずであり、情報源と八郎の著作に見られる相違から、彼の思想をより詳細に窺うことは可能であると考える。

以上のような問題関心から、本稿では檜皮論を踏まえつつ、八郎の著作の中に見える「異国」「異人」の記述や模写された地図を元にして、その世界観の変遷を当時の出版物と照らし合わせながら考察する。それにより、幕末維新期の民衆における世界観の一端を明らかにすることを目的とする。

なお本稿で用いる菅野八郎関係史料については、すでに翻刻がなされているものもあるが、誤読や翻刻者間の表記の揺れが存在するため、すべて原本による確認を行い、句読点を補った上で出典を註釈に示した。

一、嘉永・安政期における天譴災異としての「異国」

八郎による「異国」認識のはじまりは、ペリー来航に対する危機意識であった。そしてこの危機意識こそ、在地社会に生きる百姓であった彼を政治活動へといざなったのである。彼は一八五四（嘉永七）年に江戸にて老中へ駕籠訴を実施するが、そのきっかけとして、同年正月に東照大神君の神使が海防献策を命じる霊夢を見たことを挙げている。つまり彼は「御国恩」に報いるために、「異国」接近という国難に対応すべく政治運動を展開したのであった[8]。

では彼は「異国」や「異人」をどのように認識していたのであろうか。以下にあげる史料は江戸での駕籠訴後、一八五四（嘉永七）年の五月に書かれたものであり、江戸の情勢や自らの駕籠訴の顛末を故郷に伝える性格のものである。

□□利駕《カ》ノ軍将《グンシヤウ》水師提督波理《テイトクペルリ》、身之丈六尺四五寸、色白く鼻高くまゆ毛ふとく、目ハ少シ丸ク眼中するどく、音声さわやか也。如何ニも智たくましく見へて、大州之将たる人相備り、言わずもそれと見へたり皃。年齢五十二三才と見ゆ。是実相也。（中略）

一　此度渡来之異船ハ、北アメリカの内ワシユントンの船也。但し蒸気三艘、軍船五艘なり。尤、亜美理駕《アメリカ》へ日本相州浦賀より、里数近キハ七八千里、遠《トヲキハ》壱万里位アリト言。然ルニ八日位ニして浦賀へ着船ス。其早き事矢のごとく、壱昼夜ニ三百八十里位はしる也。(9)

（『あめの夜の夢咄し』）

図①　『あめの夜の夢咄し』

この史料内に描かれている【図①】のペリーの肖像画は当時の瓦版などに見られるペリー像の模写であると考えられる。当時の瓦版にはペリーの肖像画とともに、アメリカの地理情報や、献上品として持ち込んだ蒸気機関車の模型、来航した艦隊の情報などが添えられているものが多数見受けられる。それらの情報はしばしば不正確なものであったが、特にその技術力に関する驚きと関心を反映しているものだといえる。

　八郎の記述もそうした江戸における人びとの反応を反映しているものだと考えられる。無論、八郎は実際にペリーを目にしたわけではない。ただ彼は実際に、江戸での駕籠訴を実行する数日前の二月一一日に神奈川へ赴き、「渡来之異船」を目にしたとの記述が残されていることから、実体験に基づいて「異国」への関心と衝撃を抱いたことは想起できる。

ただ、「如何にも智たくましく見へて、大州之将たる人相備り」という評からは、一見好意的なニュアンスを読み取ることができる。だが、続けて以下のように言うのである。

一　此度渡来の異人を唐人と言もの多し。是大イなるあやまり也。唐人とハ、唐土四百余州の人をさして言也。唐土は日本の師国ニして、敬ふべき国也。然ルに、逆賊のアメリカ人をさして唐人とハ、何事なるぞや、あまり愚之至り也。依、世界之有様左ニ略図す。（中略）右之通り、〇アジア〇ヨウロッパ〇リミア〇北アメリカ〇南アメリカ〇メカラニカ、是ヲ世界六大州と申也。如此八方ニ大国数多ありとゐへ共、児女ハ、日本・唐・天竺より外ニ国ハなきもの、よふに相心得候ものも有之故、大略を爰ニ顕したり。猶委しくハ、万国輿地全図をもとめて、見給ふべし。此図ハヲランダより出たる図なるが故に、少しも疑ふ所なし。蘭人ハ万国へ行ざる所なく、世界之内、我家も同様ニ自由自在ニ走歩行、交易専らにする国なれば、氷海夜国に至る迄、蘭人の行ざる所なしと言。依而地のまわり九万里有と書たり。是疑ふべからず。疑心ハ其身の愚なり。

（『あめの夜の夢咄し』）

ここで彼は「此度渡来の異人」を「唐人」と呼ぶものの多いことを批判するのである。ここから彼は「師国ニして敬ふべき国」である「唐土」と「逆賊」としての「アメリカ」を対比的な存在として認識していることがわかる。

右の史料中に描かれているのが【図②】に示した「世界之有様」である。ここには南半球にメガラニカ大陸が描かれており、文中に「万国輿地全図」という名称が見られることからも、この模写の原本は長久保赤水の『地球万国山海輿地全図』の系統であることがわかる。[10]【図③】に挙げたものと比較すると、八郎はほぼ忠実に同図を模写したといえるであろう。

ここからも八郎が「日本・唐・天竺」のほかにも国々が存在するという知識を有しつつも、そうした国々を中心とした世界観を有していたということがわかる。さらに【図②】には原図同様に「小人国」「女人国」「夜国」といった実在しない国々の名前も見ることができる。すでに一八世紀の後半には、こうした地図は旧来のものであるとみなされていたが、それ以降も民間社会においてはなお根強く影響を及ぼしていた。[11]八郎にとっては従来の世界観こそが自らの生きる世界を構成する秩序であると認識され、ペリー来航とはそうした世界観を揺るがすものだと認識されたのである。

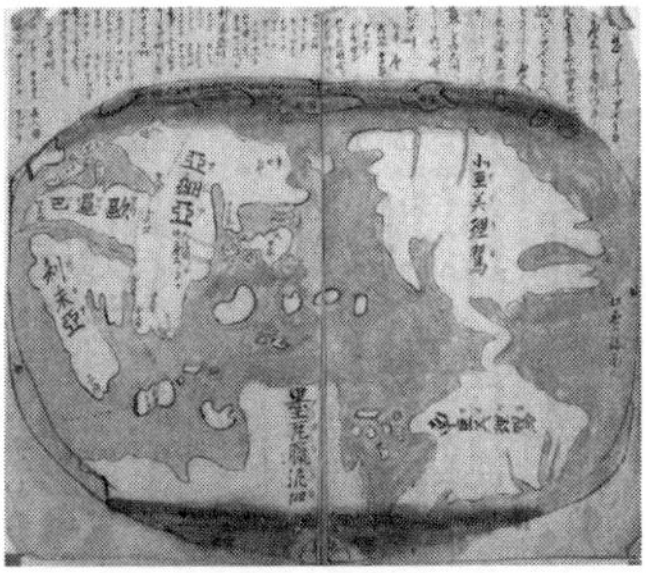

図②　『あめの夜の夢咄し』

だがその一方で、そうした「逆賊」が有する技術力への信頼という点も指摘せねばならない。「万国輿地全図」が、「世界之内、我家も同様ニ自由自在ニ走歩行」する「ヲランダより出たる図」であるために「少しも疑ふ所なし」と述べられている。厳密には同地図の元になったのはマテオ・リッチの『坤輿万国全図』であり、彼はイタリア人であるが、渡来のものはすなわちオランダのものであると八郎が誤認していたものと推測される。無論、江戸時代を通じて国交のあったオランダとアメリカを同列に判断することはできないが、少なくとも八郎が「異国」の技術力に関心を示し、高く評価していたのは、先の異国船の事例にも明らかである。つまりこの時期の八郎にとって、日本に進出してきた「異国」とは、性質は相容れない「逆賊」であるが、その技術力に関しては関心を抱く対象であったのだということができよう。

図③　『万国地球輿地全図』

では、そうした存在である「異国」が日本に接近してきた理由を、彼はどのように考えていたのであろうか。次に挙げたのは、八郎が徳川斉昭への献策を目論み、一八五五（安政二）年の一月に水戸藩士となっていた義弟・太宰清右衛門に送った『秘書後之鑑』を後年に書き写したものである[12]。

秘書後ノ鑑大略

当時天下之諸役人皆盲目同様にして御政事向は理非にかゝわらず金銀の音を便り（ママ）に手さぐりにやらかす故、罪なきものを罪に落し、又大罪ありとゐへども小金の音にハ其罪を免《ユル》す故に、政道売買之世と成果、賢臣隠れて佞臣進ム。日本ひろしとゐへ共此佞セいする者なく、次第に募りて終にハ乱の□□□ならん。天是を悪《ニク》ミ給ふ歟。アメリカの強兵に命□□□□其罪をセめ給ふに、水戸殿ふしぎの謀斗を以てしばし太平に治メ、万民とたんの苦しミをすくい給ふ事、実難有御殿也[13]。

（『判断夢ノ真暗 巻之上 三冊之内』）

ここでは「理非にかゝわらず金銀の音を便りに」、「罪なきものを罪に落し」、「大罪ありとゐへども小金の音にハ其罪を免す」といった幕政の腐敗が批判されている。そしてそのような現状に怒った「天」が、「アメリカの強兵」に命じて日本を攻めさせたのだと認識されているのである。無論、これを八郎が実際に信じていたかという点については留保が必要であるが、当時、安政の大地震が世直しの天譴であるという認識が民衆のあいだに広まっていたこと[14]から考えれば、八郎がこうした天譴災異思想を有していたとしても不思議ではない。彼にとって「異国」の接近は秩序の破壊として認識されたが、そうした事態を招いたのは内政の悪化によるものであると考えられたのであった。

そして、「水戸殿」すなわち徳川斉昭が、そうした「異国」に対抗する「実難有御殿」であるとされるが、それは「太平に治メ、万民とたんの苦しミをすくい給ふ」[15]ためである。そこには幕府が主体となって太平維持と人民保護という仁政を実行しうる期待と信頼が存在しているのであり、結果的に「異国」の脅威から逃れることができるという一種のオプティミズムを見出すことができる。

この時期の彼の思想について小結すれば、日本や中国を中心とした旧来の世界観を有しており、「異国」の有する技術力に関心を寄せながら、それへの対処としては、為政者である幕府の仁政を期待するという、民衆の伝統的な思想様式のなかにあったことがわかる。彼は瓦版や地図といった、民間に流布していた媒体から世界観を形成していったのであり、その意味で当時の民衆に共有されていた世界観を如実に表しているともいえるだろう。

二、文久期における夷狄としての「異国」

　だが実際に「異国」の脅威は去ることは無く、アメリカのみならず列強諸国の相次ぐ日本への進出は、否応なく八郎の世界観を変容させることとなった。八郎は前掲した『秘書後之鑑』が御政道批判とみなされ(16)、安政の大獄に連座し、一八六〇（安政七）年より八丈島へと遠流され、以降、一八六四（文久四）年に恩赦されるまで同地での生活を余儀なくされた。こうした情報が限定された環境にありながら、この時期に彼は多くの「異国」に対する記述を残している。

　以下の史料は一八六二（文久二）年に故郷へと送られた書簡の一部である。当時の彼は八丈島から帰郷できる目途もなかったのであり、遠く離れた家族と子孫に向けての教訓書という性格を有したものである。

　切支丹の法は、海を山に見セ、火を水と見セ、六月雪を降《フラ》セ、海山を船橋なく、足もぬらさず歩行ス、石を金に見せる、皆魔法也抔、口から出法第を言て、諸人の心を惑《マドハ》ス者有リ。魔法と言ても別にふしぎなる物ニハあらず。先ツよきあんばいに人をたぶらかして、金銀を貪り、又は○スリ○盗人○、此等魔法の第一。又人をたぶらかして、金銀財宝をかりて不返、又悪をたくミて人を殺スに我手を用ひず、人手を用いて害をなし、己が恨ミを晴らし抔するが、切支丹魔法《マホウ》の奥意と見へたり。然れば、○わか○あがた○のりき○はやりがミ抔も切支丹に異《イ》なる事なし。皆人をたぶらかすの法也。（中略）偖又、切支丹に類する者数多有と雖、是には一切御構《ヲカマヒ》なく、切支丹宗門斗り厳敷御成敗《ゴセイバイ》に相成候訳ハ如何ニと言に、此切支丹之義ハ、南蛮《ナンバン》国王の謀計にて、刀《カタナ》に血ぬらずして日本を奪取んと企、○バテレン○イルマン○等を渡海為致候事、明白に顕れし故也。（中略）たとへ百姓たり共、大勢心を一ツにして、命をだニ不惜《ヲシマザレ》ば、少しも武士に異る事なしと見へたり。危《アヤウ》ひ哉。日本、半国の愚民共切支丹になるならば、忽チ天草の如く、東西南北に乱を起させんとのバテレンの工夫ありしならん(17)。（「子孫心得之事」）

　ここで親族に向けて説かれるのはキリスト教に対する警戒である。それによれば「切支丹の法」は言葉巧みに「諸人の心を惑ス」ものであり、「はやりがミ」のような俗説と同一のものであるとされる。そうしたなかでも、「切支丹宗門斗り厳敷御成敗に相成」のはなぜなのであろうか。八郎はそれを、「南蛮」が「日本を奪取ん」とするための手段であるという。そして、そうした民間へのキリスト教の流入を止めることができなければ、「天草の如く」民衆が命を惜しまずに反乱するようになってしまい、それに乗じて「異国」に征服されてしまうと危険視するのである。

ここでは「異国」の接近が天譴であるというような以前までの認識は全く見られず、自らの利益のためにキリスト教による民心掌握によって日本を征服しようとする、侵略者としての「異国」像を読み取ることができる。

こうした「異国」の認識の変容は、同時にそれに対置されるべき為政者への要求の変容をもたらすのである。

英国魯西亜の両帝宣言には、オロシヤは世界の海を不残、イギリスは世界の陸地不残領せんと示し合せ、夫よりイギリスの威名万国へ響き渡り、万国の将士恐懼する事、小雀の鷹に出逢ふ如く、其風聞、万国一統なれば、水戸より出たる隠密の者、右の段々具に水戸卿に内達に及びしかば、前後ぬからぬ斉昭卿、異国防御の手配り大炮を鋳立、海辺へ新城を築きしは、今よりとく異人等せまり来る事を御遠察あればなり。然るに愚盲佞奸の族《やから》、其御明智を不知己が小智に叶はぬを誹り、太平の世に不似合は謀叛の気瑞顕れたり抔、口から出次第の悪説を流すもの多くして治に居ては悉く乱を忘れて酒色にふけり、志あるものを嘲り誹る。然るに嘉永六癸丑年、始めて異船渡来の刻に至ては右等の愚者は俄に動転して、防戦の方便《てだて》を失ひ唯々周章《あはて》ふためく斗りなり。[18]（『八丈嶋物語 五巻ノ内二』）

これは一八六三（文久三）年に記述されたものであり、薩英戦争に関する記述を中心に海外情勢についてまとめたものである。この箇所では「異国」「異人」と「斉昭卿」が対比的に描かれている。この点は安政期と変わらないように見えるが、ここでは斉昭に期待されるのが「異国防御」であり、「大炮」の鋳造や海岸に「新城」を築いたことなどが明記されていることがわかる。つまりこの段階において八郎にとっての「異国」は、「謀斗」によって防ぐのではなく、武力によって討伐せねばならない対象になっているのである。

そうして「異国」の脅威を認識した八郎は、一括りに捉えていた「異国」をより細分化して認識するようになる。

海外新話に云。英国当今所属の国々島々世界中星羅延漫せり。海防に心有の士蔑視する事無して可なりと云々。是を以ても勘考可有事なり。猶委曲は地球全図を求め見給ふべし。英国如斯の勢にて万国敵するものなく恣に威を振ふ。然るに 皇国の神威いまだ尽ざる所の島津和泉と云もの顕れ出英国の邪威を取ひしがんとす。先づ暫時後、趣をこゝに引上げて島津の抜群なる事云。旨趣前後を弁へ給ひ 此和泉と云人 薩州家の家老職か当薩摩公の実父と云 英傑日本無双にして当時京都にありて 禁裏を守護し奉り、威勢肩をならぶる者なし。（『八丈嶋物語 五巻ノ内一』）

ここでは「英国」の国際的な位置づけが示されるとともに、それに対する「島津和泉」、すなわち島津久光が「皇国の神威」を代表する「英傑日本無双」の人物と認識されている。八郎にとって薩英戦争とは薩摩藩による個別的な戦争ではなく、「皇国」を代表した戦闘であるとみなされたのである。

また、この史料にも【図④】に掲げた世界地図の写しが記載されている。これは嶺田楓江が著した『海外新話』[19]掲載の「坤輿略図」（【図⑤】）が元になっていると考えられる。だが一見して、両者には大きな違いが存在していることに気づかされる。『海外新話』では「英夷所領各地施赤色以表之」と、イギリス領のみが色分けされているのに対し、『八丈嶋物語 五巻ノ内一』掲載の写しでは清・ロシアの勢力圏にまで言及がなされている。また、『海外新話』ではロシアがアジアに分類されているが、写しではヨーロッパに分類されている。こうした差異からは、八郎がかつてのように目にした情報をそのまま模写するのみならず、複数の情報を精査し、世界観を再構築していたことがわかる。それは、記載されている国名にも表れている。『海外新話』において明記されている「イスパニア」「アラヒヤ」「満州」などは写しにおいては省略されている。その一方で、『海外新話』には国名のみが記される「清国」が写しでは「ムカシノ唐ヲ云也」との記述が加えられ、「印度」が写しでは「中天竺」「南天竺」など複数の「天竺」として記載されているのである。また写しの下部には、小さいながらも「メカラニヤ」を見つけることができる。

こうした情報の取捨選択からは、八郎が海外に関する情報収集に励み、知識を増やしつつも、意図的に従来の「万国輿地全図」的な世界観を維持していたことがわかる。そして「英国」「ヲロシヤ」に対する「皇国」という表現がこの時期に表れていることからも、ナショナリズム的思想が一層深化しているということができるだろう。

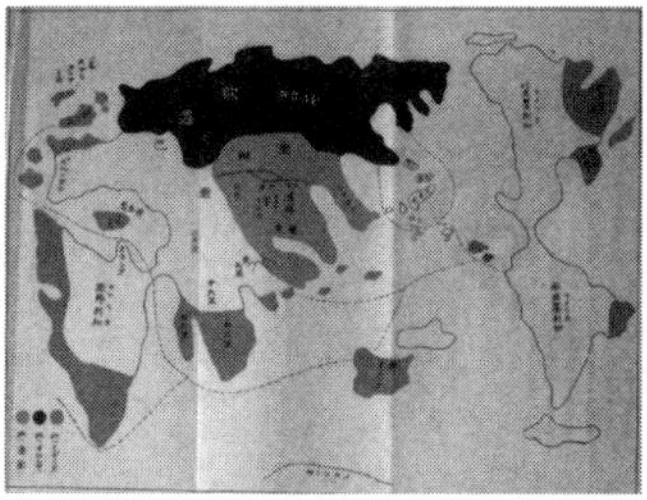

図④ 『八丈嶋物語 五巻ノ内一』

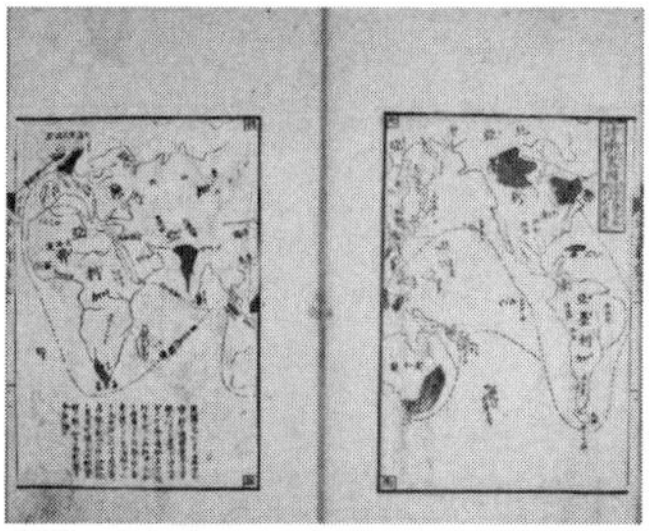

図⑤ 『海外新話』

三、慶応・明治初期における夷狄としての「異国」

夷狄としての「異国」観は、戊辰戦争という内乱を経てどのように変容していくのであろうか。八郎は一八六四（文久四）年に郷里へと戻るが、一八五六（慶応二）年に発生した信達騒動に際して、頭取の嫌疑を受け捕縛され入牢することになる。そのような状況下で彼は、甥を関東各地に派遣して社会状況を視察させている。それをまとめ自身の知見を加え、一八六八（明治元）年（史料では慶応四年と記載）に執筆したのが次の史料である。以上のような性格から八郎の思想のみを表したものではないが、どういった情報を採録するかにあたっては、当然、彼の意思がはたらいているのであるから、彼の「異国」認識を反映したものといって差支えないであろう。

相州小田原迄参り、色々見聞仕候ニ、皆一円官軍にて、上州高崎辺の噂とハ、天地雲泥の相違にて、異国軍勢抔ハ壱人も来らず、箱根ハ官軍方八千程の勢にて御固めあり、万民の患少きよふ、諸事御慈悲の御取扱なり迚、諸人官軍を尊敬し奉る事大方ならず。[20]（「八老独年代記 巻之中」）

これは小田原における社会状況を記した場面である。ここでは「異国軍勢」がこの地に及んでいないことが、「官軍」の「御固め」によるものと認識されており、そうした状況から「諸人官軍を尊敬し奉る」状態であるということが指摘される。ここからは「異国」を流入させないことが「御慈悲」と認識されていることが読み取れよう。やはり八郎が期待していた仁政とは「異国」から民衆の生活を守ることであり、それを実行できる為政者は、この時点では官軍へと推移しているのである。

しかし、そうした期待があるからこそ、「官軍」の「異国」への接近は許さざるものとして彼の目に写ったのである。

薩長土の三公も如何なる事ぞ、始ハ異人を忌ミ嫌ひ、多く討取し噂もありしが、今となりてハ一向構ハず、ます〳〵異人を大切ニして、交易大に繁昌せさせ、其上新聞の面を見れば、比叡山の僧徒等還俗可致旨、又はゐぞ地開発の義抔、一がいに被　仰出候義、乍恐御思慮浅ニ似り。いまだ国々平定せず、諸侯の心底思ひ〳〵にして、足元より敵の起るも知り難キ折節なるに、万民九分九厘迄信る仏法へ障りを附なば、諸民の心を失ひ、如何なる逆徒の出来らんも難計。若さよふ事の出来なば、其虚ニ乗じて事を起さんと計族も多からん。（「八老独年代記 巻之中」）

ここでは「薩長土の三公」が従来の攘夷方針を転換し、

「異人を大切ニして」いることに対して批判がなされている。さらに批判は神仏分離令、蝦夷地開発にまで及んでおり、そうした政策によって「諸民の心を失」うと指摘している。前掲のキリスト教に対する所感にも見られた点であるが、「諸民の心を失」うこと、すなわち仁政の崩壊による民心の離反に対する危機感は、彼の内政に対する一貫した態度だといえるのではないだろうか。それはかつてはキリスト教の流入という、外部から新しい秩序がもたらされることへの危機感であったが、ここに至っては仏教の破壊という、内部の伝統的秩序が崩れることへの危機感として表れているのであった。

扨又、皇国の将士達に一言申度事あり。今日本如此乱し其根本と申ハ、異船渡来が始りなり。然レば、異人ハ可憎の第一なるに、諸侯何レも其異人を大切にして、反而日本同士軍を専一ニし給ふ事、暗愚蒙昧とも言ツべし。若今三国志のネイコウ先生此地ニ再来して、諸侯《(ママ)》面会あらば、皆屎虫なりと誹謗せられん。早〳〵各々改心して、同士軍を止メテ、ネイコウが誹りを脱れ、万民の苦しみも救ひ玉ひかし。前にも言如く、一天の下の一世界なれば、六大州一　天子に治る時節至来ならば、異人を恐るゝは是非なき事なれども、同士軍をするハ、愚弱の上の愚弱にして、慚愧遣る方なかるべし。能々観考し給へね。（『八老独年代記 巻之中』）

ここに至っては「日本如此乱し其根本」は「異船渡来」であると断言される。「異人ハ可憎の第一なる」存在なのに、「異人を大切にして」内乱をするのは「暗愚蒙昧」だと言うのである。この時点で、かつての天譴災異としての「異国」という思想が霧散していることは明らかである。内政悪化→夷狄襲来というロジックが、夷狄襲来→内政悪化と逆転しているのである。こうした変容は、「異国」の脅威を具体的に認識していく過程で、その接近への危機感を一層強めていった上でのものだったのであろう。そうした思想変容をした彼にとっては、「異人を恐るゝは是非なき事」であるが、それに対して国内が一丸になり対抗していかなければならないのであり、「日本同士」が内乱をすることこそ「愚弱」だと認識されたのである。

四、明治十年代における日本の「開化」と自他認識

かつて「異国」に対抗することこそが仁政であると認識していた八郎にとって、明治維新によってもたらされた社会は、その期待に逆行するものであった。欧化政策に代表される「外国」の積極的導入に対して、明治期の八郎はいかなる反応を示したのであろうか。

彼は一八八八（明治二一）年まで存命であったが、明治期に残された記述はごくわずかである。左に挙げたのはそうした史料の一つであり、一八八二（明治一五）年に執筆されたものである。ここでは寓話化させた政治批判が展開されており、熊（＝八郎）と狸（＝政府役人）が「開化」とはいかにあるべきかということを論じている場面である。

（熊が言うところには—青野註）信ヲ本トシテ下ニハ専ラ仁慈ヲホドコシ、上ニハ専ラ忠義ヲツクシ、万民腹鼓ヲ打ツテ楽ムヨウ粉骨細身《ママ》スルカ真事ノ開化ト云ベシ。（中略）狸ノ大金セ、ラ笑シテ云。ソレソンナ事ヲ云ガ則旧弊也。昔ハムカシ今ハ今、下ヲ絞ツテ上ノ益筋ヲ考ヒ独立セヨトノ御規則也。此独立スルニハ我ハ我タケ貴様ハキサマダケ、思ヒ〳〵益筋ヲ考ヒ、他ノ者ハ喧嘩ヲシテ死ウガ生ヨウガ一向カマワズ、又盗ヲシヨウガ火附ヲヲシ《ママ》ヨウガカカリガアルカラ是ニモカマワズ、我身斗リ大切ニト実ニ難有キ世ノ中ニアラズヤ。（中略）熊莞示ト笑、汝ハ口斗リリツパニシテ心ハ我身ノ安楽ヲ願フノ外念ナシ。是ヲ号、悪人ト云。汝、元来畜生ナレバ極悪獣トモ云ベキカ。開化ト云、旧キ弊ヲ廃シテ新ニ、善事ヲ求テ是ヲ行ヒ、新ニ善キ姿ヲ見テハ是ヲ真似、新ニ善キ物ヲ得テ是ヲ用ヒ是等ノ物ヲ開化人ト云。汝等ハ左ニアラズ。善事モ善物モ旧キハ皆廃シテ、悪デモ邪デモ新ニ求ルヲ開化ト思ウハ大ナル間違ニテ汝等ハ開化ニハアラズ。開弊ト云者也。[21]

（「夢之浮言」）

ここで熊は、「信」に基づいて、目下の者には仁慈を施し、目上の者には忠義を尽くし、万民が太平を享受できるような社会形成のために各々が努めることこそが「開化」であると主張する。狸はそれを「旧弊」に過ぎないとして一蹴し、「我身斗リ大切ニ」考えることこそが「独立」であり「開化」であるというのである。だが、こうした狸の思想は、熊の目から見れば「開弊」にすぎないと痛烈に批判を加えられるのである。

熊が要求している社会は、いわゆる仁政イデオロギーの範疇にあるのであり、近世社会への回帰願望に他ならない。だが、続けて展開される政府批判は正鵠を射たものであるだろう。八郎はこの時点において、決して「開化」を否定しているのではなく、それをもたらした「外国」を批判しているのでもない。彼の批判の矛先は、「外国」からもたらされた「独立」などの啓蒙思想を表面的に模倣する明治政府や社会に向けられるのである。

そのことは次の文章からも読み取れる。

倩亦今日本ノ人気前紙ニモ云如ク、大ニ衰ヘタリ。其本源ヲ探クルニ徳川家二百余年ノ治ヲ保チ、土地ニ不似合、人口多クナッテ万物不足シ渡世ノ為メニ其心賤シクナリ、色ケノ弊ヲ発シ、其悪気、天地ニ通シテ、今明治十五年ヨリ四十六年前、申年ノ大凶作ヨリ年々気候悪シク、猶々人気衰ヒ弊多クナレハ天地モ亦悩ミ多ナルユへ、万物イヨ〳〵不足シ、終ニ今ノ如ク相タガヘン。欲ヲ張リ、虚言偽リヲ粧リテ我益ヲ付ント人情ヲ失ウ国ト成ツテ外国ヨリ笑ヒ誹ラル。然ルニ今、利学専ラニ教ユルユへ、名々盗心トナッテ外国ヘタヘシ恥カシキノ第一ニアラズヤ。此利学ヲ用ユルハ、英米仏抔ノ盛国ニテ人気豊カニ実直・信ヲ本トシ、虚言偽リ抔知ラザル程ノ国ヘハ調度ナレトモ、欲情然(裂カ)シキ我国ニテ利学用バ、欲ニ欲ヲ重ル道理、終ニ盗心トナルヨリ外ナシ。故ニ道徳、既ニ絶ナントス。神・儒・仏ノ三道ニアラザレバ、我国ノ治世永ク保ツコト不能也。[22]（「真造辨　八郎信演」）

日本では現在「利学」がさかんに教えられているが、それは「盗心」となるばかりである。そのような「利学」は「英米仏」などでは有効であっても、日本にそのまま導入することはできないと言う。なぜならそれは、「英米仏」が「盛国」であり「虚言偽リ抔知ラザル」のに対し、日本は「虚言偽リヲ粧リテ我益ヲ付ント人情ヲ失ウ」、「欲情」の激しい国であるからだとされる。つまり、「利学」すなわち功利主義[23]は本来、社会全体に利益をもたらすものであるが、「人気」が衰えた現在の日本においては誤って理解され、利己主義にすぎないものとなっていることを批判するのである。

ここからは幕末期における「異国」評価がまったく逆転していることに気付くであろう。かつての八郎は「異国」の技術力に対して脅威と関心を有しながらも、敬うべき「師国」ではないと、その性質に関しては批判していた。それが、明治十年代には「盛国」と認識され、逆に日本こそが「人情ヲ失ウ国」であると批判されるのであった。ここに至って、八郎が敵視していた、仁政に基づく近世的秩序を破壊する存在は、かつての「異国」から明治政府へと変容したのである。

おわりに

これまで検討してきた菅野八郎の世界観の変容は、以下のように概括することができる。

嘉永～安政期には天譴災異としてペリーをはじめとする「異国」が捉えられている。技術を評価する一方で、アメリカを「逆賊」と認識し、幕府がそれに対抗することが仁政と認識された。そして、この時期の「異国」認識は、民間に流布した情報をほぼそのまま受容していたのであった。
文久~明治初期には「異国」の脅威が具体的に認識されるに伴い、夷狄としての認識が強まっていく。内乱の原因を「異国」の接近によるものだとして、武力を用いて対抗するべきだと唱えられた。この時期は「異国」に対する危機意識を強め、海外情勢に関する出版物によって知識を集積しつつ、彼なりに情報を選択し世界観を再構築していたのである。

明治十年代には政府への失望と、その対置としての「外国」像を読み取ることが可能である。ここでは政府が表面的な文明化・啓蒙化に取り組むことにより、仁政が顧みられない状況への不満が述べられている。日本は「神・儒・仏」に基づいて治めるべきであり、「利学」を用いることができる「外国」よりも現在の日本は劣っていると認識されている。

このような変遷から考察したとき、八郎は当初、他者によって与えられる情報を受容するだけであったが、次第にそうした情報を選別し、自らの解釈によって世界観を再構築していったことがわかる。そして、八郎の最たる関心は近世的秩序に基づく「太平」な社会を為政者が維持していくことにあり、「異国」はそれを脅かす象徴として認識されたのである。だが明治期には、明治政府自身がそうした近世的秩序を否定したことによって、八郎にとっての脅威の対象は明治政府と認識されたのであった。

八郎は駕籠訴や安政の大獄という経験を有している点において、一般的な民衆の事例とは言い難いかもしれない。しかし彼が有していた世界に関する知識・情報は、多くを民間に流布していた出版物から得たものであり、決して特異な思想形成ではなかったと考えられる。その意味で彼の世界観の変容は、民衆が未知の情報を受容していく過程において、情報と知識を次第に精査していく一つの事例としてみなすことが可能であろう。

注

(1) 宮地正人『幕末維新期の文化と情報』(名著刊行会、一九九四年)。

(2) 日野龍夫「近世文学に現れた異国像」(朝尾直弘編『日本の近世』第一巻、中央公論社、一九九一年)、M・ウィリアム・スティール「庶民と開国—新たな対外世界像と自国像—」(『季刊日本思想史』第四四号、一九九四年)、岩下哲典「近世後期の海外情報とその環境—幕府による情報管理と知識人および庶民の「情報活動」をめぐって—」(岩下哲典・真栄平房昭編『近世日本の海外情報』岩田書院、一九九七年)、ポロヴニコヴァ・エレーナ「近世庶民の「世界」像―節用集の世界図を中心に―」(『日本思想史研究』第四五号、二〇一三年)、同「近世庶民の自他認識―節用集の人物図を資料として―」(『文藝研究』第一七六集、二〇一三年)など参照。

(3) このような視点からの研究の一例として、宮地正人「風説留から見た幕末社会の特質―「公論」世界の端緒的成立―」(『幕末維新期の社会的政治史研究』、岩波書店、一九九九〈初出一九九三〉年)が挙げられる。

(4) 庄司吉之助「菅野八郎」(庄司吉之助・林基・安丸良夫編『民衆運動の思想』日本思想大系五八、岩波書店、一九七〇年)。

(5) 大橋幸泰『潜伏キリシタン―江戸時代の禁教政策と民衆―』(講談社、二〇一四年)一〇三~一一四頁。

(6) 檜皮瑞樹「一九世紀民衆の対外観―夷狄意識と救世主像―」(須田努編『逸脱する百姓―菅野八郎からみる一九世紀の社会―』東京堂出版、二〇一〇年)。

(7) 前掲檜皮論文、一〇〇頁。

(8) この時期の八郎の超越観念に基づいた政治活動と彼の思想については、拙稿「幕末期民衆における「家」・「個人」意識と超越観念―菅野八郎の士分化運動を事例として―」(『日本思想史研究』第四八号、二〇一六年)を参照。

(9) 『あめの夜の夢咄し』(福島県歴史資料館蔵菅野隆雄家文書一)。

(10) 『地球万国山海輿地全図』は江戸時代を通してしばしば改訂版が刊行されており、その内容にも微妙な差異が見受けられる。本稿では東京外国語大学所蔵(特-六五二)、嘉永六年刊行の安部泰行撰・鈴亭主人森桑補訂蔵版『万国地球輿地全図』を用いている。これは『民衆運動の思想』において庄司吉之助が『あめの夜の夢咄し』を校注した際に、【図②】は嘉永六年の写しであると指摘していることによるものであるが、同氏はこの版が元である根拠については述べていない。この点に関しては今後の検討が必要である。

(11) 織田武雄・室賀信夫・海野一隆『日本古地図大成 世界図編 解説』(講談社、一九七五年)。荒野泰典「近世の対外観」(『岩波講座日本通史』第一三巻、岩波書店、一九九四年)。

(12) 『判断夢ノ真暗 巻之上 三冊之内』は文久期の史料であるが、掲載したのが現存しない『秘書後之鑑』(一八五五〈安政二〉年)を略記している部分であるためここに引用した。この史料には執筆時期が記載されていないが、後述する「真造辨 八郎信演」には『秘書後之鑑』を太宰清右衛門に送ったのが「安政二年正月廿八日」だと明記されている。

(13) 『判断夢ノ真暗 巻之上 三冊之内』(福島県歴史資料館蔵菅野隆雄家文書四)。

(14) 北原糸子『地震の社会史―安政大地震と民衆―』（吉川弘文館、二〇一三年）。
(15) 八郎は水戸藩に対してのみ仕官運動を行うが、その理由を「又御三家ノ内にも副将軍とあらセらるれば、詰りハ御公儀様も同様ニ存ます」（『判段夢ノ真暗　巻ノ上　三冊之内』福島県歴史資料館蔵菅野隆雄家文書四）ためと述べていることからも、公儀の代表者として斉昭を捉えているという意識を窺うことが可能である。
(16) もっとも八郎が捕縛された本来の理由としては、義弟の太宰清右衛門が天狗党に関与し逃亡中であったことから、その人質という意味合いが強かったと考えられる。
(17) 「子孫心得之事」（『八郎十ケ条』福島県歴史資料館蔵菅野隆雄家文書五）。
(18) 菅野八郎著・安田次郎編『八丈島物語　五巻ノ内一』（郷土文献刊行会、一九三四年）。八郎が執筆したものを後年に翻刻、編集したもの。本稿では福島県歴史資料館蔵（庄司家寄託文書一―二四八八）のものを用いた。
(19) 『海外新話』は一八五〇（嘉永三）年刊行。輸入図書の『夷匪犯境禄』（詳細不明）を元に作成された。アヘン戦争での清の敗北を広く知らせ、日本に迫る外圧に対する認識を深めようとした。そのため「盛衰記・太平記」に倣い、つとめて平易かつ読本形式で民衆にも理解しやすい配慮がなされた。学問所の許可を受けぬまま出版したとの名目で発禁処分を受けたが、貸本屋による重版がなされるなど大きな反響を呼んだ（詳細は森睦彦「海外新話の刊行事情」、『長澤先生古稀記念　図書学論集』三省堂、一九七三年参照）。本稿では早稲田大学蔵（リ〇八―〇五四八八）のものを用いた。
(20) 「八老独年代記　巻之中」（『闇之夜汁　全』福島県歴史資料館蔵菅野隆雄家文書七）。
(21) 「夢之浮言」（『真造辨　八郎信演』）。原本は不明だが、福島県伊達市にて個人蔵の写しが存在することが確認されている。伊達市保原歴史文化資料館にてコピーが所蔵されており、これを使用した。同館の五十嵐洋子氏に厚く御礼申し上げる。
(22) 「真造辨　八郎信演」（『真造辨　八郎信演』）。注(21)に同じ。
(23) 西周はJ・S・ミルの『功利主義論』を翻訳した際に『利学』（一八七七〈明治一〇〉年）という邦題を用いている。この用語が当時、どれほど普及していたかは定かでないが、ここでの「利学」とは西同様に「功利主義」の意味で用いていると考えられる。

付記　本研究はJSPS科研費 18J10502 による研究成果の一部である。

（一橋大学大学院）

明治中期における批判理論としての「批評」——大西祝の批評的思考を中心に——

郭　馳　洋

はじめに

本論文は「批評」という概念を軸に大西祝の思想を再構成する試みである。大西祝（一八六四—一九〇〇）は、「教育勅語」解釈や「教育と宗教の衝突」問題をめぐって井上哲次郎（一八五五—一九四四）らイデオローグと対峙した哲学者・評論家として評価されてきた。[1] 彼の活躍した一八八〇年代後半から一八九〇年代後半までの間は明治日本にとって重要な転換期である。この時期において産業革命が始まり資本主義体制が整ったとともに、帝国憲法の発布や日清戦争の勝利を経て天皇制国家の権威は一層強化された。その反面、国家主義批判や社会主義的言論・運動も現れた。学術の面では英仏学がドイツ学に席を譲り、大西の在学した帝国大学文学部哲学科を中心とする明治アカデミー哲学の主流もドイツ観念論へと転回した。そして「批評」というジャンルの形成もまさにこの時期の出来事である。

多岐にわたる大西の著述に通底するスタンスは「批評主義」（criticism）である。そこにアーノルド（Matthew Arnold, 1822-1888）の『批評論集』（*Essays in Criticism*, 1865）に現れる批評観、カント（Immanuel Kant, 1724-1804）的な「批判」（Kritik）ないしキリスト教の高等批評の受容は確認できるが、彼の思想自体における「批評」の思惟構造を解明するのも一つの課題であろう。[2] なお、「批評」を一種の言語的活動と理解すれば、大西の「批評」を考えるには言語観の考察が欠かせないにもかかわらず、それが未だに十分なされているとは言い難い。

そこで本論文では、まず大西の「批評論」（一八八八）を近代日本における批評の成立という文脈で捉える。次にテクストの内在的分析に取り組み、「批評論」の主張と良心論の関連性に着目し、「批評」の倫理性を考察する。その上、制度論の視角から大西における理想と現実の弁証法的な関係を分析し、そこに秘められた「批評」の契機を析出する。さらに、大西の言語観を取り上げ「批評」に伏在する言語の問題に光を当てる。このような作業を通して大西の批評的思考の特質を摘出するとともに、その批判理論としての可能性を示し、近代日本における（狭義の文芸批評ではない）「批評」の一形態を浮き彫りにしたい。

一　商品を「批評」するか、商品としての「批評」か

「批評」がcriticismの訳語として登場したのは十九世紀後半のことである。その用例は『英和対訳袖珍辞書』（一八六二）、西周（一八二九―一八九七）の『百学連環』（一八七〇）や森有礼（一八四七―一八八九）の「明六社第一回役員改選に付演説」（『明六雑誌』三〇号、一八七五）に遡ることができ、[3]井上哲次郎監修『哲学字彙』（一八八一）において定着した。[4]高田半峰（一八六〇―一九三八）が坪内逍遥（一八五九―一九三五）の小説『当世書生気質』（一八八五）を『当世書生気質の批評』（一八八六）において評論したことは、「作品」と「批評」の最初の応酬とされる。

一八八七年を境目に、翻訳語として導入された「批評」が一つのジャンルとして自立するようになる。その背景にあったのは、活字印刷に基づいた商業出版の顕著な拡張であって、小森陽一の指摘に従えば、そこに批評に値する書物の質・内容に先立って書物の量的増長があった、という批評と書物の関係における転倒現象が見受けられる。[5]このような書物の「氾濫」は、様々な「外来思想」が堰を切ったように流れ込んできたことと密接に関連している。この状況に置かれた「批評」は対象を一つの分野に限定するどころか、過剰なほど時代の問題にコミットしようとしていた。[6]逆に言えば、この時期の「批評」はまだ開かれた言説として多様な可能性を持っていたと考えられる。

一八八八年五月、大西は「批評」そのものを原理論的に説明する「批評論」を民友社発行の雑誌『国民之友』で発表した。「批評」はついに自らの対象化に至った。この論説において大西は「創作と批評」「批評の職分」「批評の範囲」「何を批評すべきか」「我国の思想界」「批評を要する

者」「通弁の誤謬」という七つの項目を設けて「批評」を論じている。

作品の「批評」を行いながらもなお「批評」それ自体を「批評」しようとしている大西の観察では、「泰西の思想は波濤の巻き来るが如く、将に我国中に漲らんと」している中、それを見定める「批評」の必要性が感じられ、「夫れ此一、二年間新聞雑誌の紙面を一変したる者にして、恐らくは批評の文字の上に出ずる者あらざるべし。小説の翻訳ある毎に、諸の新聞雑誌は之に多少の批評を下さざるはなし」(7)。商業出版の発展とともに新聞に掲載される「批評」も一つ独立した欄として自らの領地を手に入れただけでなく、『出版月評』（一八八七）のような「批評を専門とする」「毎月出版の雑誌」さえ現れた。この批評ブームに対して大西は「去れば此批評の流行に連れて身に速成の神験術を行い、一変して批評家となりすます者」の存在を憂慮し、「何事を批評せんと欲するか」と疑問を発している(8)。

諸々の思想を紹介・翻訳する書物は剰余価値を求める商業出版資本の強力な働きで大量生産され商品として市場に投入される。この動きに応じて活字メディアを対象とする「批評」が新聞雑誌において登場した。本来なら「批評」は、書物が商品となる際に捨象された「使用価値」の次元を導入すべきである。つまり書物というメディアを評価するメディアとして、著者と出版社に対して「メタレベル」に立つことを期待される(9)。

ところが、「批評」自体も商品形態に囚われているというのは当時の実状である。新聞雑誌で「批評」の量が激増し、書物の氾濫に伴い「批評」も氾濫していた中、「批評」の内容・対象への省察は閑却されている。

> 今日の批評家たらんと思う者は将に何をか批評せんと欲する、其欲する所、小説の訳書の出ずる度に之に数言の愛憎を呈せんとするに在る乎、寺子屋の文字にホゼクリ批評を下さんとするに在る乎。それも或は益あるならん、然れども是れ只だ批評の末端なるのみ、若し又其欲する所は筆を飛ばして政治、経済、詩文、小説、歴史、哲学の近著に悉皆掻撫の批評を下し猶お飽き足らずして数学の書物迄を品評せんとするに在る乎。（中略）然れども凡べて其種類の批評家は予が所謂る批評家にあらざるなり。我国文化の先導者たらんと欲するの批評家は宜しく活眼を開て今日の思想界を洞察せよ。善く其真相を看破し得る者は是れ予が所謂る批評家たることを得る者なり(10)。

小説の翻訳への「数言の愛憎」、寺子屋の教材に対する「ホゼクリ批評」あるいは各分野の著書に関する「掻撫の批評」は、いずれも対象を選ばずにただ出版された書物の後ろを追い掛けるものであり、その意味で出版市場に従順的である。対象の選択や内容の充実といった「批評」の具体性よりも、「批評」という抽象された形式だけがもてはやされているという本末転倒の現象が発生した。ここで槍玉に挙げられているのが恐らく批評家・翻訳家高橋五郎（一八五六―一九三五）のことであって、実際「批評論」は高橋本人の反発を招いた[11]。

ともかく大西の考えでは、「批評」は出版市場の動向に左右されず、同時代の思想状況を対象とすべきだ。西洋思想の研鑽も最終の目的ではなく、むしろ「今日」を正確に把握するための手段であって、「批評」することは同時代についての認識のみならず、その「超越」をも意味している[12]。では大西の構想した「批評」は具体的にどのように機能するだろうか。

然らば則ち批評家は如何の作用によりて文学的創作の真相を発見し得るや。今其作用を分析して二段となし得べし。第一、創作家と同情となること、第二、其創作家の所作を、我が有する所の最高の標準に照すこと是れなり。（中略）然れども一たび身を創作家の位地に置きし上は、復た翼を撃て理想的の上地に上り、最高の標準に照らして、其創作家の所作に、絶対的の批評を下さざる可らず。即ち一たびは近づき一度は遠かり、一度は親友、一たびは純全たる他人とならざる可らず[13]。

始めは作者に寄り添い作品の理解者になる、つまり創作する側に「同情」するのに対して、次は作者から離れて批評する側の持つ「最高の標準」という超越性に依拠して批評することが要求される。「理想的の上地」は大西にとって、商業出版市場に侵食されない批評的な空間としてあると言えよう。このような「批評」の対象は狭義の文学に限定されず、創作全般ないし「既往の事実」＝歴史まで含む[14]。

また「批評」という「破壊」の後に確かに「思想の新世界」の「建設」は不可欠だが、それも後人の「破壊」を待つものであって、「批評の時代」が過ぎ去らない以上、「破壊」に躊躇すべきではない[15]。

もっとも、近代の「批評」は新聞・雑誌といった活字メディアにおいてその身体を獲得し、購読者に読まれるという形で伝達するものである。この意味で「批評」そのものも近代資本主義の産物として商品形態につきまとわれる宿命から逃れられないだろう。にもかかわらず、大西は作品という所与のものに対して「標準」を持ち出し、「批評」の倫理性を追求している。果たしてこのような倫理性は成立するのだろうか。

二　「批評」の倫理性——倫理学の方法と良心論

1　存在から当為へ

「批評論」における「第一創作家と同情となること、第二其創作家の所作を我が有する所の最高の標準に照らすこと」という批評の方法を論じる箇所については、二つの批評法が両極に引き裂かれて、「創作家」から遠ざかり「最高の標準」に赴く方法だけが重んじられ、「創作家」に近づいて「親友」になる方法が明示されていない、という指摘がある[16]。確かに「批評論」を見る限りではそのような印象が見受けられるかもしれない。だが、第一の「作用」と第二の「作用」、この両極を繋ぐ方法、即ち「同情」から「最高の標準」へのステップは、実は大西の倫理学方法論において提示されていると考えられる。

一八九一年の論文「倫理考究の方法幷目的」において、倫理学研究に「挙例分類」「比較沿革」「縁由説明」「理想推究」という四つの段階があるとする方法論が述べられている。つまり倫理学を研究するにあたって、まず「挙例分類」（第1段階）の方法によって社会の風習・制度・法律・教訓・礼儀など「客観的に存する道徳的の事実」を確認する上で、そこに見出される道徳的観念の相違と変遷を指摘する「比較沿革」（第2段階）的な考察を行い、相違と変遷の理由を解明する「縁由説明」（第3段階）を試みるのである[17]。ただ、この三つの方法は皆「現時若しは往時に起りし事を討究する」「歴史的の考究」に属するものであって、「何故社会に於て人の善とし又悪とすることを我も亦善とし悪とすべきか将たしかすべからざるか」という問いに答えようとすれば、「今一たび此あるとあるべきとの対比を心に浮ぶるに於ては吾人が倫理の考究は更に別世界に入らざるを得ず」というように、「ある」と「あるべき」、つまり存在と当為の区別に着目しなくてはならない[18]。

大西にとって、「ある」と「あるべき」の相異が意識された以上、「倫理の理想」「道徳の標準」[19]を提起せずには上述の問題に対処できない。「客観的に存在する倫理の観念に価値の判断を下し得る」ためには、当為の根拠としての「理想」を明らかにする必要があり、倫理学研究は「理想推究」という段階（第4段階）へ進まなければならない。

この理想主義的な考え方は、創作家に「同情」しながらもまた「翼を撃て理想的の上地に上」って作品を「最高の標準」に照らすという「批評」の手法と趣きを同じくするものだと言ってよいだろう。「挙例分類」「比較沿革」「縁由説明」のような「歴史的の考究」から「理想推究」への移行は即ち、存在から当為への移行にほかならない。「歴史的の考究」は「理想推究」を支えるものであっても、倫理研究のすべてではない。しかし大西が「批評論」で「歴史」を一種の「批評」と主張することは留意されたい。「既往の事実」を「批評」する「歴史」の言説は、同時に「最高の標準」＝「理想」を志向しており、「ある」と「あるべき」両方とも射程に収めている。「歴史」である「批評」は「歴史的の考究」と「理想推究」によって成り立つ倫理学研究と同じ構造を持ち、倫理的な性格が備わっている[20]。

大西のこの倫理学方法論は、当時流行していた「経験主義」と一線を画したものである。「予は経験に始めざるを得ざれども経験に止まるを得ずと云わんと欲するなり」という論述には、倫理学研究を「専ら古今東西の道徳上の事実を蒐集してそを比較的又沿革的に調」べることと考えた加藤弘之（一八三六―一九一六）や「専ら古今諸国の風俗習慣を調」る「習慣学」と認識した元良勇次郎（一八五八―一九一二）に対する批判が込められている[21]。

大西の見方では、倫理を研究するに際して人間の道徳的行為に及ぼす「社会的の情性」と「習慣練習の作用」の影響は無視できないが、何より重要なのは「良心」という意識であって、それをめぐる問題は「理想推究」の段階で逢着する最大の難問だ[22]。「良心」を基礎づけるために、大西は「法界[23]」という領域を措定する。「法界」における「理想」（あるべき）と「実在」（ある）の合一、もしくは「法界根本の傾向」と「理想」に到達しようとする努力の一致を仮定しないと、「理想」を「理想」たらしめる根拠が獲得できないという。では「良心」とはどのようなものなのか、それは「法界」と如何に関係するだろうか。

2　『良心起原論』における目的論

「良心」が詳しく考察されるのは、大学院の学位論文『良心起原論』においてである[24]。その執筆は一八九〇年に開始されたが、同じ年の一〇月、ドイツ留学から帰国した井上哲次郎が帝国大学哲学科の教授に就任し、大西の指導教官となった。ちなみにかつて井上の『倫理新説』（一八八三）が植村正久（一八五八―一九二五）の「『倫理新説』漫評」（一八八三）によって批判されたのはまさに「良心」に関する説明が欠落しているという点である。結局、大西は論文を提出することなく、翌年に大学院を出て東京専門学校で教師を勤め始めた。その一因は井上と合わなかったことにあると推測される。国家主義的な立場を露骨に表す井上を大西が激しく論難したことを考えると、恐らく研究内容をめぐる見解の相違のほか、イデオロギー上の対立もあったのだろう。ともあれ、後に雑誌発表された部分もあるが、

『良心起原論』は大西が亡くなるまでまとまった形で公開されることはなかった。

『良心起原論』における議論の組み立て方は、まさしく「批評」そのものである。大西が「緒言」で断るように、この論は良心の起原をめぐる従来の諸説を紹介・吟味する「批評部」と自分の主張を打ち出す「建設部」という二つの部分から構成され、しかも両者の論旨がかなり異なっている。「一たびは近づき一度は遠か」る、いわば「親友」と「他人」の間を移動するという「批評」の戦略を取ったからであろう。「批評部」では考察の対象とされるのが「英国の実験的哲学」即ちイギリスの経験論であり、主として「良心性具」説、「社会の製造物」説、「苦楽てふ外界の強迫力に帰する」説、「利他的性情（社会的本能）に帰する」説、「想念的感覚を良心の一要素とする」説（スペンサー）が扱われる。それに対して「建設部」において大西は上記の諸説の問題点を指摘し、経験に還元できないものに良心の起源を求めようとしている。紙幅の都合上ここでは主に「建設部」の主張――それは大西の哲学ないし思想全体の拠り所でもある――を見ることにする。

大西が良心の起源として掲げる概念は「理想」[25]である。「理想」を有しているからこそ現実とのギャップが感知され、「シテハナラヌ」「セネバナラヌ」という意識、つまり「良心」が生じる。ただし「理想」という語を持ち出すだけでは実質的な説明にならないということで、続いて良心論の鍵となる「理想」の由来が論じられることになる。

> 然れど如何なれば其如き理想の生起するやと尋ぬるに、惟うに是れ吾人の人性が其本来の目的（即ち人間の存在、又最も広く云えば、法界の自然の構造に於て定めある人性の有様）に達せんとするより起るものならん。即ち吾人人間は未だ其人間たるの性を完うせざる者、吾人は未だ此法界に生れ出でたる目的（此法界の自然の構造に具われる人間の目的）に達せざる者、而して吾人は自然に（即ち吾人の成り立ちに於て、本来の傾に於て、発達の中途に仮りに生起する種々の反対の傾向あるに拘らず根本の傾に於ては矢張り）此目的に達せんと力むるものなり。而してそのしか力むる処に理想と云う観念を生じ来るなり。[26]

「理想」とは、法界に予め定まっている本来の「目的」(end)に到達しようとする動きで、「種々の反対の傾向」を押し切る「根本の傾」から生じる観念だ。大西は有神論と一線を画しながらも、自説の目的論的な性格を認め、「吾人の本来の目的に対して吾人の有する関係が我心識に現れて我が生活行為の理想てふ一種の観念を生じ、而してそこに良心てふ作用を発起し来ると説きたるなり」と、

「良心」「理想」「目的」の三層構造を説明している。[27] キリスト教的な神の絶対性さえ否定している大西にとって、「目的」概念を持ち出さないと相対主義の泥沼に陥ることになるだろう。この意味で目的論はまさに「ぎりぎりの選択」だ。[28]「理想」と「目的」は大西のテクストにおいて混用される場合もあるが、両者はあくまで違う概念である。その違いは、後述するが、大西哲学の根幹部に関わるものである。

では「目的」の具体的な内容は何なのだろうか。大西はそれを示さないでいるとはいえ、その論述から「目的」との関係がいかなるものかを一瞥することができる。

> 法界の自然の構造に於て吾人人間に定まれる目的は決して夢幻の妄想にあらずと雖も、然れども吾人は既にそを全く知了し居れるにはあらず。又そは神託の如くに妙に天上より突然吾人に顕われ来るものにもあらず。此世界に於て、此生物の界に於て、此人間の社会に於て種々の経験を積み、種々の境遇に接して彼の所謂る人間の進化なるものを経過する間に漸々吾人の心識に発現し来るなり。吾人は未だ白昼の光に照らして我本真の性を観ずるの段楷に至らず、只だ曙の薄あかりにてそを漠然と見居るのみ。吾人は既に全く覚め居るにあらず、未だ半ば眠の中にあるなり。今云う如く、吾人は此世界の（狭く云えば此人間の社会の）境遇変化より離れて我本来の目的を一時に知了し得るものにあらず。むしろ漸々に眠より覚めつつ其漠然たる面影を見、其衣の裾を攫まんとし居る者に過ぎざれば、吾人が此本来の目的に対するの知識には時と所とによりて多少の差異あることは勿論なり。[29]

「目的」は無根拠な「妄想」でもなければ、完全に認識できるものでもない。一方で、「目的」への認識は「此世界」の経験や境遇からしか始まらない。他方で、「理想」の提起からも分かるように、「目的」を知り尽くすには「此世界」の経験だけでは不十分である。このような「目的」論は、経験によってのみ認識を基礎づけるという経験主義的な立場とも、現実の経験を顧みず「目的」を単に天啓のようなものと看做す発想とも距離を取っていると思われる。

当然、「目的」を措定するという有機体説的な姿勢には機械論的な唯物論への対抗意識が込められている。大西は「此法界の成り立ち又転変が全く無闇に生じ、全く無闇に滅するにあらずして、必ず其中には目的の存するありとの仮定を要する」、「只だ物質的の機械論を以ては法界の真相は穿ち得ずとのことを仮定し居るなり」[30]と、道徳意識を根拠づけ世界に意味を持たせるために「目的」という「仮定」を要請している（ポストゥラート）。この「仮定」なくしては、世界は無意味の深淵に転落してしまうと考えたからであろう。
「目的」はあくまで「仮定」だからこそ、所与として現実の経験を悉く隷属させるものではなく、「漠然たる面影」（漠然とはいえ空想ではない）として現われ「此世界」のアクチュアリティから導き出されつつあるのである。これは最初から現実の出来事をすべてその中に包摂するような目的論と自ずから異なる。大西の場合、そのつどの経験という「特殊」に触発されて発動した「良心」の作用を通して始めて、「目的」への通路が顕現する。もっとも、「良心」は単なる命令ではなく、「知力的の判別」と「感別」（感情的要素の著しい判断）という判断作用を含んでいる。[31]「目的」が事前に与えられていない点からいうと、そこで働いているのはカント的な「反省的判断力」[32]とでもいうべきものであろう。大西における「目的」は一種の「統制的」な理念として位置づけられると思われる。[33]
なお「目的」へ向かって進んでいく過程は「人間の進化なるものを経過する間」と、「進化」という言葉で表現されている。大西の哲学的立場が「目的ある進化」（Teleological Evolution）や「進化論的理想説」（Evolutionistic Idealism）と呼ばれる所以である。[34]同じく進化論を受容したものの、大西における「進化」論は優勝劣敗・弱肉強食を肯定した加藤弘之らの社会進化論と異質なものであることが分かる。[35]
この哲学的立場は大西の「批評」と軌を一にするものであると言ってよい。現実を「批評」＝「破壊」し、「理想」を「建設」する過程において、理想と現実の一致・不一致を我々に示すのは、「良心」の作用である。「良心」の発現は「批評」の契機にほかならない。

三　「理想」と「制度」の弁証法

『良心起原論』の完全公開は大西の生前に実現されなかったとはいえ、その主旨はすでに一八九五年の論文「道徳的理想の根拠」で記されている。大西哲学の中心的概念となる「理想」や「進化」はかつての短文「随思随録」（『宗教』一九号、一八九三）で取り上げられたが、「道徳的理想の根拠」においてその発想がより洗練されたものになっている。

吾人の生長進化する活物としての目的を自ら予想することに、かの所謂る理想てふ観念を生じ来る。吾人が我本来の目的を予想し得る迄に心識の発達したるの時期が理想てふ者の生れ出でたる時期、又それと共に良心の発生したる時期なり（中略）社会の組織は吾人が生活の理想を実現せむとする者、百般の制度風俗慣習皆吾人の見て以て生活の理想とする所を実在のものとせむとする機関なり。家族の制度と云い、諸種の政体と云い、社会の階級と云い、国俗と云い、職業と云い、文学と云い、皆吾人のその生活の理想が形体を取りて現じたる者なりと云いつべし。制度風俗は形骸、理想は其精神なり。而して制度風俗の変遷は正さしく理想の変遷なり。一旦理想が制度風俗に其形を取りて実現すれば、其理想の変ぜざる間は、其制度風俗は吾人に取りて最高の権威を有す。然れども吾人の理想は永久同一の状態に固定する者にあらず、動きゆき進みゆく者なれば、風俗、慣習、制度、法律も亦従って変遷せざるを得ず（中略）法律慣習が理想を生じたるにあらずして、理想が形体を取りて法律慣習となれるなり。(36)

国家や社会を「人類の目的」を実現するための「機関」と位置付ける点では『教育勅語』に見られるような「忠孝」イデオロギーを批判する論文「忠孝と道徳の基本」（一八九三年一月、『宗教』一五号）の延長線上にあると言ってよいが、ここでは良心論の基礎である「目的ある進化」という存在論的見地に基づいて議論が展開されている。国家のみならず制度、政体、階層、習俗、職業、文学は、いずれも「理想」が具象化したものであり、「理想」の変化につれて形を変える。「理想」と「制度」（広い意味での制度的なもの）の関係は精神と形骸の関係に類比される。しかしそこで強調されているのは精神による形骸の合理化ではなく、「制度」は「理想」を実現するための「機関」＝手段であって「理想」「目的」と同一視してはならず、「制度」の権威は「理想」との関係に決められる、ということである。手段の自己目的化に対する警戒はつねに大西の念頭にあると言えよう。

さらに重要なのは「理想」と「目的」の差異である。「理想」は、「目的」に関する予想、換言すれば「目的」のイメージであって「目的」そのものではない。「目的」は無時間的で静止状態にあるのに対して、「理想」は変動するもので、そのダイナミズムを保証するのは「目的」との距離にほかならない。そこに「理想」の運動の原動力がある。

何故一旦其形を制度、法律、慣習に取りて最高の権威を有したる理想が、他の理想に処を譲らざる可らざるに至る乎。他なし、吾人の成長の衝動（本来の目的へ向いゆく衝動）が未だ制度、法律、慣習に於て自らの満足を得ざればなり。此衝動の不満足の存する、是れ理想の改造、随って又制度、風俗、法律の改造を促す所以なり。吾人の社会を動す者は吾人の不満足なり。

　吾人は右云う衝動の最も満足を覚ゆるの途を探って進みゆく、而して其途を探らんには、今迄経過せし処を起点とせざる可らず、それを踏段とせざる可らず。新理想の旧理想に根ざして生ぜざる可らざるは、恰も樹木が其種に根ざして生ぜざる可らざるが如し。新理想は旧理想を破壊すると共に、又それを己れの内に成就せしむる者なり(37)。

大西は「理想」の変化の原因を「本来の目的へ向いゆく衝動」に帰す。「衝動」は前述の「良心」という意識現象となって現れる。「目的」に到達しない限り「衝動」は「不満足」の状態にある。その意味で「理想」はいつも「目的」を描くことに失敗する。この根源的な欠如により、「理想」はつねに「制度」から逸脱していく。「理想」が変わる途端、「新理想」は制度的なものに具現化し疎外された「旧理想」の形を突き破ろうとする。もっとも、「旧理想」の存在を条件とする以外、「新理想」の生じる道はない。「旧理想」の破壊とその実現が同時進行するかたちで「理想」が止揚されていく。

　留意されたいのは、現実は観念（理想）によって一方的に否定されるものではなく、「形骸」は必ずしも「精神」の下位に置かれるとは限らないということだ。「実在の変更が理想の変更を促すと共に、理想が又実在を変更せしむ」、「吾人の生長の自然の衝動（吾人なる者それ自身の変遷）が理想の改造を促し、而して改造されたる理想が更に吾人の実在を変遷せしむ(38)」ように、「理想」と「実在」は互いを否定的な媒介としている。つまり、「旧理想」と「新理想」、「理想」と「制度」・「実在」の関係は弁証法的に把握されている。

　「理想」に対する弁証法的な理解は、確かにヘーゲル的な絶対精神の自己実現を彷彿させるし、大西自身も「目的ある進化」説のヘーゲル的要素を示唆している(39)。しかし「理想」の根拠を植物にも通じる「生長の自然の衝動」に求める点、「理想」に対する人間の実践活動を重視する点を見れば、大西の理想主義は観念論に収まらず、観念・理想・当為の外部を意識しているという唯物論的な面も見られる(40)。古田光は大西における観念論と唯物論の矛盾、その統一の失敗を指摘するが、山田洸はそれを認めつつも両者の統一に苦闘した大西、その統一の仕方に注目している(41)。しかし私見では、統一の失敗を消極的に捉えるよりも、そこにある矛盾・亀裂に批評的な瞬間《クリティカル・モメント》を見るべきである。

四　大西祝の言語観――その言語物象化批判をめぐって

1　「名」は「虚」ではない

「批評」が言語によって遂行される以上、言語の（不）可能性は「批評」のそれを規定すると言っても過言ではない。言語に関する大西の所見は断片的でしかないために、先行研究においてその言語観に関する言及も僅少である。しかしこれから考察するように、大西は言語についても深い洞察を示している。

大西の言語観が最も鮮明に示されるのは、一八九四年九月の『六合雑誌』に発表された評論においてである。そこで「名」と「実」の関係が問題とされている。

語に曰く名は実の賓と、而も名必しも虚なる者にあらず。爰に一事物あらば、人必ず之に一名称を与へんことを欲す。爰に一教旨あらば、之に一特名を附してそを他教旨と相別つの用あること勿論なり。一旗幟を樹てて同志の輩を糾合せむと欲し、一団体を結んで世に行ふ所あらんと欲し、一主義を持して之を後世に伝へんと欲するや、一名称を撰んで之が表号となさゞる可らず。名称は散在せる個々物に一致の連鎖を与へ、其働作を敏捷ならしめ、其存在を鞏固ならしむ、名称豈に全く虚なりと謂はんや。(42)

冒頭の「名は実の賓」の出典は『荘子』の「逍遥遊」篇（「名者実之賓也」）と思われる。「名は実の賓」というのは、つまり「名」は「実」そのものではなくあくまでその「客」であり、一般的に「実」を指示するという目的を実現するための手段とされており、指示対象としての「実」と同一視することができない。かといって、「実」に対して二次的でしかない「名」は、大西に従えば、現実に何の働きかけもしない虚しい存在ではない。むしろ単なる伝達手段を超える作用を現実に及ぼしている。人間はいつも、事物に名称を与えようとしている、つまり命名の欲望を有している。命名という行為によって差異の体系が作り出され、世界の分節化が行われるのである。

また、同志を集めるための「一旗幟」、世の中で活動を展開するための「一団体」、後世に伝えるための「一主義」、これらはそれぞれの「表号」即ち目印としての名称が欠けてはならない。「表号」＝シニフィアンの差異によって始めて別の「旗幟」「団体」「主義」との区別がつき、おのれの自己同一性が確立できるのである。「旗幟」「団体」「主義」に賦与された名称は散在する個々の物に「一致の連鎖」を与え、その動作を「敏捷」にし、その存在を「鞏固」にするように機能している。つまり、浮遊している

「物」は、名付けられることによって固定され、一つの全体となる。

だから名称は「豈に全く虚なりと謂はんや」。大西の言う「虚」が言語の透明性を指すと考えるのも可能ではないだろうか。名称が「虚」ではないというのは、名称がどこまでも透明的なわけではない、つまり単に意味伝達の手段として「実」（指示対象）に忠実に追随するとは限らないことである。

2 言語と真理

ところで、「否なその虚ならざるのみならず、人久しく之を呼称すれば、遂に一種の恋着心を生じて名に拘るが為に、実を枉ぐることあるに至る、殊に己が安心栄誉生命と恰も同体不二なるが如くに感想し来りたる名は、業に已に実を失ひたる後にも尚ほ努めて之を保持せむとする、是れ人情の常なり。若し一朝にして其名を以て呼ばれざるに至れば、実に光輝ある一大資格を亡くし去りたるが如くに感ず、人の其名を以て己を呼ぶことを肯ぜざるあれば之を怨み之を怒る此の故に、名に拘泥して之が為に厭はしき煩はしき浅ましき弁護を事とする者世に多かり[43]」とあるように、名称を実体かのように執着する「恋着心」という主体側の欲望も議論されている。

人間はただ受動的に「名」の支配を受け入れるのではなく、むしろ「名」に積極的に同定することによって自分自身を主体化＝従属化していく。大西によれば、人々は名称を使い慣れていると、名称そのものに執着し、現実を歪めることとさえある。とりわけ自分の「安心栄誉生命」を「名」に同定し、「名」と「実」の対応関係が崩れても「名」によって「実」の欠如を埋めようとする。命名者としての人間はやがて自らのつけた「名」に囚われ、「名」に拘泥しその弁護を行うことになる。従来の「安心立命」が大きく揺らされていた明治期においてはなおさらである。

「名」それ自体に「恋着心」を抱きそこに自明な価値があるかのように執着することは、物神崇拝（fetishism）の一形態と言えよう。しかしこれも「実」の喪失を経験した上での「人情の常」、「感情の働[44]」であると大西は考えている。もちろん、このままでは「真理」に到達するどころか、「而も此に至つては遂に名の奴隷たるを免れず、何ぞ拘泥と弁護とを離れて大自在の真理界に我身を托せざる[45]」というように、「名」の物神性に誘惑された挙句、人間は「名の奴隷」に成り下がることになってしまう。

物神になった「名」は、大西からすれば、「咒文」のようなものである。流行の経験主義に異を唱える大西は「経験」という言葉を「咒文」に譬え、「経験を楯に着て闘うものは勝ち、之を着ざる者は必ず敗を取る、経験は、是れ百戦百勝の秘訣、否な殆ど一種の咒文の如く一たび之を唱うれば諸の迷誤妄信を圧伏し得るが如くに思うの観なり。然れどもまた恰も咒文に似て其意義の何たるを質すときは、そが答弁に苦まざるもの少し」と述べている[46]。物神としての「名」の性格はまさに咒文の二つの側面に当たっているため、この比喩は本質を突いている。さらに、この発想は言語一般にも敷衍される。

　吾人が知識の発達に至大なる関係を有するものは言語なり。其の功用の妙なる、言霊とさえ名づけて、それに霊活の妙力あるが如くに思惟せり。吾人は思想の標識として言語を用うというものから、吾人の思想がしばしば言語の奴隷となることあり。吾人はみずから作りし言語のために惑わさる。此の故にベーコンは、精確なる学問の準備として、先ず諸種の妄想及び先入（即ち其の偶像と名づけたるもの）を掃除し去るべきことを説き、而して其の中に言語によりて生ずるものを掲げたり。吾人は言語を以て事物の代用とす、故に言辞の意義を知れば直に実物の知識を得たるが如くに思い誤る。読書的学問の弊は実にこれより来たる也[47]。

言語は当然ながら、人々の知識の形成に深く関わっている。その不思議な働きから、「霊活の妙力」を帯びる「言霊」とも看做されてきた。ここでの「言霊」は、まさに言語の使用における根源的な疎外を指している。言語という「標識」によってしか表現できない思想は往々にして「言語の奴隷」になってしまう。先に述べた、名称への「恋着心」から「名の奴隷」になることと同様である。社会において象徴的秩序を構成している言語を作った人間は逆に、自ら作り出した言語に惑わされ支配されていく。いわば言語の物象化である。それに対する批判としてベーコン（Francis Bacon, 1561-1626）の説が引き出されるわけだ[48]。

　人々は言語を「事物の代用」とする故に、言葉の意味さえ把握すれば実際の事物に関する知識が得られると勘違いしている。ここでは不在のものを再現前し、ものの「代理人」になるという表象（representation）作用が問題とされている。大西の見方では、人を惑わすほどの自律性を持っている言語は決して実物の十全な表象（代表）ではなく、言語と事物の間にある溝も容易には埋められない。「読書的学問の弊」を批判するのもそのためである。

　「名」と「実」の分裂を前にしながらなお「安心立命」を得ようとする者に対して、大西は「名称と共に其心を動かす者は、是れ真理その者を求めずして、只だ真理の名称を求むる者なり。寂然一室中意象極分明なる時悟り得たる所を名けよと云ふ、予輩はその名け難からんことを恐る、実に名称の外吾人の生命と安心とを繋ぐ処あるなり」[49]と、真理を「真理の名称」以外のところに求めようと呼びかける。

思想は言語を必要とする一方で、言語の有限性から、真理を「悟り得」ても名付けることは難しい。真理はいつも人間の「恋着」する「名」の外部へ逸脱する。しかしこの言語と真理の裂け目もまた、「批評」の条件なのである。

結びにかえて

「批評」は近代の商業出版の産物＝商品として出発するものの、それを「超克」する願望を内包している。大西の「批評」にもこの両義性が刻まれている。それ故「標準」「理想」への志向が表されている。この志向は彼のテクストにおいて存在と当為の区別の問題としてクローズアップされて、存在から当為へ跳躍する契機は「理想」に由来する「良心」の作用に求められる。大西の良心論を基礎づけるのは目的論的理想主義だが、そこの「目的」は現実の経験を回収する所与ではなく、反省的判断力によって要請され、経験に開かれた統制的理念のようなものである。この哲学的立場に基づく制度論は「制度」とその自己目的化を阻止する「理想」の弁証法的関係を説いている。「理想」と「制度」が止揚されていくプロセスを担保するのは「目的」への「自然の衝動」である。「目的」はつねに現実「制度」と「理想」の外部にあり、あらゆる既存の規範を否定しうる力を持っている。[50]

このような制度論とその言語観の間に構造的類似性が看取できる。「実」＝思想・真理は「名」＝言語によって表現される。しかし言語はしばしば主体側の物神崇拝で物象化されてしまい、その事態に抗うために真理自体の外部性が絶えず意識されなくてはならない。真理を表象する言語、「理想」を表象する「制度」は必ず機能不全に陥るにせよ、この表象の失敗においてしか「目的」が開示されない。「目的」と呼ばれる「崇高な対象」は実はある種の根源的否定性そのものかもしれないが[51]、それこそ「批評」を可能にするものである。

注

(1) かつてよく見られたのは「市民哲学者」という評価である。例えば家永三郎（『日本近代思想史研究』東京大学出版会、一九五三年）、古田光（「大西祝《市民的哲学の起点》」、朝日ジャーナル編『日本の思想家』朝日新聞社、一九六三年）、舩山信一（『日本の観念論者』理想社、一九六六年）。その際「近代」対「封建」、「啓蒙主義」対「国家主義」という構図で井上哲次郎との違いを強調する傾向は強い。それに対して「市民哲学」という位置づけを相対化するものがあり（山田洸「大西祝と批評主義の展開」、『現代と思想』二九号、一九七七年、八三―一〇五頁）、最近は上記の構図を疑問視し、大西と井上の共通する知的背景を確認した上で両者の思想を緻密に分析する研究も現れた（森下直貴「井上哲次郎の同情の形而上学」、『浜松医科大学紀要 一般教育』二九号、二〇一五年、一―四〇頁）。大西の思想的展開をその生涯とともに描いた労作としてまず挙げられるべきものは平山洋『大西祝とその時代』（日本図書センター、一九八九年）である。

（2）アーノルドとの関係は佐藤善也『透谷、操山とマシュー・アーノルド』（近代文芸社、一九九七年）、高等批評との関係は小泉仰「大西祝――比較思想の視点」（『比較思想研究』二三号、一九九六年、一―九頁）を参照。なお近年、大西の「批評」とカントの「批判」の関連性は改めて注目されている（御子柴善之「批評主義と世界市民的倫理学」、『早稲田大学史記要』四三号、二〇一二年、二九―五二頁。同「『批判』の受容と大西祝」、『哲学世界』三九号、二〇一六年、一―一四頁）。

（3）林正子「近代日本における〈批評〉概念成立への道程・序」（『岐阜大学国語国文学』三〇、二〇〇三年、一―二〇頁）。木村直恵「〈批評〉の誕生」（『比較文学』四五巻、二〇〇三年、七―二二頁）。

（4）野口武彦「煩悶、高揚、そして悲哀」（『批評空間』創刊号、一九九一年、三九―五一頁）。

（5）小森陽一「近代批評の出発」（『批評空間』創刊号、一九九一年、六九―八四頁）。近代日本の「批評」の成立およびそこにおける大西祝の位置を出版ジャーナリズムの発展との関係で捉えるこの論文から筆者が学んだことは多い。ただし「批評論」以後の大西思想の展開はあまり言及されない。

（6）前掲野口論文。

（7）大西祝「批評論」（『国民之友』二一一号、一八八八年五月。小坂国継編『大西祝選集Ⅱ 評論篇』岩波書店、二〇一四年、三六―三七頁）。

（8）同前（三六―三七頁）。

（9）前掲小森論文

（10）前掲大西祝「批評論」（『選集Ⅱ』三七頁）。

（11）このことは前掲佐藤著から学んだ。

（12）前掲大西祝「批評論」（『選集Ⅱ』四四頁）。

（13）同前（三四―三五頁）。

（14）同前（三五頁）。

（15）大西祝「方今思想界の要務」（『六合雑誌』一〇〇号、一八八九年四月。『選集Ⅱ』六三頁・六九頁）。同「批評的精神」（『六合雑誌』一六二号、一八九四年六月。同前、三

二六頁)。御子柴善之はここに「批判の〈無窮性〉」を看取した。前掲御子柴論文(二〇一六年)。

(16) 前掲小森論文。

(17) 大西祝「倫理考究の方法幷目的」(『哲学会雑誌』四七・四九号、一八九一年一・三月。小坂国継編『大西祝選集I 哲学篇』岩波書店、二〇一四年、一九四―一九八頁)。

(18) 同前(二〇〇―二〇一頁)。この発想は、ブッセを介してのカント哲学・新カント派哲学受容と無関係ではない。

(19) 同前(二〇三頁)。

(20) 小泉仰は、大西の「批評」が第一、二、三段階に対応し第四段階に到達するための手段だとしているが(小泉仰「大西祝――比較思想の視点」、『比較思想研究』二三号、一―九頁、一九九六年)、管見では大西の「批評」が「最高の標準」「理想的の上地」の存在を前提とする以上、「批評」は第四段階と厳密に区別できるものではない。

(21) 前掲大西祝「倫理考究の方法幷目的」(『選集I』一九三頁)。

(22) 同前(二〇九頁)。ここの「心識」はドイツ語の Bewustsein(意識、自覚)に当たる。

(23) 仏教用語で、意識の対象、考えられるもの、または存在するものを指すほか、事物の根源という意味もあり「真理」(真如)と同義とされる。中村元・福永光司他編『岩波仏教辞典 第二版』(二〇〇二年、九二六頁)。

(24) 『良心起原論』の発想は大西の同志社時代まで遡れるという。前掲平山著(二〇〇頁)。

(25) 「理想」は西周の造語で、『生性発蘊』(一八七三年)において「観念」とともに「イデア」という語の翻訳・説明に使われたのはその最初の用例であるという。納富信留『プラトン 理想国の現在』(慶應義塾大学出版会、二〇一二年、一七二頁)。

(26) 大西祝『良心起原論』(一八九三年執筆開始。『選集I』一四七―一四八頁)。

(27) 同前(一五三―一五四頁)。

(28) 山田芳則「大西祝論」(『文化史学』三六号、一九八〇年、一―二一頁)。

(29) 前掲大西祝『良心起原論』(『選集I』一五五―一五六頁)。

(30) 同前(一五〇頁、一五二頁)。

(31) 同前(二二四―二二五頁)。

(32) 「判断力一般は、特殊的なものを普遍的なもののもとに含まれているものとして考える能力のである。普遍的なもの(規則・原理・法則)が与えられているとすれば、特殊的なものを普遍的なもののもとに包摂する判断力は(中略)、規定的である。しかし、特殊的なものだけが与えられており、判断力は特殊的なもののために普遍的なものを見出すべきであるとすれば、判断力はたんに反省的である」。カント著・牧野英二訳『カント全集 判断力批判 上』（岩波書店、一九九九年、二六頁）。
（33） 森下も大西と井上哲次郎の哲学を比較する際に「仮説」や「統制的原理」の受け止め方をめぐる両者の違いを見出した（前掲森下論文）。なお筆者は、大西の目的論は、「統整的理念」と「構成的理念」の相違を押さえカントとマルクスを結びつける柄谷行人の批判理論に通じる面があると思う（柄谷行人『トランスクリティーク』岩波書店、二〇一〇年）。
（34） 前者は大西祝本人の用語（「国家主義の解釈」、『六合雑誌』一七四号、一八九五年六月）、後者は綱島梁川（一八七三―一九〇七）の言葉（『梁川全集』第七巻、春秋社、一九二二年、三七八頁）。宇宙・自然の「進化」を前提とする点では「目的ある進化」説に客観的な面も認められるが、この問題に関しては稿を改めて論じたい。
（35） 山脇直司は十九世紀後半から二十世紀初頭までの「ポスト・ダーウィン的」な文脈において加藤と大西の対立を捉えている。山脇直司「進化論と社会哲学」（柴谷篤弘他編『講座 進化2』東京大学出版会、一九九一年、二〇四―二三六頁）を参照。
（36） 大西祝「道徳的理想の根拠」（『六合雑誌』一七一号、一八九五年三月。『選集I』三七三―三七五頁）。
（37） 同前（三七五―三七六頁）。
（38） 同前（三七九頁）。
（39） 前掲大西祝「国家主義の解釈」（『大西博士全集』第六巻、警醒社書店、一九〇四年、三三七―三三八頁）。
（40） 山田洸は早くも大西の歴史観におけるマルクス主義的なものを察知し、大西の理想主義が単に思弁的な観念論ではないことを指摘した。前掲山田論文。
（41） 前掲古田著、山田論文。
（42） 大西祝「教論数則」（『六合雑誌』一六五号、一八九四年九月。『全集』六、一六五頁）。
（43） 同前（一六五―一六六頁）。
（44） 同前（一六八頁）。
（45） 同前（一六六頁）。
（46） 前掲大西祝「倫理考究の方法幷目的」（『選集I』一九一頁）。
（47） 大西祝「理性の意義を論ず」（『宗教』六二号、一八九六年一二月。『選集I』四四八頁）。
（48）「諸種の妄想及び先入」はベーコンの『ノヴム・オルガヌム』（*Novum Organum*, 1620）で述べられる「偶像」（イドラ idola）のことを指しているかと思われる。
（49） 前掲大西祝「教論数則」（『全集』六、一六八頁）。
（50） この論理は大西の東京専門学校講義録『倫理学』（一八九七）「直覚説」篇の「法律上の罪人」と「道徳上の罪人」に関する叙述において一層ラディカルな形になってお

り、ベンヤミン（Walter Benjamin, 1892-1940）の「神的暴力」という概念さえ連想させる。

（51）ジジェク（Slavoj Žižek）著・鈴木晶訳『イデオロギーの崇高な対象』（*The Sublime Object of Ideology*, 1989. 河出書房新社、二〇〇〇年、三〇八—三〇九頁）。

（日本学術振興会特別研究員）

井筒俊彦の啓示類型論から見る「心神との対話」構造とその解釈

――『日本書紀』から山崎闇斎の神学に至る比較思想的探究――

久保　隆司

はじめに――問題と目的

本論は、「心神との対話」に関する論考である。『日本書紀』には、後世の神道家によって、大己貴神（大国主神／大物主神とも）が自らに内在する神性、すなわち「心神」と対話したと解釈される不思議な逸話がある。江戸初期を代表する朱子学者・神道家である山崎闇斎（一六一九―一六八二）はこの逸話を、自らの神学および信仰実践の中核に据えた。そこにはどのような背景、意図があったのであろうか。本論の目的は、古代の記述「心神との対話」の源流、普遍的意味・構造の存在を探ること、さらにその延長上に、中世の神道思想、近世の山崎闇斎の神学思想における「心神」解釈の展開を、比較思想的視点を交えて探ることにある。

さて、本論が注目する逸話とは、『日本書紀』の大己貴神と幸魂・奇魂との対話の記述である。具体的には、以下の「神代巻」の箇所である（発話部分の傍線は筆者）。

自後、国の中に未だ成らざる所をば、大己貴神、独能く巡り造る。遂に出雲国に到りて、乃ち興言して曰はく「夫れ葦原中国は、本より荒芒びたり。磐石草木に至り及ぶまでに、咸に能く強暴る。然れども、吾已に摧き伏せて、和順はずといふこと莫し」とのたまふ。遂に因りて曰はく「今此の国を理むるは、唯し吾一身のみなり。其れ吾と共に天下を理むべき者、蓋し有りや」とのたまふ。

時に、神しき光海に照して、忽然に浮かび来る者有り。曰はく「如し吾在らずは、汝何ぞ能く此の国を平けましや。吾が在るに由りての故に、汝其の大きに造る績を建つことを得たり」といふ。

是の時に、大己貴神問ひて曰はく「然らば汝は是誰ぞ」とのたまふ。

対へて曰はく「吾は是汝が幸魂奇魂なり」といふ。

大己貴神の曰はく「唯然なり。廼ち知りぬ。汝は是吾が幸魂奇魂なり。今、何処にか住まむと欲ふ」とのたまふ。

対へて曰はく「吾は日本国の三諸山に住まむと欲ふ」といふ。

故、即ち宮を彼処に営りて、就きて居しまさしむ。此、大三輪の神なり。[1]（『日本書紀』神代巻第一・第八段・一書第六）

以上の逸話に見られる計七回の「発話」は、大己貴神とその魂である「幸魂奇魂」との自問自答的な「対話」とされる。[2] 中世、『日本書紀』神代巻の注釈書『神代巻口訣』[3]において、「幸魂奇魂」は万人の内部にある「心神」と解釈され、近世初期に闇斎はその考えを発展させた。

以下の本論では、二つの先行研究的概念を元に探究を始めたい。まず、「神秘哲学」的な構造理解、特に啓示の類型論を基盤的研究として取り入れる。次に、日本中世思想史の文脈における神観念の変容論を重要な補助的研究として用いることで、「心神との対話」の神学的解釈の可能性を探る。特に、前者は井筒俊彦[4]の説を、後者は佐藤弘夫の説を出発点とする。その後、そこで得られた知見を踏まえながら、一つの比較思想的探究を進めたい。

一　「啓示」の類型論と共時論的観点

啓示（revelation）には、様々な定義があるが、本小論では、井筒俊彦（一九一四―一九九三）の神秘哲学的文脈における啓示概念の先行研究を、基盤的なものとして導入する。井筒は啓示を、神と人との間のコミュニケーションの形式と定義し、類型的に捉えた。この意味で、「心神との対話」を一種の啓示として扱うことが可能となる。[5]

1　「啓示」の大分類――「非言語」型と「言語」型

まず、井筒は啓示を、「非言語的記号の現象」と「言語的記号の現象」とに分ける。広義ではどちらも啓示であるが、狭義の術語としての啓示は、言語的記号の創出である後者に限定するとする。[6]「非言語的記号」とは、絶えず神から送り出されている現象としての記号である。特徴としては、記号の意味する領域が曖昧であり、厳密に同定できないことや、原則的に全ての人間に開かれていることなどがある。理解能力のある任意の人が感受できる。本質的には「預言者」を必要としない。[7]これはキリスト教神学で用いられる「一般啓示」[8]に近い分類概念と考えられる。一方、「言語的記号」とは、人間に通じる言語的手段を使っての神のコトバであるが、このように言語を使った記号が、通常「啓示」と呼ばれるとする。これは、ごく稀に、特殊な場所、特殊な時間、特殊な人、においてのみ起こる異常現象である。キリスト教神学での「特殊啓示」に近い概念と考える。[9]本論の対象は、この「言語型啓示」となる。

2 「言語型啓示」の二分類
——「神の独白」型と「神との対話」型

井筒は、啓示という言語的コミュニケーションが実現するための、最も重要な条件の一つは、話主と聴主が全く同じ存在レベルであることが前提との考えから、さらに「神の独白（モノローグ）」型と「神との対話（ダイアローグ）」型の二つに分類する。[10]

(i)「神の独白」型啓示について

井筒によると、神と人は存在レベルが違うので、両者間に言語的（＝社会的）共同意識の場は本来成立しない。唯一、可能な言語的コミュニケーションは、神側からの一方的な語りかけ（＝「神の独白」型啓示）で、この型が一般的に「啓示」と呼べるとする。[11]

(ii)「神との対話」型啓示について

井筒は、例外的な啓示も提示する。それが、「神との対話」型啓示である。この「啓示」は、「神と人」が「我と汝」的関係に転ずるとき、神と人がある程度まで同一レベルに立ち、そこで両者間に成立する対話である。ただし、成立条件として、人間実存の側に根本的な変質、上昇的変容が必須とされる。真の我の探求が、神との創造的対話を実現するための自己変質の第一歩となる。[12]井筒は、その代表的な事例として、九世紀ペルシャ（現イラン）のスーフィー（イスラーム神秘主義修行者）バスターミーの例を挙げる。

本論は「心神との対話」の逸話を考察対象とするが、「神との対話」型啓示の一種との仮説を立てたい。大己貴神は「神」であるが、人間と共通するところが多い人格神である。超越神・根源神を「神」とするならば、現世での国造りの偉人的な特徴を持つ大己貴神は、上昇変容した神に近い「人」の象徴的存在と捉えることも可能性であろう。そして、その類型論の活用を通して、共時論的分析・解釈の道筋が期待できるのではないだろうか。

また、イスラームは、セム的一神教であるイスラームの「啓示」と、日本的多神観の神観と比較できるのかという問題があるが、後述するように井筒は、イスラームの少なくとも神秘主義には、「梵我一如」的思想の流入の可能性を認めている。また古代日本にも、本覚思想の成立以前に、「梵我一如」が流入されていたという共通した可能性があるゆえ（後述）、両者の比較に少なくとも一定の意味はあると考える。

二 「中世神観念の変容」論と通時論的観点

1 中世の神観念と四つの特質

次に、通時論的分析・解釈の活用のベースとして、神観念の変容に触れる。近世前期に構築された闇斎神学の場合、先行する中世神道、特に伊勢神道の概念は直接的な基盤になっている。また、中世的な神仏習合や三教一致に反発するという否定的な意味でも、神観念の変容から大きな影響を受けている。よって、「心神との対話」が書き記された時代である古代と中世双方の神観念の理解を深めるために、通時的な変化、すなわち、中世神観念の変容論の文脈から神と人とのコミュニケーションの構造を見ていきたい。中世日本の社会形態の構造の通時的変遷に注目した革新的研究として、黒田俊雄の「権門体制論」及び「顕密体制論」、伊藤正義の「中世日本紀」研究[13]などが知られる。そのような流れの後に生まれた、古代から中世への神概念の変容を主題とする佐藤弘夫や伊藤聡らの先行研究の概観を通して、神とのコミュニケーションの基本構造を探る手がかりを得たい。

佐藤は、末法思想の影響下、古代の神から仏の代わりとなる中世の神への変容が要請されたとし、中世の神の「四つの特質」すなわち、合理的性格、救済者化、超越神化、神性の内在を提示する。[14] これらの特質は、佐藤や伊藤の解釈では、端的に言うと仏教思想の一部（特に密教と天台本覚思想）が、神道の中で血肉化されることによって実現したという。具体的には、両部神道・天台神道との交流による外宮度会氏を中心とした伊勢神道思想の成立を意味する。佐藤や伊藤は、伊勢神道思想を論じるに際して、当然ながら、天照大神の特質の変貌に焦点を当て、中世神観念の変容を論じている。基本となる「四つの特質」は相互に関連しているが、ここでは特に本論の主題に関わる神の「合理的性格」と「神性の内在」に絞って以下に見ていきたい。

2 「合理的性格」の面からの解釈

佐藤は、「古代の祟る神＝〈命ずる神〉から罰する神＝〈応える神〉への神観念の変容」という解釈を提示する。[15]そして、「不可測の意思を場当たり的に押しつける存在としての古代の〈命ずる神〉は、平安期には祟りだけをもっぱらにする邪霊を分出しつつ、十一・十二世紀を転機として、特定の基準に照らして厳格な応報を下す中世的な〈応える神〉へと、劇的な変貌をとげていった。それに伴いその主たる機能は、「祟り」から「罰」へと転換した」[16]と述べる。この佐藤の「賞罰判定の神」説に対し、伊藤聡も、『妙覚心地祭文』での中世神のイメージと一致するとして賛同する。[17]

古代の神と人間との関係は、常に神の側から下される、一方的で非合理的な指示に終始していたが、中世では、人間と神との相互依存がしきりに説かれ、古代とは異なる双方向的な神人関係が構築された。[18]佐藤は古代の託宣を「啓示」という用語を使って、「古代の神の啓示」が、一方的で場当たり的で「非合理的」な色合いが強いのに対し、「中世の啓示」は人間と双方向的で、より「合理的」なものへと変容したと指摘する。[19]すなわち、中世において、「神との対話」型啓示への変容が実現されたとするのである。

3 「神性の内在」の面からの解釈

佐藤は、神の内在化は、「救済者化・超越神化と密接に関わる現象」であり、「古代において、神はどこまでも人間と対峙する存在であった。神は人の外側にあって、霊異を現す主体だった」が、中世では、「心のなかに神の姿を見出そうとする思想が出現する」と言う。その例証として、「心はすなわち神明の主たり」（『造伊勢二所太神宮宝基本記』）、「内外清浄になりぬれば、神の心とわが心と隔てなし」（『伊勢大神宮参詣記』）など、中世の諸文献の散見を指摘する。究極の悟りの境地と人間に内在する仏性を連続して把握しようとする理論は、大乗仏教に備わっているものであり、その本覚思想的影響が、中世の神祇の世界に導入され、誰もが内面にもつ本源的な悟りの本性とされるに至ったとする。[20]

伊藤は、心の中の神は新しい神観念で、『中臣祓訓解』など初期の両部神道書に現れたこの思想が、その後の伊勢神道書にも受け継がれたのであり、本来、外部的存在だった神が人間の内部に入り込んで心と一体化するという神観念の根本的な変容は中世に起きたと、基本的に佐藤の論に同調する。[21]その例として、『造伊勢二所太神宮宝基本記』と『倭姫命世記』の記述「神垂祈禱　冥加正直」のうち、特に「冥加正直」に焦点を当てる。これは、心に神が存在するようになった結果、祈禱者は作法自体の正しさのみならず、心内の態度こそ重要とされるようになったことの表現だと指摘し[22]、仏教的な内面性が神道にもたらされた例とする[23]。さらに伊藤は、「「神道」の形成を、特に中世の問題として考えるとき、かかる神と人との関係性の変化は極めて重要であった。仏教が専有していた救済と自己変革の役割を、神祇信仰も担うようになり始めたのである[24]」と述べ、衆生の救済や悟りを目指す自己変容という仏教の役割を、民と心情的距離が近しい土着の神々を抱える神道が、娑婆世界で肩代わりするようになったと、佐藤説を踏まえて指摘する。中世は、仏法では衆生救済できない末法時代であるとの末法思想の影響も見られよう。ただ、内面性の問題を、仏教から神道への通時的変容と直截的に捉えてよいかどうかは検討の余地がある。神仏関係を論ずる場合、いわゆる「文献的・実証的」手法で論じ易いからと言って、過度に仏教還元論、本覚思想還元論に陥らない慎重さも改めて重要と考える[25]。

ここまで、「言語型啓示」の二類型論と中世神観念の変容論とを中心に、「神とのコミュニケーション」を概観した。以下、これらの知見の活用を通して、近世前半の江戸初期に構想された闇斎神学の基盤に連なる神観念と啓示の構造と解釈の考察を進めていきたい。

三　「神観念の変容」と「心神との対話」との時間的問題

1　古代の神の「ポジティブ面」と変容

佐藤弘夫（そして伊藤聡ら）の基本テーゼ「古代の祟る神＝〈命ずる神〉から罰する神＝〈応える神〉への神観念の変容」であるが、「祟る」や「罰する」など、ある意味、神の特質の「ネガティブ面」を専ら強調しているようにも思える。しかし、古代に成立した「記紀」に様々な特質を持った神々が登場するし、同一神でも複数の神名や四魂など異なる特質を持つ。バランスよい全体像の把握のためには、同時に「ポジティブ面」への注目も必要であろう。すなわち、「古代の恵みの神＝〈無条件、一方的に万人万物に恩恵を与える神〉から、育む神／育てる神／褒める神＝個人の霊的（または、宗教的、信仰的）修行／発達／向上の価値を認める神＝〈応える神〉への神観念の変容」の視点である。以下、考察を進めたい。

この変容の「ポジティブ面」を見ていくと、古代の「祟る神」＝〈命ずる神〉という神の裏面には、同時に自然の恵み、生命力に代表される〈恩恵を万人万物に与える神〉という一元論的汎神論と呼ぶことも可能かもしれない神観念も存在したであろうことがわかる。「無条件に万人万物に与えられる恩恵」とは、『中臣祓風水草』での山崎闇斎の意見では、「（皇天）二祖加護」を意味する「天御蔭・日御蔭」のことである[26]。

佐藤や伊藤自身が、〈応える神〉とは「賞罰の基準を示し対応する」[27]存在だと、良し悪しの価値判断を含まない「定義」を与えている。さらに、「「賞罰」という形で、「罰」が「賞」とセットで出現する場合が多い」とまで佐藤は述べる[28]。それにもかかわらず、その後の展開は、中世の〈応える神〉の機能において、善行に対する褒賞の面でなく、専ら悪行に対する処罰面に言及される。これは、悪行が多いという当時の社会状況ゆえ、抑制的観点からの対応かもしれない。しかし、本論が対象とする神人合一的な神学レベルでは、探究者・実現者の数に拘わらず、善行面にこそ注目する必要がある。善行者はそれに応じた褒美／冥加をもらうのであり、このような「ポジティブ面」に注目した解釈として、〈応える神〉＝個人の霊的修行／発達の価値を認めてくれる神というラインにも、もっと注目する必要があるのではないか。それが、少なくとも真摯な宗教者、その他の真理を探究する人間にとって、神との直接的対話である「啓示の個人化[29]」であり、「心神との対話」の意味なのである。

2　「ポジティブ面」からの大己貴神の神観念の変容と「神との対話」型啓示

本論は「心神との対話」が主題であり、天津神の天照大神ではなく、元々は天（高天原）に属さない国津神の大己貴神に焦点を当てる。その検討に際して、まず、主体である大己貴神の神観念の「ポジティブ面」に注目した変容を見ておきたい。すなわち、「古代の祟り／恵みの神＝〈遍く万人万物に恩恵を与える神〉から、中世の賞罰（育む／罰する）の神＝個人の霊的発達の価値を認めてくれる神＝〈応える神〉への神観念の変容」の文脈（神の合理性）で、大己貴神に対する神観念を見ていくことにする。

古代の神には、両義的性格を有するものも多い。例えば、大己貴神は祟り神＝恵みの神であった。豊かさをもたらす国造りの神であるが、崇神天皇の御代、祟り神となった大物主大神を、夢託から子孫の大田田根子命に祭らせることで、安寧がもたらされた（『日本書紀』巻第五）。しかし、中世の大己貴神は、〈応える神〉のポジティブ面が強調されていく。特に大黒天[30]との習合が広まった鎌倉期から室町期にかけて祟り神としての側面は減り、福の神としての側面が定着化する。そして、近世の山崎闇斎の垂加神道では、〈応える神〉がさらに「進化」した。朱子学流入後、「困知勉行」の雛形としての大己貴神である。善神になるまでの努力、探求プロセスが注目、評価された（後述）。

また、佐藤・伊藤の基本テーゼ「古代の祟る神＝〈命ずる神〉から罰する神＝〈応える神〉への神観念の変容」は、一方向的な古代の神に「神の独自」型啓示を、双方向的な中世の神に「神との対話」型啓示を対応させることができる。すなわち、「心神との対話」は、内容的には中世的観念論に沿ったものとも言える。

3　神観念の通時的変容と『日本書紀』成立時期との比較

「心神との対話」は、内容的には中世的観念に対応しているからこそ、『神代巻口訣』のように、「幸魂奇魂」＝「心神」説も生まれ、支持されたのであろう。しかし、問題となるのは、『日本書紀』は、佐藤、伊藤らのいう心の発達の時期である中世をかなり遡る時代に書かれたという歴史的事実である。大己貴神と自らの幸魂・奇魂との自問自答の「神代巻」の文章自体は、遅くとも完成する七二十年までには書かれ、その内容の伝承はそれ以前（奈良時代以前）からあろう。一方、本覚思想は、九世紀前半に空海が本邦に最初に導入したとされ[31]、また神仏習合の両部神道も空海以後の成立であるので、大己貴神の自問自答の逸話の成立は、短く見積もっても百年ほどは先行している。よって、舎人親王らの『日本書紀』編纂関係者が、本覚思想の影響下で執筆したことは歴史的・時系列的にあり得ない。

したがって、『日本書紀』編纂の八世紀初頭から、伊勢神道が盛んとなった一三世紀まで、五百年先んじて『日本書紀』は存在していたのであるから、神との対話型啓示やそのような性格を持っていた神は、中世に誕生したのではなく、古代以前においても独白型と共存していたと考える方が自然である。対話型啓示／応じる神観念が、『日本書紀』の「心神」の逸話に見られる点からも、「幸魂奇魂」であれ、「心神」であれ、内在神という観念は中世になって初めて生まれたものであるとは決して言えない。

日本思想史においては、古代から中世への神観念の変容と並行しながら、より多くの人が、中世的自我意識が誕生する中世の時代に至って、対話型啓示として注目されたとは推察される。このような文脈の解釈が、遅くとも江戸初期の闇斎に先行する『神代巻口訣』の時代に成立し、一定の合意が共有されていた可能性がある。同時に、そのような神観念が、古代にもあった可能性も排除すべきではない。

つまり、「神の内在」、または、個人に神性が宿っているという意識は、本覚思想の定着以前に、古代日本にも存在しており、心神の逸話はその一つの例証との見方も可能ではないだろうか。背景としての日本文化の風土には、元々、日本の宗教信仰文化には、アニミズム的な要素が強いことはよく指摘され、人間個人も魂、神性、生命力が内在していることは、常識として古代より信じられてきたものである。少なくとも、本論の研究対象は『日本書紀』に記された「幸魂・奇魂」という大己貴神個人の「魂」である。この例以外にも、「魂」「玉」「霊」などの言葉は「記紀」にも多く見られる。「神」が内部に入る、内在しているという観念は、本覚思想の経験を経た中世を待つ必要はない。もちろん、古代の個人に内在する神性と、中世の個人に内在する神性との観念の違いはあるだろう。例えば、古代の方は特殊な個人レベルで、中世の方は社会レベルでの変容傾向であるなどと推察される。

以上、個人内部に神性が宿るという「神観念」は、古代律令国家以前から（少なくとも無意識的とも言える深層では）存在していた例証を、「心神との対話」からも獲得できることが、より明らかになった。中世思想史研究等に見られるが、仏教の仏性を本覚思想との習合の過程で神道が取り入れたという発展モデルは、少なくとも唯一の正解ではないことがわかる。それでは、もし古代の「心神との対話」の成立に本覚思想が関わっていないとすれば、どのような思想的潮流に基づいているのであろうか。以下に見ていきたい。

四　共時論的構造としての「神との対話」型啓示と「神人合一」

井筒俊彦は、ライフワークとして、「東洋哲学全体の、共時論的構造化」の基礎資料を集め、意識形而上学の構造を、「神秘哲学」を核とする新たな見地から構築しようとした。[32]その文脈上のひとつの基礎概念としての「神との対話」型啓示は、「共時論的構造化」の例であり、一定の普遍性を持つ類型論であるので、必ずしも日本的天台本覚論が関わらなくても、それ以前でも存在した可能性はある。佐藤弘夫は、中世に「双方向的な神との対話」が成立したと述べるが、必ずしも中世という時代だけに「神性の内在」観念を限定する必要はないと考える。以下、井筒のあげる代表的な「神との対話」型啓示の例であるバスターミーの逸話との対比を通して、「心神との対話」が提示する問題の考察を深めていきたい。

1　バスターミーの「対話」の解釈

「神との対話」型啓示や「応じる神観念」は、時代的にはスーフィズム初期、九世紀のバスターミー（Bayazid Bastami 七七七—八七四）や「汎神論的」神観念を持つズンヌーン[33]（Dhul-Nun al-Misri 七九六—八六一）のような、日本と関わりのないイスラーム神秘主義でも見られる。井筒によると、バスターミーの思考法の最大の特徴は、神と人間の対話という形を取る進展であり、究極的に「神的第一人称」に至ることである。この自己の内なる神との対話は、真の自己の探求、インド哲学的には「アートマン（Atman）」の深層の探求であり、自己消去のプロセスであり、人間的な「我（アートマン）」の消去は、神的「我（ブラフマン Brahman）」の存在を意味する。(34)

バスターミーの思考形態は、神との一問一答を通して、神と人間との間に、弁証法的に対話空間＝「場」を拓くものである。(35) その「場」で、二つの言語的主体、「我」と「汝」が相互に交替しつつ、人的から神的なペルソナへの転換プロセスが進む。(36) 人間的一人称から「神的一人称」への転成(37)という神人合一過程である。その究極状態での「私は神だ」というバスターミーの発言は、合一の完成を示すと同時に、誤解も生んだのである。(38)

以上の井筒が紹介するバスターミーの神との内的対話の体験と、大己貴神の「心神との対話」体験との間には同質性が感じられる。少なくとも大枠では、大己貴神の「心神」との対話は、「神との対話」型啓示と分別できよう。バスターミーの逸話は、当然ながら、地域的にも時代的にも（「神代巻」に遅れること、約二百年）本覚論の影響下にはなく、個別の環境の中での普遍的、共時的構造の発現と考えられる。その背景には、シーア派の「内面的啓示」(39)の伝統があり、その源流を探ると、シーア派（特にグノーシスや新プラトン主義の神秘哲学の影響を受けたイスマーイール派）、より古くは、イスラーム以前のペルシャの地で盛んであったゾロアスター教の神との合一の神秘思想に至る。さらに、九世紀のスーフィズム初期形成期に、ヴェーダーンタやサンキャ・ヨーガ系の「梵我一如」の古代インド思想も大きな影響を与えたとも言われる。(40)

2 「梵我一如」観の日本への流入時期の検討

日本的な「神との対話」型啓示の背景としては、古代からの神懸かりや託宣の宗教的伝統の共時的存在への配慮も必要であろう。そもそも本覚思想そのものが、仏教伝来以前のアニミズム的要素を持つ日本的宗教観の影響を受け、大陸の仏教からは変質した概念であると言えよう。さらに、空海以前、『日本書紀』編纂以前、奈良時代以前に、本覚思想的な考えがすでに日本に流入しており、「心神」の逸話に影響を与えた可能性検討の余地もあるのではないか。いわゆる、本覚思想の元となる「如来蔵（Tathagatagarbha）」概念の日本への流入時期が、『日本書紀』編纂以前である可能性について述べておきたい。

「如来蔵」は、インドで二、三世紀に成立した中期大乗仏教思想である。「仏性」がすべての人にあり、悟りを開けるとする。初期大乗仏教の法華経では「仏種」として、中期大丈仏教の『涅槃経』では「仏性」として、『勝鬘経』には「如来蔵」として記述される。日本への「如来蔵」の伝来時期は、聖徳太子著とされる『勝鬘経義疏』の成立は六一一年とも伝えられるので、六一〇年代には、聖徳太子や当時の高僧に、「梵我一如」（ブラフマンとアートマンの合一）的概念が知られていた可能性は低くない。これは、『日本書紀』編纂の百年以上も前で、その概念が土着的な宗教思想や信仰の中に入り込む時間的な余裕はある。

また、傍証であるが、ブラフマンの原理を人格神化した「ブラフマー（Brahma）」は、梵天として、東大寺法華堂乾漆像、法隆寺旧食堂塑像、唐招提寺金堂木像など天平時代に像が複数残っていることや、梵天・帝釈天と関連深い四天王を祀る寺が、聖徳太子によって五九三年に造営された（『日本書紀』）ことからも、奈良時代前期、おそらくはそれ以前に伝わっていたと推察される。梵天とともに、梵我一如の概念も（不完全な形であれ）流入し、それに触れた人が、日本古来の神観との類似性にも共感し、自然と受け入れた可能性は否定できない。一方、神仏習合は、「神身離脱」説や「護法善神」説などの教説を元に広がって行ったが、それらは、奈良時代前期に中国仏教の教説[41]をまとめて受容したものであり、新興で国家権力と結びついた道慈[42]（?—七四四）らの仏僧が中心となって広めたと推察される[43]。その結果、奈良時代末期から平安時代前期にかけて、具体的には神宮寺の建立数の変化から、全国的に広まったことがある程度推測されている[44]。当時の文献を含め、仏が神の上位に位置付けられたとの主張は仏教側からのものであり、必ずしも神祇信仰・神道側が同意する説ではないことも留意する必要がある[45]。ここで重要なことは、たとえ仏教側の説が正しいとしても、インド的な多神観と日本の風土的な多神観に共時的構造があるとする立場からは、梵我一如的観点が、本覚思想はもとより、それ以前の神仏習合の成立を待たずして、日本に溶け込んだと言う可能性は否定できず、十分検討の余地があると言うことである。

無我／空を根本とする仏教から見ると、多神教的、反仏教的性格もある梵我一如が、如来蔵の形をとりながら、日本仏教の中に織り込まれて伝わったが、多神教的な風土を持つ日本において、解凍され、本覚思想として日本仏教を借りて、花開いたとも言える。この意味では、中世の心神概念を持つ神道は、神仏習合で仏教の影響を受けて成立したと言われる。しかし、本質的には、ヒンドゥー教（仏教もその一派とする）の影響を受けて成立したといえるのではないか。「如来蔵」思想の源流はヒンドゥー教、すなわち、インドのウパニシャッド哲学の中心思想である梵我一如観であり、それが日本に伝わったことは、上村勝彦[46]や松本史朗[47]の先行研究で指摘されている。本覚思想、日本密教、神道（伊勢神道等）だけでなく、イスラーム神秘主義なども、「梵我一如」的なヒンドゥー教の影響を受けている点で共通する。また、伊勢神道から垂加神道に至るまで、「心神」は心臓にあるとされるが、アートマンも心臓にあるとされている[48]。本論は、異なる文化／文明、時代と場所における普遍性、共時性を大切にするが、伝播説の可能性を排除するものではない。普遍性があるからこそ、それぞれが個別性を持ちながら定着、発展したと考える。

3　神秘主義的「神人合一」のプロセスとしての「困知勉行」

近世人である山崎闇斎は、「心神」を通じての「神人合一」を、これまで述べてきた古代から中世の背景プロセスの議論を包摂する形で、自身の神学体系の核として位置づけたと評価できる。十七世紀、近世前半という近世的自我の形成期に構築された闇斎神学においては、さらに、儒教・朱子学的な概念（主に「困知勉行」）の導入による統合的成長に注目することが重要であり、以下に論ずる。

すでに述べたが、井筒の啓示論では、大己貴神と自らの心神との「自問自答」は「神との対話」型啓示の一つの例と考える。すでに見たように、この形の啓示の成立必須条件は、その啓示を受けるものが高次の意識レベルまで上昇していることであった。

闇斎神学における大己貴神は、素戔嗚尊とともに、特徴的に位置づけられた。すなわち、強靭な意志を持ち、幾多の困難を乗り越え偉業を成し遂げるという「困知勉行」概念の実践者の象徴であり、通常の人々のロールモデル、人間成長の理想形、共感的な存在である。大己貴神は、高天原の世界とは、直接的には無関係に[49]、この現世「葦原中国」を統一した「偉人」である。本人は気付かずとも心神と対話できる段階まで、すなわち、潜在意識の言葉を意識レベルで受け止められるまで心身レベルが成長しているとの深層心理学的な解釈（例えばC・G・ユングの active imagination 技法の文脈で）も可能であろう。このことから真理の探究者として、バスターミー他の神との内的対話の事例と比較検討の意義も大きいだろう。

人間側からいうと、神との対話のためには、修行等を通じて変性意識状態に至る努力が必須である。その前提は、「神」が個々人に内在するという神観念の存在である。そのプロセスを示す近世的原理として、闇斎は「困知勉行」を採用したと考えられる[50]。臨済宗の僧侶であった闇斎にとって、自力聖道門的な「困知勉行」は理解し易い考えであったろう[51]。大己貴神や素戔嗚尊を「困知勉行」の神に分類し、多くの人間の歩むべき道の雛形と考えた。「困知勉行」の大己貴神の変容は、万人に潜在的に神性が内在し、行為を通して成長するプロセスであり、井筒の提唱する神秘哲学的構造の神人合一（「無分節」）体験への上昇プロセスに対応する闇斎神学の核心と察する。

おわりに――「統合の秘儀」としての「心神の対話」と包括的認識の可能性

大己貴神の「心神との対話」の逸話の結論は、「生前」に自身の「幸魂奇魂」を三諸山に三輪の神として祀ったということであった。「心神」の概念は、最初、伊勢神道に見られるが、国津神である大己貴神の魂と天津神の分霊である心神との同一性は、文献上では、『神代巻口訣』によって最初に示されたものと考えられ、それ以前の鎌倉期に整備された「神道五部書」などの伊勢神道には見られない。『日本書紀』神代巻を神書とする闇斎神学において、「心神の対話」は、天津神と国津神との統合の秘儀を核心に含む「神との対話」型啓示とも解釈できる。

神人合一という本質において、バスターミーに代表される「対話」と「心神の対話」の両者に変わりはない。しかし、大きな相違として、バスターミーは「神的一人称」に至り、そのまま自己の身体に内在化した。一方、大己貴神は一致することを体認したのちに、外在化して祀る。すなわち、「生祀」した。前者はあくまで主観的で瞬間的な神との二者関係、神人合一体験である[52]。後者も神との二者関係であるが、「生祀」により外在化する点で、神人合一体験の客観化、固定化（恒久化）の意思が感じられる。

この「生祀」は、闇斎神学にとって非常に大きな神学的、信仰実践的意味をもっていた。吉田神道などにも多少の人霊祭祀の概念はあったにせよ、「生祀」には闇斎神学の独自性が非常に強く、「霊社号」のみならず「生祀」まで実践したのは、闇斎以外には大山為起と跡部良顕くらいであること[53]もその特異性を示している。いわば、究極的、包摂的統合の秘儀「心神」の具現化が「生祀」と言えよう。

最後に、「心神との対話」の主題は、これまで見てきたように、本邦においても、古代の『日本書紀』から、中世の神道家、近世の山崎闇斎とその流れ、そして本論を書いている現代に至るまで、神人合一や身心一如に関わる核心部分で一貫して重要な意味を持ち続けてきた。今後、さらなる多面的、比較思想的な観点の導入による研究の展開が望まれる。そのような研究の一定数の集積によって、従来より包摂的に、日本思想史や神秘思想史の一部としての、

と考える。

神道思想史や山崎闇斎の神学思想の理解の道も開けてくる

注

（1）『日本書紀〈上〉』（日本古典文学大系新装版、岩波書店、一九九三年）一三〇頁。

（2）「古代人にとっては、魂は肉体を離れて行動しうるものであったので、このように魂だけが現れると考え得た」（前掲『日本書紀〈上〉』一三〇頁注二）と注記される。また、「大己貴命は独力で国土経営をして協力者がいないのを嘆いた時、命自身のもっている幸魂・奇魂という協力者があることを、その幸魂・奇魂に教えられる。結局、自問自答ということになる」（『日本書紀①』新編日本古典文学全集2、小学館、一九九四年、一〇五頁注四）との注記がある。さらに、闇斎自身も「スベテココハ自問自答ゾ（中略）ナンゾト自問自答ナサレタゾ。ソコデ自ラ御合点ナサレテ、コレコソ則是心神也トシラセラレタゾ」（「神代巻講義」、『近世神道論 前期国学』日本思想大系、岩波書店、一九七二年、一六七頁）と講じた。この逸話は、大己貴神自身に内在する神性との自問自答であるとの基本認識は、現代に至るまでの学識者によって共有されてきたのである。

（3）貞治六年（一三六七）の忌部正通の著作とされる。江戸初期の偽作説もある。しかし、寛文四年（一六六四）刊行の『日本書紀神代合解』には、清原宣賢編として、忌部正通『神代巻口訣』は、一条兼良『日本書紀纂疏』、吉田兼倶『日本書紀神代巻抄』、清原宣賢『日本書紀抄』とともに合冊されていること、また同年、闇斎も『口訣』を校刊していることからも、当時すでに権威ある書であったことは明白で、ここでは通説に従い中世の作とする。

（4）井筒は多くの著作、初期の『神秘哲学――ギリシアの部』（『世界哲学講座十四』哲学修道院、一九四九年）から、絶筆の『意識の形而上学――「大乗起信論」の哲学』（中央公論社、一九九三年）まで生涯一貫して「神秘哲学」の共時論的な構造を探究した。

（5）心神と大己貴神との対話は、「神と神との対話」ではないかとの異論もあろう。しかし、「心神」が根元神たる天之御中主神の分霊であるのに対し、逸話中の大己貴神は、そのような絶対神ではなく、日本国土における国造りの偉業を成し遂げた神的な偉人、大王的存在として描かれる。自己の偉業を奢る気持ちや腹心を失った喪失感など人間臭い存在であり、「心神」との対比から見た場合、相対的に人間として捉え、二人称的な「神と人との間のコミュニケーション」とみなすことに妥当性があると考える。

（6）井筒俊彦「言語現象としての「啓示」」（『井筒俊彦全集』第十巻、慶應義塾大学出版会、二〇一五年）一四〇

―一四六頁。
（7）同前、一四六頁。
（8）特にキリスト教神学において知られる分類概念に、「一般啓示」（general revelation）と「特殊啓示」（special revelation）とがある。「一般啓示」は、自然啓示（natural revelation）とも呼ばれ、自然界や歴史そのものが啓示であり、神を表現しているという自然神学に基づく。この立場に立つ自由主義神学（リベラル）の代表的な学者には、F・シュライエルマッハー（一七六八―一八三四）がいる。
（9）「特殊啓示」は、啓示神学、福音主義神学に基づく理解である。聖書の内容を絶対視する。代表的な学者には、弁証法神学のK・バルト（一八八六―一九六八）やE・ブルンナー（一八八九―一九六六）らがいる。
（10）井筒俊彦「TAT TVAM ASI（汝はそれなり）」（前掲『井筒俊彦全集』第十巻）三四一頁。
（11）「神と人とのあいだに、言語的（＝社会的）共同意識の場が成立しない限り、唯一可能な言語的コミュニケーションは、神の側からの一方的な語りかけ、「のりごと」あるのみ。それを術語的に「啓示」というのだ」（前掲『井筒俊彦全集』第十巻、三四一頁）。
（12）井筒俊彦前掲「TAT TVAM ASI」三四一―三四二頁。
（13）伊藤正義「中世日本紀の輪郭――太平記における卜部兼員説をめぐって」（『文学』岩波書店、四〇―一〇、一九七二年）二八―四八頁。
（14）佐藤弘夫「中世における神観念の変容」（『中世神話と神祇・神道世界』竹林舎、二〇一一年）二九頁。
（15）「祟りをなす〈命ずる神〉から賞罰を下す〈応える神〉へ。私はここに、神々の古代から中世への転換を見出したいのです」（「祟り神の変身」、『日本思想史学』三一、一九九九年、五六頁）。
（16）佐藤弘夫『アマテラスの変貌』（法藏館、二〇〇〇年）五〇頁。
（17）伊藤聡『神道の形成と中世神話』（吉川弘文館、二〇一六年）一五五頁。
（18）佐藤弘夫前掲『アマテラスの変貌』一一一頁。
（19）佐藤弘夫『偽書の精神史』（講談社、二〇〇二年）二一四―二一五頁。
（20）この段落での引用は、すべて、佐藤弘夫前掲「中世における神観念の変容」二八頁。
（21）伊藤聡前掲『神道の形成と中世神話』一五五―一六八頁。
（22）同前、一五六頁。
（23）筆者は、古代の神聖な儀式においても、外的な所作の正しさだけなく、古来より、心身の清浄、心の態度（心と身体の分離概念の明確度は不明だが）が重要視されていたとの立場をとる。その元型として、『日本書紀』神代巻での天照大神と素盞鳴尊との誓約があげられる。儀式の行為者の心の態度、内心の清濁が儀式の結果（三女神・五男神の誕生として）に直接反映されることは、古代から知られていたといえよう。

(24) 伊藤聡前掲『神道の形成と中世神話』一六八頁。

(25) 例えば、高橋美由紀は、山折哲雄の「古代日本における神と仏の関係」（『東北大学文学部研究年報』二九号、一九八〇年）での、神仏習合や本地垂迹等の仏教的論理に基づく従来の神仏関係の歴史的研究の持つ方法論的限界についての指摘を引き継いで、仏教側からの枠組みを基本的前提とする視点からの離脱の重要性を強調している（「神仏習合と神仏隔離」、『神道思想史研究』ぺりかん社、二〇一三年、九一―九二頁）。

(26) 「二祖之加護、（中略）不㆔止及㆓于万神㆒而及㆓于天下万人万物㆒」（山崎闇斎「中臣祓風水草」、『神道大系 垂加神道（上）』神道大系編纂会、一九八四年、七二頁）。

(27) 佐藤弘夫前掲『アマテラスの変貌』四六頁。

(28) 佐藤弘夫前掲「祟り神の変身」五五頁。

(29) 「託宣や祟りの解釈は、古代においてはすぐれて国家的・公的な行事であった。個人が私的に神仏の託宣を受けたと公言し、それを勝手に解釈することは、原則として許されない行為だった」（佐藤弘夫前掲『偽書の精神史』一〇九頁）。「平安時代の後半から、参籠に代表されるように、人々は一定の手続きを踏むことによって、だれもが直接神仏との通路をもつことができるようになった。（中略）託宣も公的なものから私的なものへと、社会的な位置付けを変化させていった」（同書、一一〇頁）。

(30) マハーカーラ（Mahaa-kaala）―シヴァ神の化身、世界を破壊する時の姿。シヴァ神の影響は、三面大黒像からも知られる（上村勝彦『バガヴァッド・ギーターの世界』ちくま学芸文庫、二〇〇七年、一九頁）。

(31) 田村芳朗「密教と本覚思想」（『本覚思想論』春秋社、一九九〇年）三八三頁。

(32) 井筒俊彦「意識の形而上学」（前掲『井筒俊彦全集』第十巻）四八〇頁。

(33) ズンヌーンは、自然や万物に一元論的な神を見出だし、神に語りかける。神は応対する。神と人間は向き合い、両者間の対話が想定されている（鎌田繁『イスラームの深層――偏在する神とは何か』NHK出版、二〇一五年、一八五頁）。このような神と人との二者関係、神人合一を第一とする神秘主義を、鎌田は「排他的神秘主義」と名付け、神への愛を説くキリスト教神秘主義によく見られるものとし、「包摂的神秘主義」と対比させる（同書、一八六頁）。一方、井筒は、「愛の神秘主義」（鎌田の「排他的神秘主義」に相当か）の代表をハッラージとし、バスターミーやズンヌーンは、本来的に非イスラーム的な「アートマン・ブラフマンの根源的同一性の自覚」としての「神人合一」の立場と位置づける（井筒俊彦前掲「TAT TVAM ASI」三三一—三三三頁）。以上から、愛の二者関係を超えているズンヌーンの汎神論的立場は、ハッラージよりバスターミーに近いものではと考える。

（34）井筒俊彦前掲「TAT TVAM ASI」三四四—三四五頁。

（35）「第三者の純客観的立場から見るなら、「対話」とはいっても、本当はバスターミーの独演劇にすぎない。（中略）神と人とのあいだの会話全体がバスターミー自身の深層意識的事態なのである。（中略）人の意識が、「放散」状態ではないまでも、それに近い状態に入った時、そこに正起する異常意識的情況の中で、はじめて神と人とがある意味で同一レベルに立つという事態が起こり、神と人が同一レベルに立ってはじめて、両者のあいだに対話的相互コミュニケーションが可能になる。その時はじめて神と人とが、「我と汝」としての相互主体性の関係に入るのだ」（井筒俊彦前掲「TAT TVAM ASI」三四〇—三四一頁）。

（36）対話は二つの立場がある。一つは、「我」とは、個我、すなわち個的人間、その主体性のアートマンであり、「汝」とは神である。もう一つは、「我」とは神であり、「汝」とは、個我である。二つの立場が一つの神的我へと変容していく（前掲『井筒俊彦全集』第十巻、三三九—三四一頁）。

（37）井筒は次のよう説明する。「存在の経験的次元を出て、形而上的次元に入れば、経験界で成立していた「われ」の姿は幻のごとく消えて、ただ一つ、「神的われ」になってしまいます。汝に対面する「われ」ではなくて、ただの「われ」です。「われ」ともいえない「われ」であります。もうここでは対話の余地は全然在りません。神の独白、独白があるだけです。（中略）こういう境地において「神的われ」は純粋に、混じりけの無い第一人称で発言いたします」（『井筒俊彦全集』第五巻、慶應義塾大学出版会、二〇一四年、四八四頁）。

（38）「根源的ペルソナ転換を考慮に入れないで、どこまでも神と人とをそれぞれ一個のペルソナであると考えるなら、つまり「私は神だ」と言う命題の発言主体がバスターミーと言う個人ペルソナであったとしたら、バスターミーは恐るべき神聖冒涜の妄言を吐いたことになるであろう。事実、当時の多くの人々が、そしてまたより多くの後世の人々が、そう誤解した。（中略）ペルソナ転換の内的展開の理論を、彼は理論的に構造化した」（井筒俊彦前掲「TAT TVAM ASI」三三六—三三七頁）。これは、闇斎の「生祀」に対する誤解にも通じる。闇斎も自身の神格化の意図はなく、内在する「根源神」（＝心神）を私心なく祀った（＝構造を外在化した）のであり、闇斎にとっては当前の行為であったろう。

（39）井筒による、シーア派での啓示の分類概念。「内面的啓示」は、密教的で、聖霊の声、優れた個人への直接的な神の声の降下（十二イマーム）を啓示と捉える。一方、「外面的啓示」は、顕教的で、『コーラン』などの啓典に書かれた啓示（最後の預言者ムハンマド）のことを意味する（井筒俊彦『井筒俊彦全集』第八巻、慶應義塾大学出版会、一三四頁）。

(40) 井筒俊彦前掲「TAT TVAM ASI」三〇五―三一〇頁。

(41) 例えば、梁の慧皎の『高僧伝』や唐の道宣の『続高僧伝』に見られる中国の「神」の扱いに、日本の神仏離脱や護法善神などの神仏習合の原型が多く見られる（吉田一彦「多度神宮寺と神仏習合――中国の神仏習合思想の受容をめぐって」、『古代王権と交流4 伊勢湾と古代の東海』名著出版、一九九六年、二三一―二四二頁）。

(42) 井上薫「道慈」（『日本古代の政治と宗教』吉川弘文館、一九六一年）二三三頁。

(43) 吉田一彦前掲「多度神宮寺と神仏習合」二四一頁。

(44) 長坂一郎『神仏習合像の研究――成立と伝播の背景』（中央公論美術出版、二〇〇四年）五九頁。

(45) 吉田一彦前掲「多度神宮寺と神仏習合」二三三頁。藤森馨「神道の歴史」（『日本神道史』吉川弘文館、二〇一〇年）一二八頁。

(46) 上村勝彦前掲『バガヴァッド・ギーターの世界』二一一―二一二頁。

(47) 「如来蔵思想とは、ヒンドゥー教からの影響を受けて仏教内に生じたヒンドゥー教的一元論であり、ヒンドゥー教のブラフマン＝アートマン論の仏教版（Buddhist version）に他ならない」（松本史朗「如来蔵と空」、『シリーズ大乗仏教8 如来蔵と仏性』春秋社、二〇一四年、二五八頁）。

(48) 松本史朗『縁起と空』（大蔵出版、一九八九年）二九四頁。

(49) 補佐役の少彦名命が、天津神である高皇産霊尊（日本書紀）または、神産巣日神（古事記）の子とされ、天津神との関係がまったくないわけではない。

(50) 「困知勉行」の概念は、「生知安行」「学知利行」と並んで、『礼記・中庸』の「知、仁、勇、三者天下之達徳也、所以行之者一也。或生而知之、或学而知之、或困而知之、及其知之一也。或安而行之、或利而行之、或勉強而行之、及其成功一也」に由来する。朱熹もこれらの概念に注目し、「中庸章句」に、「困知勉行者、勇也」と注記している（朱熹注・王浩整理『四書集注』鳳凰出版社、二〇〇五年、三一頁）。『礼記・中庸』は、遅くとも、『日本書紀』で継体天皇の時代、百済から大和朝廷に五経博士が派遣されたとされる五一三年までには日本に伝わったと考えることができる。

(51) 同時に、闇斎はその不十分さにも気づき、「困知勉行」

以外の道にも神を対応した。「生知安行」の道を体現する天照大神、「学知利行」の道を体現する猿田彦大神、である。

(52) 井筒俊彦前掲「TAT TVAM ASI」三三三頁。

(53) 谷省吾「鹿島の垂加霊社・光海霊社」(『垂加神道の成立と展開』国書刊行会、二〇〇一年)五九八頁。

(國學院大學大学院)

書評

ニールス・ファンステーンパール著
『〈孝子〉という表象——近世日本道徳文化史の試み』
（ぺりかん社・二〇一七年）

殷 暁星

一

著者であるニールス・ファンステーンパール氏は、メディア・教育・思想など、複眼的な視点から、近世日本における「孝子」について研究されてきた。本書は二〇一二年三月に、著者が京都大学大学院教育学研究科に提出した博士学位論文を大幅に加筆・修正した成果である。

本書「プロローグ」で指摘されているように、日本道徳史をめぐる研究は、概ね思想史と社会史の分野で展開され、それぞれの分野において、徳目の思考と徳目の実践が検討されてきた。また、教育史の分野においても、近世民衆の道徳生活に関する研究が蓄積されている。例えば、「教化」を目的とする道徳律の提唱や、近代「道徳教育」「修身」との関連などについての議論が見られる。本書で再検討される「孝子伝」の編纂を限ってみれば、それは為政者の期待した良民としての人間像を研究する好素材とされ、様々な分野で広く取り上げられてきた（菅野則子『江戸時代の孝行者——「孝義録」の世界』吉川弘文館、一九九九年ほか）。地域史・女性史の研究においては、「孝子伝」に基づく緻密な調査が蓄積されている（菅野則子「幕藩権力と女性——『官刻孝義録』の分析から」『論集近世女性史』吉川弘文館、一九八六年、妻鹿淳子「『官刻孝義録』の編纂と岡山藩」『岡山大学大学院文化科学研究科紀要』一八号、二〇〇四年ほか）。そして、「孝」という徳目、それを体現した「孝子」、「孝子」を褒賞する「孝子表彰」「孝子伝」は、文学・出版などの分野でも取り上げられてきており（井上敏幸「近世的説話文学の誕生」『説話文学の世界』世界思想社、一九八四年、勝又基「近世孝子伝解題」『明星大学研究紀要：人文学部・日本文化学科』二二～二四号、二〇一四～二〇一六年ほか）、近世の「孝」をめぐる様々な文化的側面、思想動向が明らかにされつつある。

しかし、著者が提示しているように、「孝」の思想内容を抽出した思想史研究は、「孝」の再現・実践としての「孝子」の営みを検討してきたが、その思想と実践がいかにつながり、移り変わったのかという課題が、見落とされているのが現状である。また、従来、「孝子顕彰」と「孝子伝」の編纂に関する研究の論点は、幕府がいかに『孝義録』を通して庶民を教化しようとしたのか、「実際の善行」をいかに言説化し、庶民教化の素材として活用できたのか、潤色の可能性のあった『孝義録』をはじめとする「孝子伝」はどれほど教化に効果があったのか、といった問題に集中してきた。それは「孝子顕彰」と「孝子伝」の編纂の目的は、いずれも庶民教化にあるという前提の下で研究が行われてきたからにほかならない。しかし、「教化」を前提とした場合、「真実」でない孝行（「偽りの「孝」」、または徳川吉宗の逸話に登場した「偽ても親に孝をつくす者」のような、実際には親孝行でない演出）に対する「表彰」や、幕藩権力のみならず、民間でも広く行われた「孝子顕彰」の意図が説明しきれないという問題がある（この点について、近年、佐野大介「孝子義兵衛関連文献と懐徳堂との間 附翻刻」『懐徳堂センター報』二〇〇五年と、勝又基の研究が注目されており、本書にもその成果が継承されている）。加えて、人々はなぜ「孝」に感心を持ったのか、「孝子」に託した思いや意味とは何であったかについて解明できていないというのが現状であろう。

二

本書は、このような現状と向き合ってきた氏の研究をもとに、以下のように構成されている。

プロローグ――道徳文化史の試み
序　章　問題としての「孝子」――課題・資料・構成
第一章　由緒としての「孝子」――在村における「孝子顕彰」
第二章　文芸としての「孝子」――道中における顕彰と「孝子万吉伝」
第三章　国風としての「孝子」――藩における顕彰と『孝婦鳴盛編』
第四章　競争としての「孝子」――藩国家における顕彰と「孝子伝集」
第五章　公儀としての「孝子」――国家における顕彰と『官刻孝義録』
第六章　主体としての「孝子」――異国における顕彰と『近世蝦夷人物誌』
終　章　道徳文化史という課題
附　録　近世出版「孝子伝」一覧
あとがき／索引

序章では、本書を貫く視点、つまり、「真実」の「孝」のみを対象としてきた従来の社会史・思想史の道徳史研究を相対化するため、「孝子」の作成過程を「孝子」という「表象」から探るということが提示された。こうした視点から、「人為的に創作された存在」、「一種の積極的な創作行為」としての「孝子顕彰」に注目し（一四～一五頁）、「孝子」が創作された場面・メディア・主体・対象・過程を解明することを本書の課題として設定した。

本書各章において、「由緒」「文芸」「国風」「競争」「公儀」「主体」としての「孝子」を取り上げながら、様々な場面・目的での孝子顕彰についてあらゆる面から考察が行われている。

第一章では、褒美・書付など顕彰の際に誕生したモノに着目し、在村における孝子顕彰を検討した。「孝子」の創作に最も大きな役割を果していたのは村役人であった。「孝子」は彼らにとって自分の役職、理想的な「自己」の「表象」でもあった。「孝子」顕彰に関わるモノは、「孝子」本人にとっても、村役人にとっても、権威を担保する役割を果たす由緒としての価値を有していた。そして、このように、顕彰された「孝子」自身、村の人々及び村役人を含めた民衆の中に、「孝子」に由緒的価値を認める意識が存在していたことが、近世中期における「孝子伝」の流行を支える基盤となったと指摘されている。

第二章では、享保以降の旅文化の普及を背景とする「孝子顕彰」に関わった儒者・文人・公家などの文化的リーダー集団である「同志」の文芸的営みについて検討した。「孝子顕彰」の意図を単なる「教化」としてのみ捉えてきた先行研究に対して、文人の詩歌が貼られた「孝子」万吉宅が文芸的「場」や「掲示板」として機能したことや「孝子顕彰」の文芸的活動としての意義の分析を通じて、当該期の「孝子顕彰」に関わった文化人集団の形成や、その文化的権威、強い発信力の実態を明らかにした。

第三章では、視野を村から藩レベルへと拡大し、龍野藩の事例について分析している。ここでは詩歌というメディアに焦点をあて、「孝子顕彰」の思想構造を「天性・教化・風土」をキーワードとして解明し、以下の内容を提示した。すなわち、顕彰された「孝子」を題材に、人々が詠んだ詩歌の中には次のような論理が見られるという。それは「孝子」の「天性」（＝道徳）は「教化」（＝政治）と「風土」（＝地域）という要素によって具えられたものであるというものである。こうした、「孝子」に関する詩歌を詠む行為を通して、その詠み手たちは、自己の道徳・政治・地域的なアイデンティティ（帰属意識）を確認し、自ら「明君・仁政」という政治言説に参加したのだという。

第四章では、藩という共同体を横断して、「孝子伝集」の登場と展開を分析している。「孝子」には、「孝子伝集」の編纂者たちにとって、君主の徳を誇示し、「明君・仁政」を語るツールという意義があったと主張している。そして、十八世紀の藩国家形成に伴う藩意識の強化こそ、「孝子伝集」がこの時期に多出した背景であるという視点から、「孝子伝集」による「孝子顕彰」について、次のように位置づけている。この時期には、「孝子」の出現自体がもはや珍しくなくなり、その価値が薄れてしまった状況にあったので、自らの仁政をアピールするためには、「孝子」の数で勝負する必要が生まれた。こうして、「孝子顕彰」は「明君・仁政」の競争的言説となったのだという。

第五章では、従来、「庶民教化」の文脈で位置づけられてきた幕府による『孝義録』の編纂を、寛政改革という歴史的文脈において再検討している。『孝義録』の構成やその出版、販売の状況の分析を通じて、その編纂の目的は、第三章・第四章で示された各藩の「孝子顕彰」における「明君・仁政」アピールを無効化することを通して、幕府の権威を回復することにあったと主張している。

第六章では、『近世蝦夷人物誌』を素材に、「異国」（蝦夷地）における顕彰について分析している。この書の著者松浦武四郎の「孝子」創造は、中国の道徳文明から独立した日本を想定し、日本の中での座標軸によって、アイヌの行動を評価しようとしたものであったという。加えて、彼の「孝子顕彰」は主体的な「国民」を創出しようとする活動でもあり、国境を創出する契機ともなったと指摘している。のちに『近世蝦夷人物誌』の出版が幕府によって拒否された理由について、この書での自発的かつ主体的に善行を行い、主体的に仁政を求める存在としてのアイヌ描写が、仁政によって風俗の良い民を生み出すとする幕府の仁政イデオロギーと理論的に矛盾するものであったからだと解釈している。

終章では、本書での検討をもとに「孝子」という「表象」の多義性を可能にした二つの要素を挙げている。一つは、心より実践の方を重視した人間を評価する基準、すなわち「パフォーマンス重視」という要素。もう一つは、天地人の森羅万象と道徳を連続的に捉える世界観である「儒学思想」という要素。そのうえで、この二要素が消失してゆく近代国家において、「孝子」を創り上げる動機と意欲が衰退していく状況を展望している。

三

本書の内容を一言でまとめるならば、人・村・藩・藩と藩の間・日本／異国の各レベルにおける「孝子顕彰」について、文芸・出版など、多様なメディアを通して検討し、村役人・文化的リーダー・藩儒・藩主・老中など様々な身分の人々が「孝子」の言説とどのように向き合ってきたのかを鮮明に描き出したということができよう。以下、本書の広範な内容からすれば議論の及ぶ範囲はごく一部に止まるが、本書の意義について以下の三点を指摘したい。

第一に、本書の最大の特徴である「表象」という視点。創作された「孝子」は「顕彰」という行為以前に存在しないものである。こうした視点から、「孝子」を解明する作業＝「孝子」に対する関心の諸相を解明する作業として捉え返している（序章）。その結果、「真実」に注目する従来の研究と異なり、「表象」という視点から、近世の「孝子」を観察することで、本書は道徳の思想と実践への理解を深め、両者をつなぐことを可能にした。この視点の有効性は、すでに本書における膨大な史料に基づく考察と分析を通して明らかであろう。

第二に、「孝子」をめぐる言説が、村役人や文人、旗本などの様々な集団の間で流動し、顕彰や文芸活動によって絶えずに生産されてきたことを提示した点。「孝子」が現れた場所に訪ねてきた人々が「孝子」を披露され、「積極的かつ強引に」書付などを依頼される場面（第一章）、文化的教養のある訪問者の詩歌作成とその共有の事例（第二章）を通して、藩や国といった枠組の内で検討されてきた「孝子」現象の広がりとそれを共有するプロセスが解明された。こうした問題を「孝子」を表彰する「同志」グループの存在と情報流通の視点から再考することは、道徳律の外部からそれを読み返す可能性となり、今後も大きな課題となろう。

「明君」と「仁政イデオロギー」は、本書におけるもう一つのキーワードである。従来は領内の孝子を褒賞した領主が「明君」として称えられたのであったが、本書ではそれを転換させて、「孝子」を領主自身の手によって創作されたものとみなし、その顕彰という行為を重視した点が第三の特徴である。敢えて「私」的な顕彰をめざした「公」を代表する立場の旗本たち（第二章）、「孝子顕彰」は「国家の盛を鳴らす」責任を自覚した藩の地域道徳を任された藩儒（第三章）、他藩を意識して、「孝子」の数で「明君」であることを争い、「孝子伝集」を編纂した人々（第四章）、『官刻孝義録』の編纂をもって公儀権威を回復と各藩への対抗を企図した幕府（第五章）、仁政イデオロギーと理論的に矛盾したため、『近世蝦夷人物誌』の出版を拒否した幕府（第六章）。本書では、あらゆる層における「孝子」の「表象」が、「仁政イデオロギー」が浸透しつつある歴史的文脈に照らされて再検討されていた。これによって、従来、「教化」の枠組の内部において「孝子顕彰」を捉えてきた研究スタイルと差異化し、「孝子」がもつより豊富な意味を見出すことに成功した。一方で、この「明君・仁政」をめぐる藩内、藩と藩の間、幕藩、更に日本と「異国」の間における戦略理論・競争を、「孝子」という「表象」を通して鮮明に描き出したと評価することができよう。

しかし、競争のみを注視したせいか、本書における幕藩間の「孝子」争奪に関する論述に、疑問を感じた点もある。『官刻孝義録』の編纂における藩と幕府のやり取りの事例を挙げてみると、岡山藩の場合、幕府が藩に再三、調査・確認を依頼し、幕府と藩は収集された「孝子」の伝聞の取捨選択にともに参与した（妻鹿淳子前掲論文）というものがある。ここから、幕府も藩も『孝義録』に編入される予定の「孝子」の中身にある程度の関心を示していたことがうかがえる。こうした関心があったことを軽視し、幕府がひたすら藩の仁政アピールを無効化しようとしたという視点のみから『官刻孝義録』の編纂を説明するのは、やや強引に感じた。より多くの事例収集、史料分析をもって論点を補強する必要があろう。

また、本書は表象文化論の道徳史＝「道徳文化史」を確立させることを目的の一つとするが、「道徳文化史」という枠組に関する説明がやや不足しているのではないか。この点について、評者自身の関心とも絡めながら、問題提起を試みることで、この書評を終えることとしたい。「表象」としての「孝子」

を取り扱った本書は、従来の実践と思想を中心とする研究に対して、斬新な視点を提示した。しかし、現段階では「孝」という徳目に限られたものである。それを「道徳史」全体に広げる際に、表象文化論をどのように展開していけるのか。そもそも、「孝」とは、狭い意味での「孝行」の徳目であるほか、より広義的に捉えることができる道徳倫理の重要なキーワードでもある。「孝」の意味を広げることによって、「孝子」から出発した「表象文化論の道徳史」の成果も、思想史研究全般に及ぼすことが可能になるのではなかろうか。これは本書から読者に投げられた大きな課題であろう。

（立命館大学専門研究員）

藍弘岳著
『漢文圏における荻生徂徠——医学・兵学・儒学』

（東京大学出版会・二〇一七年）

澤井啓一

荻生徂徠研究は、明治期に「功利主義」との類似性が注目されて以来、ながらくその著作を哲学ないし政治思想の考察対象とする形で展開されてきた。もちろん「日本思想」を対象とした政治思想史研究が日本で確立されるには丸山眞男を待たなければならないが、そこで日本における〈近代化〉の重要な指標として徂徠が取りあげられていたことは、近現代の日本人が徂徠に向けた〈まなざし〉がどのような性格であったかをよく物語っている。また文学研究の領域でも、漢詩文制作方法としての「古文辞」は、明治期から取りあげられてきたのだが、一九七〇年代になって吉川幸次郎が徂徠の語学説と文学説、すなわち「古文辞」に関する議論を儒学説（哲学）に先立つ学問方法論として位置づけたことによって新たな展開が始まった。吉川の議論は、すでに村岡典嗣が本居宣長について発見した構図ではあったが、徂徠の「古文辞」論を文学研究という狭い枠内にとどめず、思想史研究との連動性を強く求めた点で重要であった。宣長が徂徠の方法論を「領有」していた以上、吉川の議論は当然なされるべきものであったにしても、近代日本の中国学に絶大な影響を誇った「京大シナ学」の碩学が指摘したことの意義は大きかった。

徂徠の伝記研究の嚆矢ともいえる岩橋遵成『徂徠研究』が早くから指摘していたように、徂徠の業績は「経学」「経世論」や「漢詩文」にとどまらず、諸子研究や兵学・医学など多岐にわたっていた。これらに関してもそれぞれ個別の研究は多くあるが、相互の関係性となると、扱うべき領域が広すぎるためか、全体をきちんと整理したものは皆無と言ってよい。個々の領域のなかで徂徠の位置が説明されればよい方で、多くは丸山や吉川の議論には収まりきれない徂徠の多面性を紹介するにとどまっていた。これまでのところ、徂徠の活動の全体像がいかなるものであったかは十分に説明されてきたわけではないのである。伝記的な〈ナラティヴ〉のなかで徂徠のさまざまな業績を紹介するのではなく、徂徠論としてその全体像を語るためには、徂徠の業績を羅列することや、日本における前後の動向のなかに徂徠を位置づけることだけでは達成できるはずもなく、東アジアの同時代の思想動向、さらには文化的事象すべてにわたる動向を視野に入れた〈ナラティヴ〉が要請されている。

本書がこうした要請に十分に応えているとまで言うつもりはない。むしろ本書の特色は、上述したことが現在の徂徠研究におけるもっとも緊要な課題であることを強く意識したうえで、それを解決すべく、さまざまな試みを一冊の著作として編み込んだことにある。「あとがき」に記されているデータを見ると、本書に収録された各章は、二〇〇六年から〇八年にかけてのものと、二〇一四年から一五年にかけてのものとに大別できる。なかでも後半の論文群には、著者が日本ばかりでなく東アジアの同時代的動向との関係性を強く意識しだしたことが窺える。この問題意識は「序論」と「結論」においてより鮮明に示されているが、そのことに触れる前に、本書の内容について簡単なコメントとともに順次紹介してゆくことにする。

本書は三部構成で、第一部は「荻生徂徠の医学、兵学、文学〈詩文論〉」と題され、徂徠の活動の初期に展開された儒学以外の議論が扱われている。ここから徂徠論を始めたことに著者の工夫が認められるのだが、本書全体の副題に医学・兵学が使用されていることからすると、医学・兵学を扱った議論が第一章だけであり、なおかつ徂徠の初期思想として扱われていることには疑問が残る。この第一部では「訳学」や文学理論としての「古文辞」なども取りあげられているので、著者の意図が、徂徠の問題関心がその当初においても多様な広がりをもっていたことを示そうとした点にあったと考えておきたい。

第一章に戻ると、あまり扱われることのない『徂徠先生医言』や『孫子国字解』を取りあげた点、また医学・兵学に通底する認識として「活物」的な自然観が存在すると指摘した点も評価に値する。そうではあるが、最晩年に『鈐録』が書かれ、徂徠が明代経由の新しい軍事技術に関心を抱いていたことを考えると、初期の兵学に関する問題意識が徂徠のなかでいかに維持または発展されていたのかという課題は残されている。また家系上の関係から徂徠が「朱医方」系の人々と深く交流していたこと以外にも、新興の「古医方」系に属する芳村恂益の『二火弁妄』に序文を寄せていることなどを勘案すると、医学についても検討すべき課題が残されていよう。それゆえ徂徠の思想的変遷とそこにおける医学・兵学の関わりについて、その後の展望に関しても著者なりの見通しが示されるべきだったと思われる。

第二章から第四章までは文学（詩文論）が扱われている。第二章は明代の古文辞派に関する議論で、第四章では徂徠以前にさかのぼって日本における明代古文辞派受容の歴史が語られている。その間に徂徠の「訳学」を論じた第三章が挟まれていて、そこでは『訓訳示蒙』総論と『訳文筌蹄』題言が取りあげられて、徂徠の「訳学」が「音読」と「看書」という二つの方法論によって構成されていたことが指摘される。この第三章と、明代古文辞派、とりわけ李攀龍と王世貞の詩文に関する「理論」を扱った第二章とが加えられたことによって、徂徠が語る「古文辞」論だけを扱ってきた従来の研究に較べると、時間的・空間的な幅が与えられた分だけ、徂徠の議論に関する分析もより緻密に展開できるようになったと言える。この点が本書の最大の成果で、学ぶべきところは非常に多い。今後の徂徠研究では、本書の議論を踏まえることが必須とされるにちがいない。

文学（詩文論）に関しては著者による多くの有益な知見が示されているが、それについて詳しく論じるゆとりがないので、ここでは第二章についてのみ取りあげる。第二章では、明代古文辞派の人々が「古文辞」に独自の「法」を見いだそうとしたことが指摘されている。それ以前の宋代では詩人たちの「意」、すなわち「情感」は、文学として表出される以前の「人性」的問題として扱われてきたのだが、明代古文辞派の人々はそれが文学的表現という形式の問題として扱われるべきだと主張したのである。文体論と修辞論を一体化した「文学理論」の成立ということなのだが、さらに著者は当時盛んであった「評点学」に着目し、それが明代古文辞派における「法」と深く関わっていることを指摘する。本章は明代古文辞派に関する議論ではあるが、吉川幸次郎の「徂徠学案」に依拠してきたこれまでの徂徠研究の水準を一歩進めたものとして高く評価できる。ただ「文学理論」として明代古文辞派を扱う以上は仕方がないのかもしれないが、王世貞の議論に寄りかかりすぎている点が気になる。徂徠が安藤東野と自身の文章を李攀龍をモデルとする「李于鱗体」と呼びつつ、自分たちの「古文辞」的な表現方法が確立されたことを高らかに宣言していたことに鑑みれば、徂徠における「古文辞」なるものがいかなる文体なのかについてさらに検証する必要があるだろう。もちろんこの点は著者ばかりでなく、今後の徂徠研究全体の課題でもある。

第二部は「漢文圏における荻生徂徠の儒学」と題され、徂徠の代表的な作品を対象に経学的方法論としての「古文辞学」を緻密に分析し、その議論が清朝と朝鮮朝の人々に与えた影響を述べた第五章（方法としての古文辞学）と、徂徠における「聖人の道」の分析と中国・日本における他の政治改革論と比較した第六章（歴史認識と政治思想）とが収録されている。

第五章について言えば、評者もまたかなり以前に「〈方法〉としての古文辞学」という同名の論文を発表したことがあるが、それは従来論議されてきたような文学的な方法論としてではなく、経学とも通底した〈方法〉として「古文辞学」なるものが存在し、かつそれは言語論を媒介とした認識論的な手続きに基づいたものであったことを「仮説的」に提示したものであった。本書の場合は、すでに「古文辞学」が経学的な方法論であることを前提に、明代の文学と経学との接点にある「評点学」を取りあげ、さらには清朝や朝鮮朝における「考証学」的な学問との比較を行うことによって、徂徠における特質を浮かびあがらせようとする。本章は「古文辞学」の内容の説明としては、現在もっとも充実していると言えるのだが、著者が重視している明末の「経書評点学」との関係性についてはまだ十分に説明されているわけではない。さらには、このことに言及することによって文学的な修辞法だけでなく、言語的手続きに基づくとされてきたこれまでの「古文辞学」への方法的説明との関係についてもより突っ込んだ議論が必要であったように思われる。

第六章は、徂徠の歴史認識や政治思想を扱った点で、これまでの思想史研究における徂徠論にもっとも接近している。ただし本章の組み立てはかなり複雑で、「方法としての古文辞学」が秦漢以前の「古文辞」を読解する方法論にとどまらず、古代中国の歴史的変化を理解し、それに基づく制度改革を構想することに「応用」されたという前提のもとに、徂徠の「聖人の道」が説明され、さらに古代中国から日本へという歴史に対する問題意識の転換が新井白石との対比によって描かれ、最後に同じく宋明理学からの脱却を試みた明末清初の顧炎武と日本の山鹿素行との比較から「儒教政治思想史」における徂徠の立場を明らかにするという展開となっている。このように多くの問題を組み入れたために、著者によって示された多くの優れた指摘がすんなりと読者に了解されないという問題も残る。さらに言えば、第五章における「古文辞学」の定義と同様に第六章においても、もっとも肝腎の近世東アジアにおける「儒教政治思想史」なるものが不明瞭なままに終わっている点は、本書の細部にわたる指摘が重要であるだけに惜しまれる。

第三部は「漢文圏における徂徠学派」と題され、「徂徠学派文士」と著者が呼ぶ徂徠の門人やその後継者たちと朝鮮通信使との交流や、かれらが清朝の学術・文学にいかなる評価を下していたのかという問題が取りあげられている。第七章は、朝鮮通信使の来日によって生じた交流が丁寧に論じられている。「交流」といっても、近年の文学研究が描くような「和気藹々」としたものではなく、通信使側が日本の漢詩文における技術向上に関心を深めるようになったのに対して、「徂徠学派文士」は自分たちの学術や文学に対する「過度」な自己評価から、朝鮮朝を見下すような「優越意識」を生じてさせていたと指摘している点は、著者の鋭い問題意識をよく示している。

これは第八章においても同様で、第三章で扱われた「訳学（唐話学）」が再び取りあげられ、徂徠を始めとする「徂徠学派文士」が、「唐話」学習から言語に関する認識を深める一方で、長崎に在住する「唐通事」や、かれらと交流のあった「来日華人」を見下すような意識を持っていたことが指摘される。さらに清朝を満州族が支配する「胡土」とし、かえって日本を「華」とする優越意識も生まれ、幕末の「国体論」へと展開してゆくという「見通し」が示されている。著者のこの「見通し」は徳川中期以降から近代までを射程に入れた日本思想史を構想するうえできわめて重要な示唆となろう。

序論と結論は、最後の第八章に呼応しており、「古文辞学」が確立されるにつれて、「徂徠学派文士」が、当時において日本こそがもっとも「古の中華」に近いという優越意識を強めていったこと、それに加えて日本が「武国」であるという意識も加味されていたことが指摘されている。ただし「武国」意識に関しては、第六章の一節で扱われているだけで、議論が十分に尽くされているとは言いがたい。徳川日本の思想を検証する際に「文」だけでなく「武」にも注意を払うべきという著者の指摘はまさにその通りだが、日本の儒学者のなかでも突出して「文」を意識した「古文辞学派」の人々が、「武」においても他の儒学者よりも強く反応したという問題は、制度改革という政治論にとどまらず、より深められた地平、すなわち「古文辞学」の方法論のなかで探究される必要がある。これは著者が本書を出発点としてさらに研究を深めるうえでのテーマであろうが、同時に今後の日本思想史研究や東アジア思想史研究においても重要なテーマとなることだろう。

もう一つ指摘したいことは「漢文圏」の問題である。著者は序論で、「近代」からの視点や欧米からの命名である「東アジア」を避けて、「漢文圏」という概念を採用したと述べる。同時に「宋学的な思惟様式、文学スタイル」が主流だったのが「漢文圏」なのだから、「東アジア近世」を「宋学の近世」と捉え直してもよいとする。「漢文圏」と「宋学」との関係性については、思想領域だけでなく、文学や医学・兵学といった領域を加えてさらに精緻化されるべきだろうが、これもまた一つのフィクショナルな時空間に過ぎないから、そのこと自体にはとくに異議はない。ただし「漢文圏」という設定も注意深く扱わないと、著者が避けようとした近代主義的な発想、「宋学的な諸様式」を正統とし、それ以外を異端とするような二元論的な図式に陥りかねない。この点に一抹の危惧を覚えた。

十五世紀以降の東アジアでは、「宋学的な諸様式」を正統とする認識もたしかに存在していたが、そこで再生産されたものはオリジナルな様式からすでに逸脱していたし、またそれへの対抗として登場した陽明学・朝鮮実学・古文辞学は異端ではなく、むしろ正統意識の産物であった。このことに関連して注目されるのが、本書では比較的言及が少ない朝鮮王朝の動向である。朝鮮王朝こそもっとも「宋学的な諸様式」が主流を占めていた地域であり、「古文辞派」——韓国では「擬古文派」ないし「秦漢擬古派」と呼ぶ——も存在したが、「派」と呼ぶのが躊躇されるほどに相互に関わりの少ない人々が異なる時期に関心を抱いたものに過ぎなかった。しかしそれは、陽明学や清朝の学術への態度とも共通するが、朝鮮王朝の〈思想史〉における「地下水脈」と呼ぶべきものだと言える。そこから朝鮮王朝において「地下水脈」だったものが、なぜ徳川日本では表舞台に浮上し、一時的とはい世間を席巻するような動向を示したのかという疑問が生じてくる。この問題式を解くには「武」という関係項だけでは十分ではなく、それとは別に「俗」（＝「大衆化」）という項目を立てる必要があろう。もちろんこれは評者の問題関心でしかないのだが、ついでに指摘しておく。

（恵泉女学園大学名誉教授）

西村玲著
『近世仏教論』
（法藏館・二〇一八年）

藤井　淳

本書は二〇一六年に亡くなられた故・西村玲氏が生前に発表した論文を末木文美士・曽根原理・前川健一の三氏が中心となって編集・校正したもので、西村玲氏の遺稿集である。評者は西村氏と研究分野は離れているが、氏と交友があり、日本思想史学会からの依頼で書評を担当することとなった。本書の性格上、通常の書評と異なる形となることを諒解せられたい。

最初に著者である西村玲氏の略歴を紹介する。氏は一九七二年東京に生まれ、東北大学文学部を卒業し、同大学博士課程を修了、博士（文学）を取得された。その後、日本学術振興会特別研究員（SPD）等を経、二〇〇八年に博士論文を元にした『近世仏教思想の独創——僧侶普寂の思想と実践』（トランスビュー、以下『普寂』と略する）を刊行、二〇〇九年に「普寂を中心とする日本近世仏教思想の研究」により、第六回日本学術振興会賞を受賞し、さらに受賞者の中で特に優れた業績に与えられる日本学士院学術奨励賞を翌年に受賞した。その後も本書に収められる諸論文を発表されていたが、闘病の末、二〇一六年二月二日に死去された。享年四十三歳である。

西村氏はプリンストン大学でジャクリーヌ・ストーン氏を受入先とされ、一年間宗教研究所の客員研究員として滞在された。私は西村氏の直後に交代するように同じ条件で同大学に滞在したため、さまざまな便宜を図っていただいた。そのため私にとって初めての長期の海外滞在をスムーズにスタートすることができた。また末木文美士氏が国際日本文化研究センターに転任して共同研究として開催された研究会で『妙貞問答』の読解・訳注に一緒にあたるなど短い期間ではあるが同じテキストを扱った。評者が二〇一一年に就職してからはお会いする機会が少なくなったが、西村氏に最後にお会いしたのは、二〇一五年一二月に山形大学で行われた日本仏教綜合研究学会であった。その時の西村氏は私にはいままでと変わらない元気そうな様子に見受けられ、廊下で簡単な挨拶をすませただけであった。その三ヶ月後に突然の訃報の知らせに驚くとともに、最後に話をする機会がわずかとなってしまったことを深く後悔もした。

本書の書評を担当する評者は日本古代の空海を仏教学の立場から研究するものであり、近世仏教については表層的な知識しか持ち合わせていないため、不十分な書評となることをあらかじめ断らせていただく。まず本書の目次は以下の通りである。

きるか
西村玲略歴・業績目録／あとがき（末木文美士）／人名索引

本書の要約としては、編者の一人である末木文美士氏が「あとがき」の中で要領よくまとめている（四〇六～四〇八頁）。そのため、この書評は重複を避け、仏教学を専門とする評者の関心に上った点、もしくは方法の異なる点を重点的に取りあげて論じることを諒解されたい。

第Ⅰ部は、『日本思想史講座』（ぺりかん社）、『新アジア仏教史』（佼成出版社）というシリーズに収録された近世仏教を扱った概説である。近世仏教の全体像を要領よくまとめたもので、直近までの参考文献も詳しく挙げられ、これからしばらく近世仏教の概説の標準として扱われよう。二つの論文の最終論点は重複する（三二頁、七七頁）が、第一論文「近世仏教論」は仏教以外の日本思想史との関連づけをはかり、第二論文「教学の進展と仏教改革運動」は各宗の教学を扱うなど、第一論文と互いに補完するものとなっている。

第Ⅱ部と第Ⅲ部にかけては、『普寂』第六章・第七章で扱った、僧侶が着る絹を作る際に蚕を殺すことをどう考えるかという仏教における不殺生の問題を継承して、中国仏教やキリスト教との対比を念頭に、思想史的に広く位置づけたものである。西村氏が江戸時代の戒律の実践者、普寂に注目されたのは決して研究対象がマイナーであったのではなく、かえって宗派を超えて仏教学が扱う重要なテーマを共有していることにつながっていくことがこれらの論文で示される。

第Ⅱ部は排耶論と不殺生について、明末仏教とその影響を受けた江戸仏教の関係について論じたものである。日本仏教研究はともすると日本国内の文脈のみで語ろうとする傾向が多いが、その源流となった中国仏教との関係に着眼している点は著者の慧眼であり、他分野との研究交流の可能性を示すものである。第一論文は明末の不殺生思想・第二論文は明末の仏教からのキリスト教批判を取りあげ、第三論文・第四論文で江戸時代の仏教を考察するための基礎的な分析となっている。

第四論文は第一論文を踏まえ、江戸時代の不殺生思想を論じている。近年、江戸期の出版状況を踏まえて、思想の受容のあり方が論じられるようであり、中国書に基づく和刻本および関連する書籍を対照した表（一五六～一五七頁）は西村氏の関心を着実な手法を踏まえて示したもので説得力がある。

評者が第Ⅱ部により望むことを以下に挙げたい。日本を理解する上で中国との対比を行い、構図を示すことは確かに必要である。ただ限られた資料の中で、どこまで日本と中国の対比を単純な構図として描くことが可能かどうかは今後の課題である。西村氏は「中国仏教において形而上的なキリスト教批判は、日本仏教において宗教的な実践となった」（一四二頁）とする。思想史的な研究では、何らかの構図を示す必要であろうが、資料に即して理解する立場からは、雪窓宗崔一人を代表として日本仏教と中国仏教の違いを描き出すことには躊躇する。一方で、このような手法が新たな展開を生み出す可能性があることは第Ⅲ部の評価のところで述べる。

また技術的なことで、末木氏の「あとがき」に指摘されている（四〇八頁）とおり、第Ⅱ部の諸論文を西村氏が発表された時期が集中していることもあり、著者自身が編集されたら、重複する記述をより簡潔にまとめられたと思われる。同じ論点や表現を関連する別の論文で見出すことがあり、評者は重複感を持ってしまった。本書の刊行の経緯を踏まえるとやむを得ないと理解できるものの、重複する表現や既出資料との重複を明示するなどの配慮があれば読者にとってはより望ましかったと思う。

第Ⅲ部の第一論文は末木氏が主催した研究会の『妙貞問答』の講読をもとにしたものである。まとめの箇所で「キリスト教を触媒として、日本仏教では「後生の助け」が、中国儒教では「孝」があらわれる」「「後生の助け」に焦点が絞られる日本の宗教状況をよく示したものと言えよう」（一七九頁）と中国と日本を対比する。この対比は図式的すぎるきらいもあるが、評者は中国の三教交渉に関心があり、また親鸞に独自の研究を行った亀山純生氏の『「災害社会」・東国農民と親鸞浄土教』（農林統計出版、二〇一二年）で論じられた親鸞の生きた中世の背景においても「後生善処」が重要であったことなどから、日本仏教と中国儒教の対比として検証価値のある重要な指摘といえよう。

第三論文「仏教排耶論の思想史的展開」はこれまでの排耶論の諸論文を踏まえ、幕末から明治期に生きた鵜飼徹定、超然や福田行誡、さらに近代の井上円了、田辺元を扱う。近代仏教を理解する上でそれと接続する近世仏教の理解が必須のものとなることをよく示しており、西村氏の視点が広くにわたっていたことがよく分かる。「虚空」を軸として明末から近世後期にかけて思想史的に論じたことの評価は後に行う。

第Ⅳ部は中世および近世の法相教学を通じて論じたもので、仏教学の分野と最も重なる論文である。第二論文は『普寂』に収められなかったものであるが、その結論には評者が最も共感を持った。普寂の思想を近世的限界もしくは近代的萌芽と見る今までの評価を一面的とし、普寂自身に「世俗」に対して一貫した距離感があったことを文献に基づいて論じ、近代の限界が指摘されている現代に再評価されるべきとする西村氏の指摘は時代の先を見つめたものと言える。

第Ⅴ部の第一論文は仏教学において重要な「大乗非仏説」を『普寂』第五章に引き続き、思想史的に論じたもので、これも近世から近代への接続、そして現代の仏教学にもつながるテーマを基礎的に扱ったものである。仏教学では、ごく最近大竹晋氏によって『大乗非仏説をこえて――大乗仏教は何のためにあるのか』（国書刊行会）が刊行され、今後の議論が期待される。

第二論文「須弥山と地球説」は岩波思想講座において、近世における西洋と対峙した仏教宇宙観を概説したもので、『普寂』

第四章からの関心に接続している。

第Ⅵ部第三論文「アボカドの種・仏の種子――仏教思想は環境倫理に何ができるか」は変わったタイトルであるが、仏教の不殺生の問題を現代の欧米の仏教理解との関係から論じたものである。控えめな記述であるがゆえに、現代の環境倫理に関心をもつ人々がどのように仏教を理解しているかを信頼性のおける記述で簡潔に紹介している。

以上、評者の関心に上った点を中心に本書を紹介してきた。再説になるが「あとがき」に末木氏による要約と本書刊行についての経緯が述べられるのでご覧いただきたい。

最後に日本仏教を仏教学中心に専攻するものとして、いくつかの点を批判的に述べさせていただく。本書の著者である西村氏から再批評をいただけない点は承知しているが、立場の違いを示すことでいささかでも学界に貢献できるのであれば、西村氏も受け入れていただけるものと考える。

西村氏は本書中でしばしば「近世化」と表現する。これと関連して、評者の念頭に上がったのが、インド・中国仏教を専門とするマイケル・ラディッチ氏（現・ハイデルベルグ大学教授）による二〇一五年二月の京都大学での口頭発表である。そこで氏は主として中国仏教研究における「中国化」（sinification）という語を批判的に振り返り、今までの欧米の仏教研究者が「中国化」とは何なのかを具体的に議論せずに、自明の説明として用いていると指摘した。この批判はさまざまな場面に広く適用できる刺激的なものである。ラディッチ氏の批判は地域的な変化についてのものであったが、「近世化」という時代的なものは概念規定がより明確であるべきである。どの時代でもそれぞれ特色はあるのであり、「近世化」は近年の議論から影響をうけた表現（曽根原理氏御教示）と推測するが、本書では中世後期からの展開が明らかにされていないため、明確ではないことが惜しまれる。

「虚空」について、京都大学名誉教授の荒牧典俊氏（仏教学）と二〇一八年六月八日に会話した点を踏まえて述べる。氏は本書とは関係はなく、同日の講演会での江戸文学の批評で用いられた「虚空」の理解に対して批判的に「虚空は（インド仏教では）単純な空間ではない」と話をされていた。それと同じ視点で西村氏が「（明末の費隠の）神と対峙する虚空の普遍性は完全に忘れ去られ、（幕末の超然では）虚空は無意味な近代的空間となった」（二二三頁、括弧内は評者）とする指摘は、より多くの文献を調査する必要があるが、「虚空」の理解が近世後期から近代にそれ以前の理解から変化した可能性を述べる、仏教学としても検証する価値のある重要な論点である。

九三頁に雲棲袾宏が『自知録』で述べた根拠として、大正蔵の曇無讖訳『金光明経』の末尾にある『金光明経滅罪伝』が挙げられる。これは中国で付け加えられた箇所で、西村氏は中国に広く見られる一般的な考え方を紹介したものと推測されるが、袾宏自身が『金光明経滅罪伝』を明確に踏まえて記述しているかどうかは前後の文脈からは評者には理解しがたい。

西村氏は研究の端緒で、諸宗派から批判される普寂を取りあげた。かえってそのことが、戒律や不殺生・須彌山説の問題で浄土宗・曹洞宗・臨済宗・浄土真宗・天台宗といった諸宗派に共通し、さらに現代につながる問題を扱うことを可能にした。その点で西村氏の成果は宗学・仏教学を研究するものにとっても研究の新たな方向について示唆を与えるものであろう。

西村氏が生きておられたら、近世仏教のみならず、それと接続する近代の仏教や中世後期の仏教、さらに近世の宗学の研究者に大いに刺激を与えたと思う。「日本近世仏教の研究は、中世と近代の仏教との内的関連を踏まえながら、東アジア仏教思想史として進められる必要がある」（一五一頁）と述べられているることがまさに氏が広い視点を有していた記述である。そしてその穏やかな性格から教育者としても後進者を育てられたことであろう。また西村氏は海外の研究者との交流も多く、学界において今後に活躍されることが期待された。その西村氏と再び話をすることができなくなったのは評者の痛恨の極みである。

多くの関係者が末木氏の発案によって協力をして刊行した本著に対して、時間の限られた中で不十分な書評しかできなかったことは申し訳ない。これからの世代に何らかの形で繫いでいくことが唯一西村氏に報いることと感じている。

（駒澤大学准教授）

裵寛紋著
『宣長はどのような日本を想像したか ——『古事記伝』の「皇国」』

（笠間書院・二〇一七年）

板東洋介

一 宣長論の趨勢

丸山眞男や西郷信綱にはじまる戦後の本居宣長研究の基調は、宣長を「物の哀れ」「真心」等々の感性的平面（あるいは伝統的情緒）にいすわり、頑固に近代化・西洋化を拒み続ける文化ナショナリストの濫觴にして首魁とみなし、宣長との徹底的な「対決」（相良亨『本居宣長』一九七八年）をはかるものであった。しかし一九九〇年代に入ると、そうした「対決」姿勢自体が（その意図に反して）宣長が主張し体現するところの、時代を貫いて不変な「日本的なるもの」の観念を無傷で保存し続けることが、子安宣邦らによって強く批判されるに至った。たしかに或る人の有するイデオロギーを最も鞏固に信じているのは、その敵なのである。とはいえこの新しい宣長論は、冷戦の終結や日本の経済大国化を背景として、歴史教科書問題等の形をとって丁度その頃再噴出をはじめた日本のナショナリズムへの牽制という、前代以上の強いアクチュアリティに伴われていた。俯瞰的に見渡すと、戦後の宣長は常に現在時制の熱気をはらんで論じられてきたのである。

近年（さしあたり二〇一〇年代）の宣長論の特徴は、従来の宣長論がいわば熱くなり過ぎていることを指摘し、その「現代的」な含意はひとまず括弧に入れて、まずは宣長のテクストの語る内容を虚心に辿ってみようとする姿勢にある。なにより宣長のテクストの語るところは、みかけに反してきわめてわかりにくいのである。宣長の著作の過半を占めるのは『古事記伝』（以下『記伝』）『源氏物語玉の小櫛』等膨大な古典注釈であって、その内容は『直毘霊』等の数少ないその思想的著作ほどに簡明ではないし、そこにみられる思惟は往々に、一般にパッケージングされて流通する「宣長の思想」との矛盾すら示すからである。日本思想史研究の立場からも水野雄司『本居宣長の思想構造』（二〇一五年）や樋口達郎『国学の「日本」』（同年）が宣長の読み直しを試みているが、やはりこうした態度は、テクストへの内在度（と愛着と）の一層つよい文学研究の立場からの研究書に顕著である。田中康二『本居宣長の思考法』（二〇〇五年）、神野志隆光『「古事記伝」を読み直す』（二〇一〇—一四年）、山下久夫・斎藤英喜編『越境する『古事記伝』』（二〇一二年）等の諸著作である。

二〇一一年に東京大学大学院総合文化研究科に提出された博士学位論文をもととする本書もまた、従来の論が近・現代的な関心から宣長のテクストを恣意的に裁断していることへの批判に出発し、『記伝』の内的構造を解明しようとする。著者によれば、十八世紀の『記伝』は八世紀の『古事記』（以下『記』）の忠実な注釈や再話などではなく、その語り出すところは「『古事記伝』がつくり出した〈古事記〉」（本書八頁、以下本書からの引用は頁数のみ表記）なのである。とくに著者が注目するのは、宣長が日本の美称として多用する「皇国」という語である。宣長に根深い自国絶対視の一つの表れとして何気なく看過されてきたこの語は、著者によれば実は「『古事記伝』の執筆過程において初めて自覚された語」（二頁）であり、「皇国」を主題としない『記』を「「皇国」の物語として読んでいる」（一八八頁）点こそが『記伝』の特色なのである。そして「皇国」は外国、とくに韓・唐の「カラ国」との対照によってはじめて輪郭づけられるものであった。『記伝』の注釈作業の中で「皇国」と「カラ国」とが同時成立してくる過程を丹念に明らかにした点に、この労作の最大の意義がある。

二 「カラ国」の帰趨

八世紀の記紀神話には、朝鮮半島（韓半島）への両義的なまなざしが存する。すなわちそこは一面で「金銀を本とし、目の炎耀く種々の珍宝」（『記』中つ巻）に満ちた、大陸の先進的な文物の到来する異郷として憧憬されつつ、もう一面では前世紀以来の半島の領有と権益とをめぐる国際的緊張の中で「御馬甘」「渡の屯家」（同）として「天地と共に」（同）日本に従属し続けてきた地域であることが政治的に強調されるのである。では、八世紀に比しうるほどに錯綜した十八世紀の対朝関係の中で宣長は、『記』の「韓国」をいかに捉えたのだろうか。これが本書の第一に斬新な着眼点である。

しかしながらこの問いへの本書の結論はきわめて消極的なものである。『記』では天孫ニニギ命は「膂宍の韓国」に「向かふ」地ゆえに日向の高千穂を選んで天下ったと伝える（上つ巻）。天孫降臨自体が「韓国」を意識しつつ行われたとすれば大問題だが、宣長はこれを単なる「空国」の誤記と捉え、『記』中唯一のこの「韓国」の語を抹消する。しかしこれは著者によれば「韓国」などの外部を意識しつつも、あえて日本を「外部に広がらない、いわば自己完結する世界」（八〇頁）として語り切ろうとした『記』の意図を「誰よりも熟知」（七八頁）していた宣長が『記』の文脈に忠実に施した処置にすぎない。また宣長はこの注釈作業とほぼ並行して藤貞幹と論争を展開し、上代日本文化への「韓」からの影響をほぼ全否定している（『鉗狂人』論争）が、そこに存するのも「韓」へのことさらな意識ではなく、「朝鮮をあくまで中国の従属国と見なし、独立した価値を認めない」（一〇五頁）当時の日本人の平均的な朝鮮観を出るものではなかったとされる。

著者が指摘するように、日本人が用いる「カラ」の語の指示対象は記紀風土記の頃の「韓」から、平安朝以降「唐」へと大きく変容を遂げる。この第二の「カラ」、すなわち「唐」への記紀と、それを読む宣長との関心の焦点は、明瞭に「中華」から「東夷」を睥睨する視線に貫かれた『魏志』倭人伝の語る邪馬台国と、記紀の語る大八洲国・豊葦原瑞穂国との関わりに存した。すでに『日本書紀』自体が『魏志』の当該箇所を神功皇后摂政紀に引用し、卑弥呼と神功皇后、邪馬台国と畿内大和朝廷とを積極的に同定する態度を見せており、これを受けて松下見林や新井白石ら近世前期の学者の中でも邪馬台国大和説が主流であった。こうした状況下での宣長の邪馬台国論を詳説し、その後代への多大な影響を論証した点が、管見においては本書の白眉である。宣長は『馭戎慨言』にて、三世紀に三国の魏に朝貢して冊封されたのは大和朝廷の女王ではなく、九州の熊襲がそれを騙ったものであったという熊襲偽僭説を強く主張した。「古代大和王朝と中国との関係は名実ともに推古朝十五年から始まって」（一一五頁）おり、それ以前には日中の交渉はなかったというのが宣長の強いオブセッションであったためである。この邪馬台国九州説は鶴峰戊申や近藤芳樹ら後の国学者たちに継承されるにとどまらず、近代以降にも九州説が圧倒的優勢を占める源流をなしたのである。宣長の熊襲偽僭説＝邪馬台国九州説の基底にあるのは、著者によれば「畿内の大和朝廷は、三世紀の卑弥呼の時代よりも古くから、既に固有の国としてあったはずだという確信」（一二一―一二二頁）なのであった。

往々に近代日本の膨張主義的なナショナリズムの一源流と目される宣長には、朝鮮であれ中国であれ「カラ国」に対する実体的な蔑視はなく、ましてや侵略の意図などは全く存在しなかった。しかしそれらの国の影響から独立に日本というまとまりが「自己完結」(八〇頁)的に存したことは終始強調され続け、その意識が「カラ」を論じる宣長の行論に纏綿する排外性やエスノセントリズムとなって表出されたのである。以上が宣長の「カラ国」観の基調として本書では取り出されていると評者には読み取られた。

三 「皇国」の浮上

外国――とりわけ二つの「カラ国」との対比で次に浮上してくるのが日本である。宣長が自国について「皇国」という呼称を多用したことが当時の知的世界に多大なインパクトを与え、近世後期の論者によってこの語が広汎に用いられるようになったのにとどまらず、近代以降も「帝国」との微妙な緊張関係のもとに使用され続けるに至った。その過程も本書では丹念に辿られている。本書の興味深い着眼点は、「御国」「神国」「中国」「皇朝」等、「皇国」と当時並存し、一定の時点まで宣長自身も混用していた他の日本の尊称の中から宣長が「皇国」を選び出したことを意図的な選択とし、その選択自体に一つの思考を見出した点にある。

著者によれば、はじめ「大御国」「神国」なども併用していた宣長は『記伝』執筆と儒者との論争とに費やされた一七七一―八〇年の間に意図的に「皇国」という呼称を選び取り、以降専らこれを用いるに至った。「「御国」と「皇国」との用語の位相の差」(一四頁)とはなにか。それは「御国」「御大国」が単なる自国の「美称」であるのに対して、「皇国」は世界のはじまりについての真実の伝承が『記』という形で唯一残存している国として、全世界にその卓越性が承認されるべきだという、一種の普遍性の主張を含意している点である。荻生徂徠らの「中華」崇拝に抗して立った賀茂真淵は、しかし儒教批判のみに終始して「中華」に代わる普遍を見出せなかったが、宣長は「皇国」という普遍を見出して「国学を完成」(一九三頁)させたと著者は主張する。

ただしここでもう一つ筆者が強調するのは、宣長は『玉くしげ』『馭戎慨言』等のポレミカルな著作で「皇国」を「「元本大宗」たる国」(一二六頁)とし「万国が「臣服」して従うべき道理」(同)を説くが、「これが現実的に万国の「臣服」を主張するものだったとは到底思われない」(同)ことである。著者によれば、この一見尊大な議論は「まことの道を伝える古伝説を唯一もっているにもかかわらず、それを知らない「皇国」の人々に向けられたもの」(同)であって、諸外国の人に直接向けられたものではない。換言すれば宣長の自国中心主義や排外思想に満ちた言説は「思考様式の問題」(一九六頁)として、十八世紀日本の知的世界の内部で、そこで外来思想でありながら知的権威と化していた仏教・儒教に向けて挑戦的に発されたものにすぎない。しかしこの「世界の実体的な版図によらず、理念的な空間において世界秩序として認識された」（二〇七頁）宣長の「皇国」は十九世紀以降、西洋列強のアジア分割が現実化し、それに対する国内的な危機感が醸成されてくると変容を遂げ、きわめて現実的かつ軍事的な佐藤信淵の征韓論や大国隆正の「大帝爵の国体」論へと接続してゆくに至ったと著者は見ている。それは「政治の現場から遠い」（二〇七頁）宣長が用いた「皇国」という語の「一人歩き」（同）だと著者はいう。

ただし以上の「皇国」をめぐる分析は、前節で紹介した「カラ国」のそれほどにはシャープなものとはいい難い。「中国」「神国」「皇国」等の微妙にニュアンスを異にする多様な自国称呼をめぐって近世日本人の自他認識が次第に変容していったこと、また宣長が真実の古伝承の残存という論点によってどこまでも中華・夷狄パラダイムに囚われていた近世人の自国・他国認識の画期をなしたこと、これらのことは桂島宣弘『自他認識の思想史』（二〇〇八年）や樋口浩造『「江戸」の批判的系譜学』（二〇〇九年）によってすでに明らかにされた事柄に属する。天照大神＝太陽の生まれた国、真実の古伝が唯一遺る国云々といった、彼と信念を共有しないかぎりはあまりにも素朴な信の告白にすぎない宣長の「皇国」観を祖述することにはさして大きな意味はないように評者には思われる。近・現代の人がその語りの内側に入りこむことはできないからである。むしろ、たとえば宣長が、上代人が憧憬した「常世」から他界や仙境の含意を消去して単なる「外国」の意とし、かつその「外国」への憧憬や文化的依存もまた否定することで、自足し自閉したものとしてイメージされるに至った「皇国」が、従来の日本人の自国観と（さらにいえば『記』自体の有する自国観と）どのように隔たっていたのか等が、やや俯瞰的な視点から追求されるべきであったのではないかと評者には思われてならない。

四　宣長のアポロギア

評者の観点から概括するならば、本書は宣長のための長大なアポロギアである。十八世紀の宣長が繰り返し表明した皇国賛美やそれと表裏をなすアジア諸国・諸地域へのネガティヴな言表は、十九世紀後半以降、宣長が日本のナショナリズムの源流として再発見されると、皇国至上主義の先覚者の言として反復され喧伝されるに至った。しかし著者が再三強調するように、「皇国」への「万国の臣服」（前引）等といった宣長の言辞はあくまで、相対的に平穏であった十八世紀のアジア情勢の中で、しかも他国人ではなく同時代の日本人に向けて、その「中華」崇拝を対治するべく述べられたものである。その主張を現実に日本が「万国の臣服」を主張して行動した後代の歴史的文脈から逆算して批判することの不当さに、著者はさながら憤りすら覚えているかのようである（同様の論理構造とパトスとを共有する著作として、すでに田中康二『本居宣長の大東亜戦争』二〇〇九年がある）。ここでは宣長を爆音が響きわたる血みどろの近代北東アジア情勢から救出し、「天下泰平」が謳歌された十八世紀松坂の閑雅な「鈴屋」の四畳半に還すことが目指されているかのごとくである（しかし今日賛否の喧しい所謂ポストモダン思潮の、日本思想史研究に対する最もクリティカルな問題提起はまさに、一見中立的な学問の場こそが実は最も政治的だという告発にこそ存するのではなかったか）。近世儒学と国学とを専攻する評者も、著者の視角と主張とにはつよい共感を覚える。後代の影響から逆算しての政治的な弾劾に急ぐあまり、この思想家の襞の多い行論の隈々に揺曳する深い含蓄を看過するようでは、宣長を読んだことにはならないからである。

しかしながら、そのようにして同時代の、また等身大の姿へと還元された宣長と、著者はいかなる立場で関わろうとしているのであろうか。史上最も有名なアポロギアの主人公と同じく、著者が目指すところも宣長との対話なのである。「あとがき」にて著者は「宣長を問題としながらいかにカラを問うことができるか」（二五三頁）との問いがその研究の当初に存したというが、その「答えは、少なくとも宣長からは問題にできない、ということだった」（同）。それでは、祖国が近隣諸国の文化的影響以前に「自己完結」的に歴史の始まりから存在するさまをひたすら「想像」し続けるアマチュア学者（そんな人は今日の北東アジアにもごまんといよう）に対して、今度は何ごとを著者は問いかけるのだろうか。本書の中では、先行研究に対する批判の鋭さや方法論の堅固さに比して、宣長への新たな問いの形はいまだ茫洋としているようである。もとよりこれは、本稿冒頭に概括した近年の宣長研究の大半に向けて問われるべき問いである。著者の次の展開は「あとがき」にて「朝鮮国学といわれている思想家たちと格闘すること」（二五四頁）と予告されているが、そこから改めて有為な対話が開始されるのを俟ちたい。

（皇學館大学准教授）

島田英明著
『歴史と永遠——江戸後期の思想水脈』
（岩波書店・二〇一八年）

中田喜万

一

近世後期の思想展開および幕末政治思想の研究に新たな一石を投じるのが、掲題の書である。本書によると、「名を揚げ、後世にまで語り継がれたい」「朽ちゆく有限の我が身を超えて、歴史の上に永く語り継がれる存在になりたい」というのが近世の多くの知識人の夢であったそうで（これを著者は「永遠性獲得願望」と呼ぶ。本書一二頁）、その視座から徂徠学以降、幕末までの思想史に大胆かつ鋭利に切りこみ、さらに明治期への見通しを示す。大きな波紋を呼ぶことは間違いない。

序章で既存の思想史研究を批判し、次の二点で違いをうち出すという。ア、従来の研究で扱われたような、幕末の政治構想や時務策のレベルばかりでなく、「自己意識のかたち、思想と呼べるほどに論理化されていない気分や情念の機微にまで分け入らなければ、見えてこないものがある」。「激動の時代だからこそ激しく浮沈する気分の揺れ」をそのとおりに受けとめないと、内在的理解にならない（一一頁）。イ、幕末を近代への助走期間として単純化して扱うのでなく、近世思想の文脈の様々な可能性の中で（時にはその奇態として）、理解しなければならない。「朱子学者」として一くくりにしたり、「尊王論」としてレッテル貼りしたりしない。

そのような本書の緒論の前に、冒頭で吉田松陰の東北遊歴の同伴者らのエピソード（冬の夜に無茶して筑波山に登る）が紹介される。そこでの形容語は、「自意識」「ロマンティック」「奇」であり、本書全体の印象深いプロローグとなっている。幕末知識人は、武士として、または儒学者として、名誉欲をたぎらせながらも満足する処遇を得られず、和漢の歴史上の人物の活躍に思いをはせ（本書でいう「歴史意識」や「歴史的想像力」はこの意味）つつ、鬱屈しデカダンスに陥っていた。その彼らの思想と行動が取り扱われる。

本書は二部構成となっている。第一部「永遠を求めて——幕末思想史への視座」は、荻生徂徠から頼山陽への思想展開をたどりながら、その中に種々の「永遠性獲得願望」を見出す。頼山陽の歴史叙述の成功を承けて、第二部「詩人・歴史・革命——志士と文士の政治思想」は、幕末思想のうち、吉田松陰、真木和泉、森田節斎をとりあげ、〈歴史を描く〉ことよりも〈歴史を作る〉ことに人々が熱狂した時代を描く。以下、大意をたどる。

第一章「古文辞学とふたつの永遠」。武家政権の下で不遇をかこつ知識人らが、せめて自分の著作の「不朽」（典故は『春秋左氏伝』）を願うことは、江戸時代にしばしば見られたが、そこに込められた意図は人それぞれであった。徂徠学派の中も分かれていた。服部南郭は、古文辞の詩作に賭けた（たとえ陳腐な定型表現の多用であっても）。古文辞がわかる人にはわかる、時空を超えた「君子」の共同体に参画することで、その著作は永遠の生命を保つと信じたからである（三八頁）。他方、古文辞の詩文に批判的になっていった太宰春台からすれば、学問は何らかの「事業」に施してこそ「不朽」となる。その主体として、旧弊を打破して春台の経世論を実行してくれる「英雄豪傑」を待望した（が、淡い期待であった）。春台の「豪傑」論は、実質上もはや徂徠学批判であった。

第二章「豪傑たちの春」では、その次の世代、一八世紀後半に活躍した様々な思想家に共通した「徂徠体験」の内実を明らかにする。折衷学の井上金峨らは、徂徠を含め先賢たちを一家の言にすぎないと相対化し、そういう先行学説への付和雷同を戒め、己の自得を重視した。実際は、自分らも「豪傑」の仲間入りを目指す、野心あふれる学風であった。詩文で性霊説をとなえた山本北山も、井上金峨と同様、流行（していた徂徠学派）への追従を嫌悪した。古文辞は「奴隷」の文学で、性霊の詩こそが「豪傑」にふさわしいと。これでは古典の規範性をないがしろにした自己主張で、「不朽」どころか結局は流行りすたりに身を委ねることになると、徂徠学派から反論される。しかし折衷学者は意に介さない。彼らの傲慢と功名心は彼らなりに徂徠学のやり方を踏襲した結果に過ぎないからである。「倨傲こそ、徂徠の開いたパンドラの箱の中身だったのである。誰もがみな、徂徠に倣って徂徠を罵言したのだ」（八二頁）。このような野心あふれる「豪傑」志望らが新奇を追い求める競争空間の中で、国学も洋学も興った。

同章では次いで寛政正学派による反「豪傑」論に言及される。「豪傑」気どりの新奇探求は「人倫」に害をなすからいけない。ではなぜ朱子学に回帰すべきなのか。それは単に東アジアで通用してきた事実の重みによるだけではなかった。柴野栗山の場合、道統の伝を再確認した上、この学問が一人で勝手に作ったものではなくて長い時間を経て何人もの知性が積み上げてきた総体だからこそ支持すべきなのであった。まさに教養としての正統の立場から、「異端曲学」を批判した。正学派の携わった寛政改革以降、全国に学問所ネットワークが構築され、新しい知識人の存在形態が普及した。

しかし、藩校教授の待遇は低いままで、雑用に忙殺されて著述に専念できず、「不朽」願望を満たすには程遠かった。第三章「頼山陽と歴史の時代」では、その次の世代、頼山陽が広島藩内で我慢できず、都会に飛びだし〈思想・文芸の市場〉で新奇を争う、その功名心を描く。彼の勝算は漢文で叙述する歴史にあった。いかなる英雄の事業も、あくまで「文士」によって歴史に刻み込まれてはじめて、永遠に伝えられる。それだけ「文士」の筆業には意義がある。しかも日本史を漢文の文体で述べることは当時未発達で新奇さがあった（もう経学は古くさい）。彼は、通説に従う「史賛」と独自説を展開する「史論」とを区別して述べた。『日本外史』『日本政記』は売り上げをのばし、明治期に至る漢文脈の標準となった。

しかし幕末の政治化した状況では、そうした「文士」の生き方への魅力は失せてしまい、行動する「志士」として歴史に名を遺そうとする人々であふれかえる。ここから第二部に入る。

第四章「テロルの倫理」は吉田松陰を扱う。松陰は『孟子』を経学と史学を止揚した叡智の産物とみなしたという。『講孟余話』等から、歴史上の英雄豪傑の事実をみて感奮し、自分もまた歴史の審判で正当に評価されることを期待して政治的過激主義を望む、松陰の〈永遠性〉の夢が析出される。勿論うまくいかない。その凡庸なテロリストの、陰惨で滑稽な紆余曲折が描かれる。要するに、獄中の松陰は「不朽」に心の拠りどころを求め、おのれの生涯をひとつの作品として書き残そうという願望に駆動されていた。

その際、様々な論点が指摘される中で、特に、同時代の世俗の毀誉を顧みず後世の歴史的評価に期待するというのは、現在であれ未来であれどちらも外形的行為に対する他者からの視線であるから、同時代の毀誉が後世の毀誉にすり替わるだけではないか、むしろ独立したおのれの内なる道徳律に従うべきではないか（そうすれば自ずとそこに名誉が付随するだろう）、という議論（一八七～一八九頁）は、歴史思想の一問題として興味深い。

第五章「内乱の政治学」は真木和泉を扱う。後期水戸学の影響下で思想形成した彼の、文久・元治の政局の中での活動と思索を追う。アモルフな状況において迅速な決断と権謀術数で人の意表を突き、機先を制して有利な情勢に持ち込もうという、その兵学的リアリズムは、真木の歴史に対する態度でもあった。つまり、歴史は作り得る。そこに、倒幕を目指す革命家の大胆な信念があった。しかし八月十八日の政変で時勢に裏切られると、松陰と同様の、歴史に期待する甘い死と永遠の論理に身を委ねて、禁門の変で敗死する。

松陰の門弟のうち、真木と運命をともにした久坂玄瑞と対極なのが、高杉晋作であった。彼の立場からすると、できもしない正論をわめきちらして名声を貪ろうとする「功名勤王」は、「漢学馬鹿男子」である（二五一頁）。無益な権力闘争などよりも、できる範囲で富国強兵を実地に行う方が大事であった。

第六章「文士の幕末」で扱うのは、頼山陽に師事し、梅田雲浜や頼三樹三郎らと親しく交流した森田節斎である。幕末の政治化の中で、文学にとどまる者とて政治と無縁ではいられなかった。節斎は尊王攘夷のアジテーターとして活躍し、多くの勤王家（大和五条の天誅組の乱に加わった十津川郷士らを含む）を養成した。しかし節斎本人は直接行動に参加せず、あくまで「文士」として、死んだ「志士」らの活躍を英雄として史伝に書き留め、次の「志士」らの士気を振るわせることを業とした。

朝廷の公的事業として殉難者を顕彰してほしいという要望が、節斎に限らず、真木和泉や久坂玄瑞からも出ていた。それはやがて東京招魂社、靖国神社へと結実する。亡き「志士」らの夢をかなえるとともに、「永遠性獲得願望」という操作しやすい情念をかきたてて自発的同意を調達する統治術であった。「夢を食らう近代国家は、多くの血を吸って、いまでも九段で「英霊」たちを祀っている」（二八六頁）と、本章が情感豊かに閉じられるが、さらに本書の帰結について「しかし、それだけだろうか」と著者自ら疑問を付す。

終章では内村鑑三の講演「後世への最大遺物」を扱う。ここにも頼山陽らの思想的遺産が息づいていた。

二

難解な漢文を相手にしながらも、本書の論述は流麗でこなれた文章で、豊富な逸話が要所要所におさまり、読みやすく厭きない。まるで往年の熟達した文芸評論のようである（本の装丁もそれらしい。文芸の芸の字も「藝」にこだわる。各章の題もどこか懐かしい）。そういう手のものかと思いきや、実は社会科学の論文で、二〇一六年に東京大学大学院法学政治学研究科に提出された博士論文にもとづくという。とかく方法論のやかましい社会科学の世界で個性ある文体は評価が分かれるかもしれないが、認められるべきことであろう。入手し難い文献史料を渉猟し豊富な先行研究を咀嚼した論述は、極めて高い学術水準にあり、著者の研鑽ぶりをうかがわせる。特に第二章から第三章にかけて、近世中期の様々な思想家を捌く手際は見事であり、この時代を課題とする研究者にとって今後の必読文献となるだろう。また専門外の読者にとっても本書の論旨は明瞭で、充実した読後感を得られるだろう。

しかしながら、長い旅路のはてに本書の結論は何かと振り返ると、いささかあやしくなる。というのも、本書全体を貫く基調は「永遠性獲得願望」であるが、それを概念として吟味する作業は最初から最後までなされない。「本書では、なぜ知識人たちが〝永遠〟を夢見るに至ったのかという理由は問わない」（一三頁）、「本書では、「永遠」とは何か、「無窮」など類義語との相違は何か、それは eternity なのか immortality なのか、といった哲学的考察に深入りし、日本思想における歴史観や時間意識の特質を探るといったことも企図しない」（三〇一頁、注(30)）とことわって、初めから放棄してしまっている。しかし、そこを理論的に詰めておかないと、本書全体の構成は曖昧となり、個別の美味しい話題の詰め合わせになってしまう。個々人の伝記を超えた思想史には、分析する道具を磨く哲学的考察がやはり欠かせない。

いつの時代のどこの人であれ、自分が苦労して成し遂げた仕事が永久に遺ればうれしいだろう。創作表現に携わる人ならば特にそういう思いが強いだろう。その人類普通の感情を超えて、本書で扱われた時代に「永遠性獲得願望」が存在したとすれば、それはいかにこの時代特有のものなのか、あるいは強弱の問題だとすれば、どうしてこの時代で特に強くなったのか、その問いに答えない限り本書の結論にならないし、『歴史と永遠』という本書の題目が浮いてしまう。

永遠性の追求は往々にして神仏への信仰を通して説かれてきた。本書の登場人物らは宗教に頼らず（終章の内村鑑三は例外）、それと異なる方途（詩文や歴史）を選んだという。それはなぜか。本書の課題に付随する問いのはずである。出発点にした徂徠学でいえば、おそらく「天」との関係を突き詰める必要がありそうであるが、本書では示唆されるにとどまる。「歴史意識」という時も、彼らの歴史観や時間意識の問題を抜きにして、歴史に自分の名を遺す願望というだけで済むのか、疑問がぬぐえない。かろうじて、世の〈開け〉の感覚のこと（六二頁、八六頁、九四頁）、「勢」をめぐって今が変動期であるという歴史認識（二二〇～二二五頁）、および古代王政観と「封建・郡県」（二二八～二三一頁）が考慮に入る。

功名心についていえば、戦国の世であったら武功を追い求めた。近代国家の制度が確立してくると学歴を通した立身出世主義が幅をきかす。この前後に挟まれた時代は、前後といかに異なる社会なのか。あるいは「家」を単位とする社会にもかかわらず、本書の登場人物らは、概して家名の維持向上よりも自分一個人の名声を欲したようであるが、それはなぜか（頼山陽の事例は一一四頁で言及される）。この辺りの背景の説明も、本書の時代を画定させるために必要な作業である。商業出版の競争空間の弊害は理解しやすい。それは、市井はともあれ、武士をどれだけ巻き込むのだろう。また「文士」の功名として、明治期の徳富蘇峰なども容易に連想されるが、どこまで関わるのだろう。

実はそんな議論の枠組を設定しなくても、第一部、徂徠から頼山陽までを主としてみれば、徂徠学派の定冠詞付きの「不朽」願望とその後の思想史的展開として論じることに成功している。傍目にみると、そこにふみとどまって議論を深める余地もあるように思われるが、第一部の副題に「幕末思想史への視座」と付けて第二部へ行論を急いでしまう。第二部各章は叙述の様相が一変し、吉田松陰ら主人公の個性が際立って、「永遠性」のどこまでが思想的影響で、どこからが思想家の人柄、気質の属人的問題か、段々と不明になっていく。文人の「不朽」願望と靖国合祀の永遠性とは連続するのだろうか。水戸学を交えて、もう少し補助線を引きたい。

もし幕末思想史を主とすれば、今日において勤王史観や薩長中心史観をなぞっては、いたく懐古趣味になってしまう。第二部で過激な勤王論者ばかりが選び出されて、政治的に偏っているのが気にかかる。自己顕示欲が強いと過激になりやすいのだろうか。それは頼山陽の影響力を示すという意味でも誤解を招く取り合わせではないか。また例えば横井小楠には僅かな言及にとどまるが、彼の自意識は視野に入らないのだろうか。そもそも功名にはやる人ばかりだっただろうか。西郷隆盛ばりに、「名もいらず、官位も金もいらぬ人」は、本書の観点からどのように位置づけられるのか。

本書が、文字面の理屈にとらわれず、思想家らの気分や情念の次元から深く思想を理解しようとするのは、尤もである。ただ、動機づけからの解明に力点が置かれ、しばしば青年期の著述や逸話に注目する。青雲の志に着目するのも一法であろうが、それでは思想家が生涯でいかなる知的達成を遂げたのか、いかなる将来構想をうち立てたか、ということに目が届きにくくなる。小楠も埒外になってしまう。その点、本書とは異なる思想史の方法も必要であろう。

以上、縷々注文をつけてしまったが、本書の研究の密度の濃さは圧倒的で、非常に参考になる。一読者として公刊を喜びたい。

（学習院大学教授）

川村邦光著『出口なお・王仁三郎——世界を水晶の世に致すぞよ』（ミネルヴァ書房・二〇一七年）

福家崇洋

本書は、宗教法人大本の開祖出口なおと聖師出口王仁三郎の評伝である。

先行研究として思いあたるのは、安丸良夫の『出口なお』（一九七七年）であり、村上重良の『評伝 出口王仁三郎』（一九七八年）などである。大本の研究に触れた人間なら誰でもわかるが、なおのお筆先や王仁三郎の『霊界物語』など読むべき一次資料は膨大にあり、どちらか一方を論じるだけでも容易ではない。にもかかわらず、大本本部から提供された写真等の貴重資料を駆使して、基礎資料の水準を大幅に引き上げながら、しかも二人まとめて論じるという偉業が達成されている。その意味で、私の読後感は、新刊にして古典というものであった。

こうしたことが本書で可能になったのは、著者が宗教学や民俗学の分野で大本を論じてきたことが大きい。一九八〇年から近年まで、出口なおや王仁三郎、昭和神聖会などが分析されてきた（「参考文献」）。したがって、本書は書き下ろしの体裁をとりながら、重厚な研究成果に裏打ちされた叙述となっており、この点が質量双方の厚みを保証している。

もうひとつは分析視覚である。これは、本書で「スティグマ（stigma）とカリスマというコンセプト、またスティグマとカリスマが社会的に成立する行動パターンとして〝籠り〟と〝巡り〟というコンセプトを用いて」（本書、一一頁）と説明されている。安丸良夫は「通俗道徳」という概念を用いて、出口なおが道徳実践を通して社会批判へいいたる過程を描いたが、この方法を王仁三郎に当てはめることはできなかった。著者は、スティグマ化、自己スティグマ化、カリスマ化という視角によって、なおと王仁三郎双方の教祖化過程を通史的に扱うことに成功している。

やや筆を急いで内容に立ち入ってしまったが、章構成と内容を以下に紹介しておきたい。

序　章　峠を往還する
第一章　「因縁の身魂」と神がかり
第二章　人助けと艮の金神講社
第三章　若き日の王仁三郎と修行
第四章　なおと王仁三郎の相剋と共闘
第五章　大正維新と立替え・立直し
第六章　第一次大本弾圧事件と再建
第七章　人類愛善会運動と昭和維新
第八章　昭和神聖会と第二次大本弾圧事件前夜
第九章　第二次大本弾圧事件
終　章　新生する大本

序章から第四章までが出口なおを、第三章から終章までが出口王仁三郎を扱っている。前半では、なおが神がかりを起こして、艮の金神との対話をへて、世の立て替え・立て直しを伝えるお筆先を書くにいたるプロセスが描かれる。なおの言葉でいえば、「牛糞が天下を取る」過程である。

このお筆先を読み解いて公表したのが王仁三郎である。後半では、若き日の王仁三郎の写真や歌を効果的に用いながら、各地での修行やなおとの相剋と共闘をへて、大本の教祖となる過程が描かれる。王仁三郎の時代になると、なおの教えに国家神道を接合しながら「大正維新」「昭和維新」といった実践活動への傾斜が見られるようになる。しかし、それは同時に大本への二度の大弾圧を呼び起こすものでもあった。

本書冒頭では、国体及び私有財産の変革を取り締まった治安維持法（一九二五年、一九二八年改正）で弾圧される大本像が押し出されている（「はじめに」）。いわば、国家権力に対峙する大本像である。一方で、一九二〇年代以降の大本をどう評価するかは現在でも見解がわかれる。日本の「ファシズム」として国家権力に迎合したのか否か、迎合したとすれば、二度の弾圧をどう歴史的に理解すればよいのかという問題に突き当たる。

村上重良は近代天皇制のイデオロギーとの異質性を認めつつも、下からの異端的なファシズム運動とした。安丸良夫は、なおの「民衆思想」に天皇制を批判する契機を見出す。王仁三郎については「皇道ラディカリズム」として大枠では旧来の「ファシズム」の範疇に組み入れつつも、「異端」的存在としてやはり含みを持たせた位置づけとなった。

これに対して、著者は、大本における天皇制ファシズム傾斜の危うさをぎりぎりまで見極めつつ、民衆にも共有されうる反天皇制の契機をえぐりだそうとしている。ここが本書の肝ではないかと思う。著者は次のように述べる。「こうした王仁三郎の翻訳・編集は、国体ディスクールを利用して、官憲の執拗な介入・干渉を回避し、無用な争いを避けようとする意図があったことは確かだろう。その一方で、国体ディスクールを流用して包摂し、国体ディスクールを膨張させた超国体ディスクール、いわば皇道を騙って、天皇制神話・国家神道を凌駕する大本・国体ディスクールを構築していくことにもなった。それこそが官憲の最も忌み嫌うディスクールの実践だった」(本書、二一三頁)。付言すれば、同じ天皇制批判でも、出口なおと王仁三郎とは異なるものとして書きわけられている。民俗的世界が濃厚ななおの素朴で原初的な天皇制批判と、天皇制文明社会においてもなお存立可能なものとしてある王仁三郎の際どくて危うい天皇制批判である。

このように、大本の言説は、帝国日本の正統な国体言説と重なりつつも、微妙にずらすものである。当然間口は国民に大きく開かれ、そこに彼らが信者として参与していく余地がうまれるが、その行き着く先は、日本政府が思い描く「臣民」とは必ずしも一致しない。この国体言説をめぐる微妙なズレこそが、国家権力にとっては大いなる脅威であり、正統をおびやかすものであった。

もちろん、こうした国体ディスクールは出口王仁三郎らごく一部の幹部だけが理解できたはずで、大本全体として見れば「ファシズム」以外のなにものでもないのではないかという批判は存在するだろう。それゆえ、本書では、大本の信者まで視野をひろげて考察される。著者は、「天皇親政の翼賛が大本の〝顕教〟とするならば、天皇親政の輔弼がその〝密教〟、王仁三郎をミクロ菩薩・統治者とした「ミクロ神政成就」がその〝秘教〟と言うことができる」(本書、三七二頁)として、大正維新から昭和維新にかけて、秘教的部分が信徒でも共有されていったとする。その際、王仁三郎と天皇制の関係が焦点となるが、著者は「天皇制を借景として転用し、擬似天皇化、二重天皇制化、もしくは天皇のパロディ化を通じて、聖なるカリスマ的権威・権力を顕示していたのだ」(本書、三九一頁)と指摘する。

こうした視座は、宗教社会学者の対馬路人氏が提起する「理念の天皇制」と重なるのではないかと思う。また、社会運動・思想史研究から右派社会運動(日本主義や天皇信仰など)の超国家性を検討してきた評者も共鳴できるものである。やや蛮勇をふるっていえば、一九三〇年代から敗戦にかけて、理念・虚像としての天皇(制)が帝国日本の国内外へと拡散していくことで、現存する天皇制の内実を掘り崩していったと考えることはできないかと考えている。これまで、国民国家論との関係から天皇制下の国民統合の側面が強調されてきたが、近代天皇制から象徴天皇制へといいたる連続性のなかの「逸脱」を掘り起こしていくことが必要ではないかと考える。以上の仮説を考えるうえで、本書は有益な示唆を与えてくれる。

さて、評価しうる点ばかりを書き連ねると、本書を「護持」するディスクールのように思われてしまうので、私の専門に引きつけながら、若干の感想を述べてみたい。

本書でも多くの紙幅が割かれているように、大本は右派的な政治・社会運動に乗り出した点がユニークである。こうした点は国柱会にもみられるが、宗教団体としては珍しく、戦前の大本の大きな特徴といってよいであろう。それゆえ、大本の活動を読み解くうえで、社会運動史の知識（とりわけ国家改造運動との関係）が不可欠になる。本書もこうした点につき引用・言及されているが、必ずしも充分ではなかったように思う。大きくいえば、大正維新と昭和維新の箇所である。

大正期における大本と右派社会運動の関係は、本書ではほとんど言及されていない。昭和期に入って、北一輝との関係として、北と出口王仁三郎の文通や「北の著国家改造原理は出口の意を受け、北か執筆したるものにして、猶存社は或機会に於ける大本教の実行機関なりとの説あり」（本書、三一七頁）などの文言が引用され、王仁三郎と北一輝の親密な関係とされる。ただし、引用の内容はかなり盛られた内容で、上海で書かれた北の『国家改造案原理大綱』（一九一九年）に王仁三郎が関わったとは初耳である。

また、北一輝と大川周明は、王仁三郎をほとんど評価していなかった。北は日蓮宗に帰依しており、大川も松村介石の道会信者であったから、「邪教」扱いの大本とは当然ながら距離があった。

しかし、猶存社と大本は必ずしも無関係とはいえない。この会は満川亀太郎を世話人とする老壮会を先鋭化させたもので、満川を中心に一九一九年に結成され、大川周明、北一輝も参加した。北や大川ほど信仰心の篤くなかった満川は、大本の存在に着目し、王仁三郎を老壮会に招こうとしたが、うまくいかなかった。代わりに老壮会で大本について講演したのが当時信徒であった木島寛仁（寛之）であり、彼は満鉄勤務時代から井上昭（のち日召、血盟団事件の首謀者）と同志の間柄にあった。

その後、猶存社が実践運動に乗り出していくと大本の影が見えかくれする。これは一九二〇、二一年に皇太子妃の決定をめぐって紛糾した「宮中某重大事件」との関わりである。老壮会に出入りした自由労働者の角田清彦（彼は大本の信徒でもあった）が、大本から運動資金を引き出して猶存社などの結社に配ったと官憲記録にある。この事件が問題化した時期と、大本の第一次弾圧がほぼ同時期であることを考えると、本書でも時代背景として一定の言及があってもよかったかもしれない。あわせて、本書のテーマである、大本と天皇制の関係を一考するものともなるだろう。こうした国家改造運動の資金供給源としての大本は、昭和期の国家改造運動とも関連し、やはりこの点も官憲の目の敵になっている。

また、国家改造運動は、国内・国外双方の改造が交差しながら進んでいったことを抑えておく必要がある。たとえば、先述の猶存社は、アジア主義にもとづく世界革命論を提起する。これは、第一次大戦後の共産主義革命運動や民族独立運動を強く意識したもので、人種、民族、階級という新たな主体の属性を視野に入れて、日本を核としたアジアによる世界革命を志向するものであった（ただし朝鮮や中国の民族独立運動は支援の対象とならない）。

よって、一九二〇年代以降に進む大本の対外戦略（いわゆる「王仁入蒙」や人類愛善会）も同時期の他の対外的社会運動と関連付けて描くことでよりリアリティが増したと思う。これまで先行研究で明らかにされてきた動きとして、黒龍会のメンバーで中国革命に関与した末永節の大高麗国構想がある。末永は肇国会を結成し、間島で「大高麗国」という理想の共同体を建設することを目指した。肇国会と「王仁入蒙」は、構想として似ていただけでなく構成員も連続していたが、こうみることで、「王仁入蒙」を別の角度から捉えなおすこともできるだろう。また、こうした動きが内田良平による出口王仁三郎への高い評価や、さらには昭和初期における内田と出口による昭和神聖会の結成へとつながっていくことをクリアに把握できる。

では次に、昭和期の国家改造運動との関係に移ろう。本書で言及されているのは黒龍会主幹の内田良平や、北一輝に師事していた西田税である。出口王仁三郎と内田は一九三四年に昭和神聖会を結成した。先述のように、内田と出口を結びつけたのは東アジア進出をめぐる動きであった。ただし、一九三一年に黒龍会を中心に大日本生産党が結成され、国内改造に活動が移行する。生産党は右派社会運動を糾合してうまれたものの、大衆との接点は関西の一部の労働組合を除いて限定されていた。よって、大本が持つ膨大な大衆動員力に白羽の矢が立てられたものと思われる。

一方の西田税とは、北一輝もふくめて、この時期大本とどの程度関係があったかは不明である。というのも彼らの活動は大衆運動を目指していたとはいえず、陸海軍の上層部や青年将校との個人的同志的関係を軸に動いていたためである。

さきの大日本生産党もそうだが、この時期の右派社会運動は、大衆運動や議会進出を志向する動きが顕著にみられる。たとえば、満州事変後、国家社会主義をめぐって無産政党が分裂して、新日本国民同盟という国家社会主義政党が誕生する。幹部は下中彌三郎（平凡社社長）、佐々井一晁、満川亀太郎、中谷武世らである（下中、中谷はのち脱退）。

新日本国民同盟は大本と関係があった。幹部のひとり貴志弥次郎陸軍中将は、かつて奉天特務機関長として「王仁入蒙」の工作にあたったことがあり、彼の親族である中谷とマヘンドラ・プラタプ（インド独立運動家）を一九二八年頃、王仁三郎に会わせている。また佐々井とともに代表格となる満川も、先の木島寛仁を通じて昭和神聖会、昭和青年会としばしば運動し、木島を新日本国民同盟の幹部に招いている。以上の動きの背景には、やはり大本の大衆動員力と資金力に期待していたことがあったと思われる。大本の国体ディスクールも官憲には不敬以外のなにものでもなかったが、これら異端の連鎖も危険視された。右派社会運動と大本の関係は、官憲のフレームアップの可能性もあって慎重な検証が必要だが、大本七〇年史の編纂資料を垣間見たかぎりでは、すべて虚報で片付けられるものではないようだ。

以上、いくつか例をあげたように、本書において、大本と国家改造運動（「大正維新」「昭和維新」）の関係を充分描いているとはいいがたい。国家改造運動は日本社会の周縁的な存在であったものの、帝国日本のトータルな変革を志向する運動であり、ここに大本がどのように関わったかを描くことは、大本の変革を見極めるうえで重要な指標であったと考えている。ただし、これはあくまで評者の見方であって、宗教的共同体における教祖と信者、信者同志の関係性にこそ、天皇制を超えるコスモロジーが発動していく契機となるという考えもあるだろう。

その意味で、本書は、大本における国体ディスクールに着目し、正統なる政府の国体言説との対決に比重が置かれていて、国家改造運動における横の連環の記述が弱くなったことは仕方がないといえる。これは「あとがき」に書かれているように、著者の天皇制に対する強い問題意識がそうさせたと私は考えている。振り返れば、今回の天皇の「おことば」に端を発する退位劇において、一部の知識人が象徴天皇制の「護持」及び国民統合の先導役を予見できながら務めていたことを鑑みるならば、本書を通して、数々の公権力の弾圧に耐え抜いた大本の軌跡と、その抵抗のあり方を現代日本社会に再現しようとした著者の先鋭な問題意識に学ぶべき点は多いといえよう。

（京都大学准教授）

見城悌治編

『帰一協会の挑戦と渋沢栄一
——グローバル時代の「普遍」をめざして』

（ミネルヴァ書房・二〇一八年）

高橋原

帰一協会（明治四五年結成、昭和一七年解散）はその中心に錚々たる財界人・知識人たちの名前を連ねて結成された団体である。名称は王陽明の句「万徳帰一」に由来する。「論語と算盤」の合一を説く実業家渋沢栄一がスポンサーとなり、宗教統一の理想を掲げる教育家成瀬仁蔵の情熱を駆動力として結成されたが、調整役となった宗教学者姉崎正治のもとで、実践的な運動体としては華々しい成果を収めなかったものの、学術文化交流団体として一定の成果を残した。以上が帰一協会についての通説的な理解であろうか。本書は本邦で初めてこの団体を本格的に取り上げた研究論文集である。帰一協会は、近代日本宗教史の文脈では、同年の三教会同に続いて生じたものとして言及されてきた。また、日本女子大学創立者である成瀬仁蔵や、日本の宗教学のパイオニアとしての姉崎正治の伝記的研究においては、彼らの生涯と業績を補完的に彩る一挿話として扱われてきた。帰一協会を正面から取り上げた数少ない先行研究には、成瀬研究の流れでは中嶌邦、姉崎研究の流れでは筆者（高橋原）によるものがあったが、研究対象としては長らく忘れられた存在であった。

そのような中で、渋沢栄一記念財団の支援によるシリーズ出版『渋沢栄一と「フィランソロピー」』（全八巻）の第二巻として編まれたのが本書である。次に目次を掲げる。

よび欧米への発信」
第八章　岡本佳子「初期帰一協会の国際交流活動と宗教的自由主義――成瀬仁蔵・姉崎正治の活動と米国ユニテリアンを中心に」
第九章　陶徳民「「一等国」を目指す有識者グループの努力と限界――デューイから見た大正日本と帰一協会の人々」
第一〇章　山口輝臣「「帰一」というグローバル化と「信仰問題」――姉崎正治を中心に」
コラム3　岡本佳子「帰一協会に賛同した欧米の人士たち」
コラム4　見城悌治「帰一協会例会で講演した人たち」
付　録　帰一協会関係資料

各論文の概要は次の通りである。

見城悌治による序章では、帰一協会についての先行研究が乏しい現状、帰一協会結成の経緯、主要会員と会合、出版活動等について、基本情報が提供される。

第一章（桐原論文）は、帰一協会の設立は大逆事件後の社会情勢における国民道徳の補助機関として理解できるという視点を提示し、宗教統一運動としては同床異夢の理想論に終わってしまったものの、宗教の帰一の限界を早く悟り、諸宗教協働の場を提供したと評価する。

第二章（沖田論文）は、内務省主導であった三教会同の影響圏に帰一協会の設立を位置づけ、『六合雑誌』に見える論調等を素材に、宗教帰一の理念が宗教界で支持を得ることなく、運動体としては役割を果たさずに、ただその後の国際社会への働きかけの足場となったことを示す。

第三章（姜論文）は、協会創設時の幹事であり、「倫理的帝国主義」を唱えた浮田和民を通して、文明化、世界化の趨勢への順応認識、宗教信仰からの超越、人生・社会問題への視野という帰一協会の三つの組織原則を指摘し、これらの知識人的な理想はかえって帰一協会の影響力を限定的なものにしたと論じる。

第四章（町論文）は、協会主要会員の中で唯一の儒教研究者であった服部宇之吉を取り上げる。三島中洲の義利合一論を引き継いだ渋沢の儒教理解と、服部の説く文部省の政策と一体化した儒教倫理のあいだに存在した微妙な齟齬が指摘される。実現はしなかったが、帰一協会が胚胎していた儒教的方向性を示唆するものとなっている。渋沢の「論語と算盤」論と協会の理念をつなぐ、この方面が初めて論じられたことは有意義である。

第五章（見城論文）は、渋沢が実業界引退の際に表明した課題を検証し、宗教統一運動というイメージにこだわると、渋沢の「真意」を捉えそこなうと指摘している。国内の労働問題などとともに国際社会の安定も見据えて「精神界の事」に尽力したいというのが渋沢の一貫した思いであり、そのための媒体として存在したのが帰一協会であったとされる。

第六章（酒井論文）は、設立当初からの会員であった澤柳政太郎の「文明国標準」に基づくアジア主義を、「国家本意の国際主義」であったと性格づける。教育行政畑を歩み、東北、京都で帝国大学総長となり、宗教教育にも強い関心を持ち続けた澤柳は、帰一協会の典型的な会員像の一つを示しているとも言えるが、本章で紹介されている帰一協会講演録と質疑応答では、澤柳の主張が必ずしも会員のあいだで好意的に受け入れられなかったことが示される。

第七章（辻論文）は、新発見史料に基づいて成瀬の帰一思想の形成過程を考察している。成瀬仁蔵とシカゴ大学教授バートン（聖書学）との間に交わされた書簡、バートンによる諸大学教授への紹介状は、成瀬が米国で帰一協会への協力者を求めて展開した活動とそれへの反応の実態を解明するための基礎史料として貴重なものである。

第八章（岡本論文）は、成瀬、姉崎を経由して米国に伝えられた帰一協会の動向が、ユニテリアンの宣教師たちにどのようにどのような反応を呼び起こしたのか、また、彼らと協力関係を結ぶことに姉崎が極めて慎重な態度を崩さなかったことを、英文書簡資料等を用いながら丹念に跡付けている。神智学協会との交流についても触れられており、当時の自由宗教運動の提唱者たちの活発な動きとともに、それらの運動が各国内に根を下ろすための受け皿を見出し得なかった状況を、帰一協会の行く末と重ね合わせて読み取ることができる。

第九章（陶論文）は、米国帰一協会の発起幹事でもあった教育学者デューイが、文明史的視座から日本の近代化をどのように捉えていたかを論じている。デューイが慨嘆した排日移民法の成立（一九二四）は、両大戦間の国際親善・日米協調に心を砕いていた渋沢をはじめ、デューイと親交があった協会会員にとっても大きな関心事であったが、本論文は、帰一協会の面々が共有していた国際感覚とはどのようなものであったかを米国人の目を通して垣間見せるものとなっている。

第一〇章（山口論文）は、帰一協会が宗教家に参加を呼びかけなかったことなどから、この団体が宗教の帰一を目指したものではなかったと指摘する。「帰一」とは世界が一体化しつつあるというグローバル化に関わる問題意識であり、「宗教」は、その問題への対処を検討するための最初の手がかりとなった日本の得意分野であったに過ぎないと論じる（事実、帰一協会の研究課題は「信仰問題」から「時局問題」へと移行していく）。そもそも会の中心を担った姉崎が宗教の帰一という理念に冷淡な「異分子」であり、姉崎が求めていたものは「帰一」というグローバル化の根底にあるはずの宗教的な何かであったと指摘している。

これらに加えて四つのコラムでは、結成当初から協会に加わりながら注目されてこなかったアメリカンボード宣教師のギューリック、渋沢とともに資金提供者となった実業家の森村市左衛門、成瀬仁蔵の呼びかけに賛同した欧米の知識人たち、月例会で講演を行なった人々について、帰一協会の活動との関わりを中心に情報がまとめられている。また、巻末付録には帰一協会の設立趣意書や決議、宣言等が「帰一協会関係資料」として収められている。

筆者はかつて帰一協会の研究に手を染めたが、それは姉崎正治の伝記の一頁を埋める作業の副産物のようなものであった。そこで際立ったのは、宗教の帰一という理念を掲げて邁進しようとする実践家成瀬の情熱と、あくまでも宗教の相互理解の補助にとどまろうとする姉崎の、宗教学者らしいとも言うべき抑制的態度との対照であった。この姉崎が活動の実務を担ったために、帰一協会は、万国宗教会議（シカゴ、一八九三）を受けて実現した宗教家懇談会（一八九六）、三教会同（一九一二）、御大典記念日本宗教大会（一九二八）といった宗教協力史の系譜の中に位置しながらも、そのような趣旨の運動としては不発に終わった。すなわち、いわば挫折した宗教協力運動というのが帰一協会を捉える一つの視点であった。また、成瀬、渋沢の没後も、帰一協会が姉崎正治のもと、東京帝国大学宗教学研究室に事務局をおいて細々と活動を継続し、最終的に昭和一七年一二月二〇日の総会をもって解散したことを確かめることができたが、関東大震災以降の史料が乏しく、活動の実態解明には課題も残した。

今日あらためて帰一協会を研究対象として取り上げる場合に期待されることの一つは、従来の成瀬、姉崎などの主要人物に焦点を当てる研究視座をどのように超えるのかということである。まず、本書は浮田和民、服部宇之吉、澤柳政太郎、ジョン・デューイという、会の活動からすると脇役的な人物たちの役割と参加の意図について光を当てるものである。これによって帰一協会が一つの統一的な運動体ではなく、多様な思惑と言説が飛び交う（しかし着地点のない）「場」を提供するものであったことを、より多面的・立体的に示したと言える。そして、帰一協会を宗教という狭い枠から解放して評価する視点を提供したといえよう。

その際にきわめて重要なのが、本書の副題に掲げられている「グローバル」という観点である。帰一協会が英文紀要を発行し、成瀬や姉崎が欧米に向けて一定の働きかけを行なったことは知られていたが、彼らの発信がいったい誰にどのように届いたものであったのか、史料的な裏付けとともに示したことは重要である。「世界文明の将来に資せん」という帰一協会の意見書の文言は決して空虚なスローガンであったのではなく、彼らが国際協調に本気で取り組もうとしていたことが明らかにされた。これは、渋沢栄一のフィランソロピー活動を明らかにするという本書の目的に適うことであろう。もちろん一方で、海外のカウンターパートとなったのが少数派であるユニテリアン中心であったことは、具体的な成果を望み得なかったという限界を裏書きするものでもあるのだが。

本書の諸論文は確かに、帰一協会の全体像を把握するための有効なアンカーを何本も打ち込んだと言える。しかし、それによって活動の多面性が強調されたものの、必ずしも、固定した輪郭が浮かび上がったということではない。帰一協会は、渋沢をはじめ、多方面で活躍する人士たちが月に一度立ち寄ってはそれぞれの方向に去って行くステーションのようなものでもあった。海外のユニテリアンとの連携を模索する会員がいる一方で、井上哲次郎のような保守主義者も結成当初から同じテーブルについていたことを想起すれば、彼らが同じ目的地を共有する隊列を組み難かったのは言うまでもない。その点、随所で指摘されているとおり、本書は帰一協会の「場」としての存在意義を評価するものである。

では、帰一協会がコアのない空間に過ぎなかったかというとそうではない。あらためて巻末付録の月例会記録を見渡す時、一九二四年まではほとんどの会合に渋沢栄一の臨席が確認され、渋沢が単なる資金提供者ではなかったことがわかる。協会が宗教教育や時局問題に関する決議文を公表し、出版活動も行なったということも考え合わせると、帰一協会とは、渋沢栄一が設置したシンクタンクであったというのが、少なくともその出発点において、もっとも等身大に近い形容であるといってよいのではないか。すなわち、多面的で輪郭の不明瞭な広がりを持つ帰一協会の活動は、そのコアに渋沢の抱いていたヴィジョンを据えてはじめて理解可能なものとなる。その意味で、本書が宗教を焦点化せずに、渋沢栄一とフィランソロピーというテーマのもとで編まれたのは理に適ったことであったと言える。

本書編者の見城は、帰一協会の挑戦が「未完」に終わったことを強調している（一一二頁など）。これは当時の時代的制約の中では世界のどこにも着地点を見出し得なかった帰一というヴィジョンが有していた可能性の豊かさを示唆する表現でもあろう。帰一協会は一時的に盛り上がって自然消滅していった宗教統一運動の徒花のような外見をしているが、そのヴィジョンのポテンシャルにおいて、まだ再評価の余地を残しているというのが、本書が教えていることではないだろうか。

最後に、本書が海外大学のアーカイヴに保存されていた新資料を活用し、従来知られていなかった帰一協会の活動を、広がりと奥行きを持ったものとして描き出したことを高く評価しつつ、協会の基幹的活動についてさらなる解明を期待したいというないものねだりを書いて結びとしたい。まず、帰一協会の活動を知るための基本資料は、渋沢青淵記念財団竜門社編纂『渋沢栄一伝記資料』第四六巻第七款「帰一協会」（四〇六―七三〇頁）であり、これは本書でも充分に活用されている。しかし史料の性質上、渋沢の没後については手薄であるので、昭和期の活動状況を知るためには不足がある。それを補う一例として、例会の講演内容の抄録である「帰一協会紀要」という謄写版刷りの冊子が存在する。佛教大学浄土宗文献室所蔵の矢吹慶輝

（姉崎の弟子であり帰一協会会員でもあった）旧蔵遺品の中に、昭和一四年三月までの『紀要』が含まれている。これを参照すれば、本書巻末付録では昭和八年で途切れている月例会記録をより充実させることができたであろう。いまだ行方知れずの『帰一協会会報』の欠号など、この類いの散逸史料は国内外にまだまだ眠っていると思われるので、引き続きの蒐集と保存、公開を期待したい。他にも、『帰一協会叢書』全十巻や、小冊子『時局論叢』全三冊など、活字となった出版物の成り立ち等についても、これまでに研究されてこなかった。自分がそれをしないまま、からめ手から攻略する前にまずは正攻法を尽くすべきなのではないか、という不満を述べるのは無責任なことであるとは承知しつつ、未来の帰一協会研究に期待して筆をおきたい。

（東北大学教授）

赤澤史朗、北河賢三、黒川みどり、戸邉秀明編著『触発する歴史学――鹿野思想史と向きあう』（日本経済評論社・二〇一七年）

荻野　富士夫

一　鹿野史学に一貫するもの、転回するもの

「戦後歴史学の第二世代」として一九六〇年代に民衆思想史を確立した鹿野政直は、現在に至るまで「近代」「民衆」「国家」、そして「日本」のありようを内在的に論じつづけてきた。その多彩かつ膨大な著述と社会的な発言・行動は歴史研究者にとどまらず、多くの人びとに新たな問題領域の所在を示すとともに、それらの解決に立ち向かった「個性」の強靭で独創的な思索と行動を通して変革への希望を指し示してきた。文字通りの「触発する歴史学」を体現する存在でありながらも、個々の領域での評価や批判とは別に、その半世紀以上におよぶ鹿野史学総体の本格的な検証はこれまでなされてこなかった。

この未踏の課題に日本現代思想史研究会の参加者らが共同研究として取り組んだ成果が、本書となった。黒川みどり「鹿野思想史と向きあう」を序説とし、第一部「鹿野思想史の成立と方法」は三つの論文、第二部「鹿野思想史の焦点／その問題

群」は六つの論文で構成される。全体を通して「鹿野思想史に立ち返ることは、我々による今日の歴史学の自己点検となろう」（黒川「序説」）というスタンスに立ち、鹿野史学の「根底にある「広く歴史学批判の構え」」（戸邉「あとがき」）を明らかにしようとした。また、「読み手を魅きつけ心に食い入る」（黒川）、すなわち「触発される瞬間に現れる作用」（戸邉）が、それぞれの執筆者にとってどのようなものであり、何を学びとったのかが省察される。本書の特徴は、鹿野の著作を史学史的な位置づけから離れて「一箇の〝作品〟」（戸邉）として読み解こうとしている点にあり、その「作品」への愛着と敬意がうかがえる。

「これほどまで腑分けされてしまって」という鹿野の呟きが聞こえてきそうなほど、本書では鹿野史学の形成と展開の過程および特徴が精密に深奥まで解析されており、同時代の社会状況や歴史認識と全力で対峙したことが浮かび上がるとともに、あらゆるものに思想性を読込み、それらを表現する文章の喚起力や破壊力にあらためて圧倒される。

「鹿野思想史の成立過程」を概観する黒川「序説」は、「鹿野にとって「近代」と向き合うことはとりもなおさず「国家」と対決すること」であり、「戦後歴史学のみならず、国民国家論におけるナショナリズムの問題や社会史、マイノリティー研究などにも問いを投げかけてきた」とする。「戦後歴史学からの離脱」と「主体としての「民衆」像の提示」を志向していく一九七〇年前後を、鹿野思想史の成立とみる。また、黒川は第一部の「鹿野思想史と丸山政治思想史」において、福沢諭吉との対決を通じて鹿野が丸山眞男から離脱していく過程を丹念に描いている。

北河「触発する歴史学——鹿野思想史の特徴と性格について」は、鹿野の文章に「いわば全身で対手を受け止め応答しようとする姿勢と、そこに込められた著者の想い（敬愛と共感）」を読みとったうえで、「思想が発酵する場としての〝文学〟に注目して、「個性たち」や民衆の思想に向き合い、その思想を時代とのかかわりのなかで見定めようとする思想史学」とする。この位置づけは、鹿野史学の「触発」性を的確に言い当てている。

『資本主義形成期の秩序意識』に即して「前期鹿野思想史学の確立過程」を追った戸邉は、「変革主体を検出して「いかに解放されてきたか」を語るばかりでなく、「いかにとらえられているかという視点」から歴史を見ること」を鹿野史学に一貫するものとみる。一方で、色川大吉による批判や一九六〇年代前半に噴出した社会矛盾と向き合うなかで、「鹿野は西洋や発展段階を基準にした近代日本の歪みや遅れではなく、近代それ自体が生み出す問題を直視するようにな」ったとして、後期鹿野思想史で「開花する要素」、すなわち「めざされた近代」から「嵌めこまれた近代」への転換、そして「公事」から「私事」への転回が予測される。なお、戸邉が『秩序意識』への体系化過程を仔細に検討するなかで、「初出論文にはあった問題関心の表明や研究史の批判等の文脈」が抜け落ちたことに言及し、その初出論文の「固有の意義」がなくなっていないとする点は傾聴に値する。

二 「実践性」「戦闘性」への収斂

各論となる第二部の論文を通じて、「触発」性という点に注目すると、鹿野史学の特徴は総じて「実践性」や「戦闘性」に収斂していくと捉えられている。黒川「序説」で「鹿野は、あらゆる場に成立する〝権威〟に抗うことを求め、「うちなる奴隷性」を見つめ、疎外されている人びとの声を拾い上げ、日本の現実的な問題に〝正対〟してきた研究者である」と指摘されていることが、各論において具体的に検証された。

小林瑞乃「「個性のふるまい」をめぐって」では、「「人生」のための歴史学、〝希望〟のための歴史学」とすると同時に、「「個」＝「生」の圧伏への拒否の精神は、現代社会の病理をも照射する」とその「実践性」を指摘する。上田美和「呪詛される近代」では、現在こそ「鹿野が解明した反近代の論理を、再び参照することの意味が大きくなっている」として、鹿野民衆思想史を「反近代」と「正対するための光源」として意義づける。

鹿野『現代日本女性史』の内在的な分析を試みた和田悠「鹿野女性史の視角」は、鹿野の「屹立する精神」に触発されたとして、その女性論の現代性を「日本を戦争のできる国にすることを課題とし、性差別を利用して国民動員を行おうとする同時代の支配体制への根源的な批判となっている」ことに見出した。鹿野『健康観にみる近代』に「一九八〇年代から九〇年代にかけて顕著になった時代状況」の色濃い投影をみる高岡裕之「思想史の場としての「健康」」も、近年のポピュリズムの台頭や「国家」が「健康」管理を強める状況に対する「鹿野の「近代」への向きあい方」はさらに重要な意味を持ってきたとする。

「沖縄を通じて自己の思想史研究を更新し続ける鹿野の思考の現在」を探究した戸邉「いのちの思想史の方へ」は、「民衆思想の根源を「いのちの思想」と捉える鹿野の方法的構えがさらに確かなものとなっ」たとするとともに、「国家や社会が押しつける秩序を相対化したり、組み替えたりして別個の制度や秩序を構想する想像力にあらためて希望を見いだしている」と観測する。この理解は後期鹿野史学の現在位置を示しており、学ぶところが多かった。

赤澤「「兵士論」とその問題点」と小沢節子「鹿野政直「浜田知明論」の深度と射程」は、ともに自身の関心に引きつけて「兵士論」と「浜田論」の深化を図ったといえる。前者は鹿野兵士論では「兵士たちの戦後の生き方から振り返った「戦争体験」とその変化が、十分究明されていない」と批判する。浜田「風景」などに「日本軍の加害」が描かれたことについて、「シュールレアリズムのもつ独自の可能性を示す」という指摘は興味深い。

小沢は、銅版画の技法などにおよぶ鹿野の浜田論について、「思想の全容を理解するとは思惟方法・思惟過程を含めて考察すること」という鹿野思想史の立場の貫徹をみる。さらに「鹿野自身の経験と共振させながら、日本軍兵士だった作家の精神構造と戦後日本への異議申立てを絵の中に読み解き、絵画から照し返されるようにして言葉を紡ぎ出していく」姿勢に共感することで、「歴史家が絵画を読む」意味を探り求めた。

三　鹿野史学における通史的著作の「触発」性

私自身も鹿野史学から大きく「触発」された一人ながら、その「触発」の内実に正対することを怠ってきた。本書はおよそ六〇年におよぶ鹿野史学について再認識を迫るともに、いくつもの新たな知見を与えてくれる。その達成への労に敬意を表した上で、二つの注文を付したい。

一つは、後期と呼ぶ一九七〇年前後から現在に至る鹿野史学が、どのように内在的要因と外在的要因によって展開されてきたのかを、より太い線で提示してほしかったということである。序説と第一部北河論文での言及はあるとはいえ、第二部の「問題群」は原則的に個々の「問題」の集成にとどまっている。それらが「群」として、時間的に、論理的にどのような流れで生成・配置されてきたのかについて、研究会の共同研究として、および本書の編集過程において、やはり検証・論議すべきであった。

「近代」観の転換と「私事」を出発点とする転回からの鹿野史学は四十年余を閲しており、それを後期思想史と一括するのはやや無理があろう。『鹿野政直思想史論集』刊行後は沖縄に焦点を絞りつつ、福島や憲法改悪阻止などの「国家」との対抗に力を注いでいるので、それ以前の第二部「問題群」の三十年余が検証される必要がある。たとえば三十年余を二分、ないし三分して、新たな「問題」がどのように次々と繰りだされ、どのような相互連関と発展の関係にあったのか、知りたいと思う。社会史への応答として健康観の領域が浮上した段階、そして鹿野の近代史研究の出発点である「軍隊」の問題に「兵士論」の視角から立ち返った段階が、その画期といえようか。

個人的な体験で恐縮だが、主に七〇年代後半の大学院ゼミに連なるなか、ゼミ室や喫茶店での雑談で、鹿野から中山千夏『からだノート』（一九七七年）や灰谷健次郎『兎の眼』（一九七四年）・『太陽の子』（一九七八年）などの読後感が語られたことを思い出す。その後しばらくして、女性・差別・沖縄などを主題とする著作が刊行され、ゼミ生たちはあの時の話題が、と気がつくのだった。当然ながら、ある主題が著作として出現する前には長い醸成の時間があり、その間には主題周辺の事象の博捜が重ねられたはずで、先のエピソードはその一端だった。また、新聞の書評を担当された際、克復・対峙しなければならない本もあるという決意を漏らされたことがあり、権力・権威への強烈な意志の発露として記憶に残った。

私にとって鹿野史学との出会いは『日本近代史――黒船から敗戦まで』（西岡虎之助との共著、一九七一年、実際の執筆はほぼ一九六四年まで）であった。単なる歴史好きで文学部史学科を志望し、分からないなりに古代史から近代史の専門書に手を伸ばすなかで、文学や伝記・記録などによって描かれる「人びとの生活と心情の歴史」（「共著者の一人によるあとがき」）というものがありうるのだという驚きと面白さですぐに近代史に引き寄せられた。それは「「小文字」の側から「大文字」をみる」（『歴史を学ぶこと』九八年）という鹿野史学に「触発」された瞬間だった。

その後、第二部「問題群」の領域に接するたびに驚嘆し「触発」されてきたが、私がもっとも鹿野史学に親しみ、多大な教えを享受したのは、本書が対象とする『思想史論集』には収録されなかった一般向けといってよい通史的著作の数々――『明治の思想』（一九六四年）から『日本近代史』を挟み、『近代の日本』（ジュニア版、七八年）、『近代日本思想案内』（九四年）、『日本の現代』（ジュニア新書、二〇〇〇年）、『日本の近代思想』（〇一年）、『近代国家を構想した思想家たち』、『近代社会と格闘した思想家たち』（ジュニア新書、〇五年）――であった。この系譜に『大正デモクラシー』（七六年）や『祖母・母・娘の時代』（八五年）、『歴史を学ぶこと』も加えるべきかもしれない。

したがって、二つ目の注文は書評の範囲を逸脱するが、鹿野史学の「触発」性を通史的著作のなかにも探究してほしかったということになる。これらにはいずれも平易ながら複層的な文章により「近代」「民衆」「国家」「日本」などとの格闘ぶりが盛り込まれるだけでなく、通史的叙述そのものを大切にする姿勢が貫かれていた。『近代国家を構想した思想家たち』刊行時のインタビュー（『朝日新聞』二〇〇五年七月二一日）で、「一般教育」の授業をより志向する理由として「研究成果を伝えるより、受講生がもう少し人生と向き合えるようになれば」と語っているが、これは意識的に通史的著作を社会に届けようとする姿勢とつながっている。「一般教育」を担当してきた私には、到達しがたいながらも、この「もう少し人生と向き合える」ための、より住みやすい社会を希求する歴史学はめざすべき目標でありつづけた。

再び個人的記憶をたどれば、学部三年の近代史講義の際に遠山茂樹『明治維新』（一九五一年）に言及し、その簡潔で凝縮された本文の背後にある膨大な史料と研究の蓄積について語られたことがある。ゼミのテキストは『自由党史』や『原敬日記』だった。現在でも『昭和天皇実録』を熟読されているようである。また、政治史・経済史が王道であり、思想史は脇道という述懐も折にふれてなされた。諧謔的な表現とはいえ、学生らに対する政治史・経済史をしっかり学びなさいというメッセージであり、鹿野自身にとってもそれを肝に銘じるところがあったように推測する。鹿野にとって政治史・経済史を基軸とする日本近現代史の通史的叙述を試みることは、とりわけ「近代」や「国家」を考えるうえで重要と理解されているのではないか。

深沢七郎『笛吹川』のような日本通史をめざした『日本近代史』では、「歴史における表面上のできごとつまり政治的諸事件などは抽象的に」、「人びとの生活と心情の歴史」（「共著者の一人によるあとがき」）は具体的に書こうと努めたという。シリーズの一冊としてものされた『大正デモクラシー』では、「当時の人々が向かいあったところの国家の構造・支配の実態をも、できるだけあきらかにしたい」としたうえで、それらの分野の叙述に「思想史的〝視点〟」を組み込みたいとする。ジュニア版『近代の日本』で基軸に据えたのは、「民主主義が、どんなふうに達成されようとし、また達成されなかったか」という点と「たびたびおきた戦争の意味を考える」ことである。なお、同書では四六都道府県の具体事例を網羅するという手法をとって、「地域」への視点が重視されている。『日本の現代』においては、「経済大国という枠組」と「日米関係という枠組」を骨格とし、その枠組の「揺らぎ、転換と再編」を通して二〇世紀末の時点で「日本はどこへ」という総括がなされた。

『近代日本思想案内』の「はじめに」では「思想と向きあう」意味が、『近代国家を構想した思想家たち』のプロローグでは「わたくしにとってなぜ思想史だったのか」が、『近代社会と格闘した思想家たち』のプロローグでは「私事は歴史にならないか」という、鹿野史学の本質に連なるキー概念が集約されている。また、『思想案内』の末尾に「思想の環境を知るため」として「言論法規」を付していることも、思想を「国家」や権力との緊張関係で捉える鹿野の本領である。

いうまでもなく、こうした通史的著作は近現代史の「全体」を対象とするものであり、政治・経済から文化、生活までを先のような基軸をもとに論述することは、それぞれを相対化して把握する必要がある。鹿野史学にとって数度におよぶ通史的著作の試みは、「近代」や「民衆」と格闘するなかでつかみ得たものを反映させる場ともなった。それゆえにこそ、通史的著作のなかに大きな「触発」源が埋め込まれたといえる。

（小樽商科大学名誉教授）

報告

二〇一七年度大会の概況

日本思想史学会二〇一七年度大会は、十月二十八日（土）・二十九日（日）の両日、東京大学本郷キャンパスを会場として開催された。

第一日目のパネルセッション・研究発表の発表者と発表題目は以下の通りである。

〈第一部会〉

研究発表

1、松宮観山の神儒仏三教思想における「道」と「教」（総合研究大学院大学大学院）宋　琦

2、近世武士道論の系譜と「武士」統制―山鹿素行の場合―（中国・西安外国語大学）中嶋　英介

3、親鸞における法然門下での「綽空」改名の真相（東北大学大学院）梅原　博

4、日韓禅師たちの浄土観―道元と知訥を中心に―（東北大学大学院）丁　濟峡

5、如来教説教の想像力としての近世親鸞伝（国立民族学博物館）石原　和

6、古代神宮祭祀と律令神祇祭祀―太玉串と幣帛の観念を中心として―　新田佳恵子

7、思想史の方法論をめぐって―中世と近世をつなぐもの―（国際日本文化研究センター）末木文美士

8、一条兼良『日本書紀纂疏』における解釈学とその意義（東京大学）徳盛　誠

9、世阿弥の能楽論における道学の反映序論―その引用と用語指摘を中心に―（京都造形芸術大学）重田　みち

10、為顕流歌伝書の検討―秘伝化する古今注―（北海学園大学）鈴木　英之

11、信長の現実的「勤皇」の評価をめぐって―白石・山陽・蘇峰―（防衛大学校）井上　泰至

12、源豊宗の「秋草の美学」―矢代幸雄の美術史学と比較して―（関西大学）施　燕

〈第二部会〉

研究発表

13、対馬藩儒満山雷夏（一七三六～九〇）の藩屏論と礼

制論　（立命館大学）松本　智也

14、佐藤一斎の「天」―本居宣長以後の超越者観念―　（岩手大学）中村　安宏

15、クリストヴァン・フェレイラ『顕偽録』再考　（国際基督教大学）久保　誠

16、中国伝来教化歌謡の受容―『六諭衍義』詩篇を一例として―　（立命館大学）殷　暁星

17、蟹養斎の礼楽思想について―楽を中心として―　（関西大学）榧木　亨

18、荻生徂徠の「古文辞学」に関する再考―明代儒学とのかかわりからみる―　（立命館大学大学院）石　運

19、太宰春台『経済録』および『経済録拾遺』を再考する　（学習院大学）許　家晟

パネルセッション：カミとホトケの幕末維新―交錯する宗教世界―　（金城学院大学）桐原　健真
（一橋大学大学院）青野　誠
（慶應義塾大学）上野　大輔
（愛知学院大学）林　淳

〈第三部会〉

研究発表

20、『高嶺遺稿』中の「支那哲学」ノートにおける井上哲次郎「東洋哲学史」講義について　（東京大学大学院）水野　博太

21、「現象即実在論」と明治日本の近代性　（東京大学大学院）郭　馳洋

22、『国体論史』編述者・清原貞雄の国体論　（國學院大學）藤田　大誠

23、明治四〇年代の『平家物語』研究―山田孝雄と館山漸之進を中心に―　（熊本大学）鈴木　啓孝

24、福沢健全期『時事新報』の署名入社説について　（静岡県立大学）平山　洋

25、三上参次の歴史意識―同時代史認識の観点からの一考察―　（ノートルダム女学院中学高等学校）池田　智文

26、「国民多数の幸福」のための法典―梅謙次郎における経済と法―　（尚絅学院大学）石澤　理如

27、新渡戸稲造の「幸福論」と社会認識　（東京大学大学院）朴　輪貞

28、島地大等の「本覚思想」概念　（創価大学）前川　健一

29、近代日本における仏教と外交―水野梅暁の活動を例として―　（東北大学大学院）簡　冠釗

30、宮沢賢治の改宗問題―信仰と家族観から―　（筑波大学大学院）牧野　静

パネルセッション・研究発表終了後に総会が行われ、評議員より二〇一六年度事業報告および決算報告がなされ、それぞれ承認された。続いて二〇一七年度事業計画および予算案が提出され、それぞれ評議員案通り決定された。また、会長から第十一回日本思想史学会奨励賞の発表と授与が行われた。受賞業績は次の作品である。

長尾宗典『〈憧憬〉の明治精神史—高山樗牛・姉崎嘲風の時代—』

永岡崇『新宗教と総力戦—教祖以後を生きる—』

引き続き、生協第二食堂にて懇親会が開催された。

第二日目は「対立と調和」を総合テーマにシンポジウムが開催された。

午前の部

司　会　（国士舘大学）竹村　英二

第1セッション　宗教と社会

報　告　者　（日本学術振興会）永岡　崇

（東北大学）オリオン・クラウタウ

第2セッション　東アジアと日本

報　告　者　（慶應義塾大学）大久保健晴

（国立台湾大学）田　世民

第3セッション　日本思想とジェンダー

報　告　者　（神戸大学）長　志珠絵

（学習院大学）小平　美香

午後の部

全体討議

司　会　（東北大学）佐藤　弘夫

（学習院大学）松波　直弘

新入会員（二〇一七年十月以降承認。受付順・敬称略）

氏　名　　**所属等（専門分野）**

向　静静　立命館大学大学院（近世東アジア儒学圏における医書ネットワークに関する思想史的研究）
高野　毅久　東北福祉大学教授（日本人の歴史・思想・文化に根差した、日本語による精神科臨床のあり方の探究）
楽　星　東北大学大学院（日本思想史）
久保　隆司　國學院大學大学院（山崎闇斎の神道神学の構造と解釈について）
石　瑩　日本女子大学大学院（九鬼周造における人間論について：情緒の問題を中心として）
コマストリ、キアラ　大阪大学大学院（山代巴の文学・社会運動）
山田　大生　学習院大学大学院（日本近代思想史）
北爪　夕貴　神奈川大学大学院（『万葉集』における世界観と神の表象）
山田妃奈乃　神奈川大学大学院（古事記神話にみる古代の倫理思想）
吉川　宜時　（本居宣長『古事記伝』の研究、日本思想史）
董　伊莎　関西大学大学院（古代日本・中国における災因論の比較）
陳　慧慧　関西大学大学院（江戸後期の遊歴詩人）
孫　東芳　関西大学大学院（近代日本女子教育）
李　瑞華　関西大学大学院（山崎豊子研究）
Weiss, David　立教大学助教（日本神話とその受容史、近世日本における朝鮮観）
引野　亨輔　千葉大学大学院准教授（近世日本における仏教書出版史）
古　文英　立命館大学大学院（日本近代陽明学の思想史的研究）
亀山　光明　東北大学大学院（近代仏教）

【投稿規程】

『日本思想史学』第51号掲載論文の投稿を、左記の要領にて受け付けます。

一、応募資格　本会会員であること。ただし第50号に論文が掲載された者は、応募資格を持たない。また、二〇一八年度（二〇一八年一〇月～二〇一九年九月）分の会費を納めていない者の投稿は受け付けない。

二、内　　容　日本思想史学に関するもの。

三、書式・分量　・投稿論文の書式・分量は、A４判・横方向・縦書き・四〇字×三〇行・一〇・五ポイントで、注を含めて、一七枚以内とする。下部中央にページ番号を入れること。
・注は文末注とし、本文と同じ書式とすること（行を詰めたり、ポイントを下げたりしないこと）。
・図・表等は、学会誌の判型（A５判）の用紙に印刷して、本文に添付すること（ただし、図・表等に充てる頁数に相当する文字数の分だけ本文の分量を減らすこと。学会誌の書式は、一頁あたり、二六字×二二行×二段である）。

四、提出書類　①正本一部、副本四部。
②正本には、日本語および英語の論文タイトル、氏名およびそのローマ字表記、所属、職名、住所、メールアドレスを記載した文書を添付すること。
③八〇〇字以内の論文要旨五部。

五、投稿締切　二〇一九年三月三一日消印有効（郵送に限る。宅配便の場合はこれに準ずる）。

六、送 付 先　〒五六〇—八五三二
大阪府豊中市待兼山町一—五
大阪大学大学院文学研究科　宇野田尚哉研究室内
日本思想史学会事務局

＊完成原稿で提出してください。なお投稿原稿は返却しません。
＊論文の審査と採否決定には、編集委員会があたります。
＊本誌に掲載された論文等の著作権は、本会に属します。

【編集後記】

本号には、二〇一七年度大会シンポジウム、パネルセッションにもとづく「特集」「特別掲載」のほか、「研究史」「動向」「投稿論文」「書評」を掲載しました。投稿論文の総数は一五本で、その内七本が採用となりました。昨年よりやや投稿数が多く、選にもれたものも力作で、審査する編集委員会にとっては苦しい決断でした。特に若手で今回は残念な結果になった場合も、どうぞ懲りずにこれからも挑戦していただきたいと思います。

「書評」の対象は、二〇一七年四月から二〇一八年三月の間に刊行された会員の著作を編集委員会で検討し選びました。いろいろな視点から議論して決めましたが、結果としては最新の研究動向が明確にわかるものや、若手の新鮮な問題提起が読み取れるものを中心に取り上げました。

今年度から、投稿論文の英文要旨はとりやめにしました。投稿する会員にとって、英語ネイティヴのチェックを受けることなどの負担が重いわりには、それが論文の内容を伝えるには頁数が足りず、中途半端なものになっていると判断したためです。本学会の国際化に向けて、『日本思想史学』の構成などにつき考えなければならない課題は多いですが、別の方法を模索していこうと思います。

編集責任者から、執筆者の皆様に様々なお願いをし、なかには無理なお願いに近いものもあったかと思いますが、皆様快く対応していただき、感謝の言葉しかありません。筆者は今年度で編集責任者の責務を終えます。二年間、おかげさまで学ぶことは多く、大変有益な経験でした。特に自分の専門から離れた時代や領域について、多大な知的刺激を得ました。これからも『日本思想史学』が一層充実していくことを願い、また確信して、この編集後記の結びとしたいと思います。

（K）